医学高校图书馆信息服务实践与创新

金新建　著

合肥工業大學出版社

图书在版编目(CIP)数据

医学高校图书馆信息服务实践与创新/金新建著．—合肥：合肥工业大学出版社，2024

ISBN 978-7-5650-6772-3

Ⅰ．①医…　Ⅱ．①金…　Ⅲ．①医学院校—院校图书馆—图书馆服务—研究
Ⅳ．①G258.6

中国国家版本馆 CIP 数据核字(2024)第 096509 号

医学高校图书馆信息服务实践与创新

金新建　著　　　　责任编辑　许璘琳

出　版	合肥工业大学出版社	版　次	2024 年 6 月第 1 版
地　址	合肥市屯溪路 193 号	印　次	2024 年 6 月第 1 次印刷
邮　编	230009	开　本	710 毫米×1010 毫米　1/16
电　话	基础与职业教育出版中心：0551-62903120	印　张	14.75
	营销与储运管理中心：0551-62903198	字　数	264 千字
网　址	press.hfut.edu.cn	印　刷	安徽联众印刷有限公司
E-mail	hfutpress@163.com	发　行	全国新华书店

ISBN 978-7-5650-6772-3　　　　定价：58.00 元

前　言

在当今这个信息爆炸的时代，图书馆作为知识的宝库和信息的枢纽，其角色和功能正在经历前所未有的变革，特别是对于医学高校图书馆而言，其不仅承载着为师生提供信息资源的传统使命，还面临着如何适应数字化、网络化、智能化的新挑战，以及如何在教学、科研、临床实践中发挥更加积极的作用。伴随社会的进步与信息技术的创新，图书馆信息服务的内容与方式也在不断深化及扩展，专业化、个性化的信息服务已经成为当前高校图书馆提升服务水平、助力教学科研的一种重要手段。医学学科发展迅速，专业知识内容纷繁复杂，且各类突发公共卫生事件对医学学科信息服务也提出了更高的要求。医学高校图书馆的信息服务必须与时俱进，需要形式多样、内容创新的信息服务模式相配合的同时，也亟须建立资源、人才、服务共享的医学信息服务联盟。

本书共八章。第一章高校图书馆信息服务概况，主要介绍高校图书馆的基本情况、信息服务的含义，以及高校图书馆如何围绕知识服务进行构建和发展；第二章医学信息资源及文献检索工具，深入探讨了医学信息资源及其检索工具，这是医学高校图书馆提供信息服务的基础；第三章文献传递与馆际互借服务及第四章科技查新分别阐述了文献传递、馆际互借服务及科技查新服务，这些内容强调了图书馆在促进学术交流、支持科研活动方面的作用，同时也展示了图书馆服务的多样性和深度；第五章学科服务、第六章信息素养教育及第七章图书馆信息服务的质量评价讨论了学科服务和信息素养教育，以及图书馆服务的质量评价，这反映了图书馆工作从传统的藏书与借阅服务向更加注重用户需求、信息素养和服务质量转变的趋势；第八章医学高校图书馆信息服务趋势与展望，探讨了未来医学高校图书馆信息服务发展的方向，特别是在智慧图书馆的发展背景下，医学高校图书馆应如何通过交互式服务、关注医学信息热点，以及提供针对性的健康信息服务来满足用户的需求。

本书全面梳理医学高校图书馆信息服务的前沿理论，以医学高校图书馆更好地服务于学校的教学、科研、临床和管理决策为目标，既重视理论设计又注重实践探索，具有客观性、前瞻性与可参考性，希望能为其他高校图书馆开展信息服务提供有益借鉴。

本书系 2020 年安徽省高校人文社会科学研究项目“突发公共卫生事件下医学院校开展健康信息素养教育路径研究”（SK2020A0156）、2020 年度中医药传承创新科研项目“基于数据挖掘研究新安医学外感发热的用药规律”（2020ccyb18）、2022 年度安徽省科研编制计划项目“‘健康中国’背景下自闭症康复教育的阅读推广服务研究”（2022AH050639）和 2022 年度安徽省社会科学创新发展研究课题“健康中国战略下医学图书馆老年健康科普服务研究”（2022KY007）阶段性成果。同时本书得到了上述项目基金的资助。

本书在编写过程中得到安徽医科大学图书馆参考咨询部的同事，以及家人的支持与帮助；合肥工业大学出版社的编辑也为本书的出版提供了帮助。在此，向家人、同事和被引文献作者等表示衷心感谢！

由于本人学识和水平有限，书中难免有错漏和不当之处，敬请读者批评指正！

金新建
2024 年 4 月

目 录

第一章 高校图书馆信息服务概况 ……………………………… (001)

第一节 高校图书馆概述 ……………………………… (001)
第二节 信息与信息服务 ……………………………… (008)
第三节 知识与知识服务 ……………………………… (018)
第四节 高校图书馆信息服务概述 ……………………………… (027)

第二章 医学信息资源及文献检索工具 ……………………………… (038)

第一节 医学信息资源概况 ……………………………… (038)
第二节 支撑信息服务的医学文献检索工具 ……………………………… (040)

第三章 文献传递与馆际互借服务 ……………………………… (091)

第一节 文献传递与馆际互借概况 ……………………………… (091)
第二节 国内外文献传递和馆际互借系统 ……………………………… (092)
第三节 高校图书馆开展文献传递与馆际互借服务的实践与探索 …… (104)

第四章 科技查新 ……………………………… (109)

第一节 科技查新概述 ……………………………… (109)
第二节 科技查新的基本知识 ……………………………… (114)
第三节 科技查新的类型与特点 ……………………………… (123)
第四节 科技查新报告质量控制 ……………………………… (131)
第五节 科技查新审核 ……………………………… (141)

第五章　学科服务 …………………………………………………… (150)

第一节　高校图书馆学科服务现状 ……………………………… (150)
第二节　医学高校图书馆学科服务要素 ………………………… (155)
第三节　医学高校图书馆学科服务创新探索 …………………… (158)

第六章　信息素养教育 ………………………………………………… (168)

第一节　信息素养教育概述 ……………………………………… (168)
第二节　泛在联盟下的信息素养教育 …………………………… (173)
第三节　健康信息素养教育 ……………………………………… (180)

第七章　图书馆信息服务的质量评价 ……………………………… (193)

第一节　图书馆服务评价概述 …………………………………… (193)
第二节　图书馆服务评价内容 …………………………………… (197)
第三节　图书馆信息服务模式实施路径和评价 ………………… (201)

第八章　医学高校图书馆信息服务趋势与展望 …………………… (209)

第一节　智慧图书馆背景下的信息服务展望 …………………… (209)
第二节　医学高校图书馆交互式信息服务探索 ………………… (213)
第三节　基于医学信息热点的信息服务 ………………………… (216)
第四节　医学高校图书馆的健康信息服务 ……………………… (219)

参考文献 ………………………………………………………………… (225)

第一章　高校图书馆信息服务概况

第一节　高校图书馆概述

一、高校图书馆的产生与发展

图书馆是搜集、整理、收藏图书资料以供人们阅读、参考的公共机构，是信息需求的产物，是由馆舍、文献和管理人员构成的综合体。高校图书馆的产生与发展与高等教育的兴起和发展密切相关，最早期的高校图书馆往往是个别学者或学术机构所拥有的私人藏书场所，供学生和学者们共同使用。随着学校的发展和规模的扩大，这些私人藏书之所才逐渐演变成公共或半公共的图书馆。

高校图书馆最初的规模都很小。我国的印刷术于15世纪末至16世纪初传入欧洲，此后欧洲出现了大量的印刷书籍，高校图书馆的藏书得以有了较大程度的增加。当时，布拉格高校图书馆、巴黎高校图书馆、剑桥高校图书馆、牛津高校图书馆等都已具有一定的规模。18世纪后期，法国资产阶级革命爆发，而图书馆此时也得到了广泛普及，西欧各国图书馆建设开始蓬勃发展。例如，1602年11月8日正式开放的牛津高校图书馆，从最开始2000册的藏书发展到上千万册；1638年成立的美国哈佛高校图书馆，从起初2600册的藏书发展到上千万册，如今已成为世界上重要的研究型高校图书馆之一。

我国高校图书馆是随着近代高等学校的出现发展起来的。1862年，清政府为了培养外语专才成立了京师同文馆，并设有书阁；美国圣公会于1879年在中国成立了圣约翰书院；1898年，京师大学堂成立，并在1902年建立了藏书楼；1912年，京师大学堂更名为北京大学，藏书楼更名为图书部；1930年，图书部又更名为图书馆。北京大学图书馆由此成为我国历史最悠久、规模最大的高校图书馆之一。这一系列的发展，反映了我国高校图书馆规模的扩大和历史的积淀，图书馆在现代高等教育中已成为必不可少的教育设施，很多国家甚至将图书馆看作“大学的心脏”。图书馆的藏书规模和信息蕴含量已成为衡量大学实力与水平标准之一。高等学校可分为文科大学、工科大学、理科大学、医科大学、农业大学、综合性大学等类型，相应地，高校图书馆也可分为文科、工科、理科、医科、农业学科、综合性等类型。

二、高校图书馆的性质和任务

高校图书馆体现了学校总体水平，其建设与发展直接反映着学校的建设与发展。高校图书馆是为教学和科学研究服务的学术性机构，也是高等学校的文献信息中心。

（一）高校图书馆的性质

1. 服务性

高校图书馆收藏书刊的目的是为教职工、科研工作者、在校学生的研究和学习提供信息资料，所以高校藏书应侧重于本校开设的学科和专业。高校图书馆与社会上其他服务机构不同，其所提供的是科学文化意识形态领域里的服务，如文献资料的传递过程能展现高校图书馆的服务性。

2. 学术性

高校图书馆具有较强的学术性。高校图书馆的各项工作如参考咨询、流通阅览、组织保管、编目分类、图书采购等都有一定的学术性，图书馆工作是确保教学质量与构成科研能力的主要因素，是教学与科研的前期劳动。教学工作与科研工作在大学校园里是有明显的连续性和继承性的一种社会劳动。在从事教学和科研工作前，教师和科研工作者会针对所教课程和所选课题进行资料收集、调查研究，了解其历史、当前研究水平及今后的发展趋势，从而确保教学质量和科研工作成绩。而高校图书馆及情报部门是这种文献调研活动的主要承担者。

3. 教育性

高校图书馆的教育性主要体现在两个方面：一方面，对读者进行政治思想教育；另一方面，对读者进行科学文化教育。丰富的科学文化知识蕴藏在图书馆这个知识宝库中，而这些知识是供读者学习使用的，所以图书馆有着传播科学文化知识和进行科学文化教育的作用。

图书馆是培养学生自学能力的场所。大学生在学习中遇到问题时，可以通过图书馆的文献资料和各种工具书，进行学习、探讨和研究。因此，高校图书馆的教育性是一种综合性素质教育，是教学活动的重要补充。

（二）高校图书馆的任务

依据国家的教育方针，努力培养有理想、有道德、有文化、有纪律的社会主义建设人才，是大学的基本任务。高校图书馆作为高校的一个组成部分，要履行教育职能和情报职能，发展教育科学文化事业，为建设社会主义物质文明和精神文明做出贡献。高校图书馆的主要任务如下：

1. 为学校的教学和科研提供文献情报保障，即依据学校的专业设置与教学层次，采集各种类型的资料、文献，进行科学的分类、编目和管理。

2. 做好服务育人工作，让图书馆成为学生的“第二课堂”。

3. 利用自动化手段，围绕教学、科研，采取各种流通方式，为师生、员工提供各类参考书刊、文献。

4. 为研究生教学和科研提供参考咨询和情报服务。

5. 培养师生的情报意识与利用文献的能力，发挥教育功能。

6. 研究和推广目录学、图书馆学、情报学的理论及技术方法和现代化手段。

7. 负责全校文献情报工作的协调与统筹。

8. 通过多方面的协作，开展图书情报事业的整体化建设，努力实现文献资源共享。

三、高校图书馆的职能

图书馆长期以来一直承担着收集、整理和提供使用文献资源三项基本功能。高校图书馆依附大学而设立，这就决定了高校图书馆要服从于高等学校的基本职能，必须为教学和科研服务，并承担着为社会主义现代化建设培养高素质人才的基本任务。所以高校图书馆有别于其他类型图书馆，具有教育、专业信息情报整合与传递、协助学校学科建设与发展等其他图书馆所不具备的功能。《普通高等学校图书馆规程》（教高〔2015〕14 号）明确规定：“高等学校图书馆是学校的文献信息资源中心，是为人才培养和科学研究服务的学术机构，是学校信息化建设的重要组成部分，是校园文化和社会文化建设的重要基地。图书馆的建设和发展应与学校的建设和发展相适应，其水平是学校总体水平的重要标志。”“高校图书馆的主要职能是教育职能和信息服务职能。图书馆应充分发挥在学校人才培养、科学研究、社会服务和文化传承创新中的作用。”

高校图书馆的主要职能是教育职能和信息服务职能，即配合学校的教学和科研，为高校培养高素质人才服务，为师生的科技创新服务，同时兼具服务社会的功能。

图书馆可以被看作是一个生命力旺盛的有机体，其发展必须与外部环境相互关联。在时代的变迁、社会的变革及新技术的推动下，图书馆应该不断推进自身的转型和发展。高校图书馆需要根据外部环境的变化及用户的需求，持续进行服务创新。这意味着，高校图书馆需要适应不断变化的时代需求，探索新的服务方式和技术手段，确保为师生提供更加优质、多样化的服务。

（一）高校图书馆的教育职能

教育职能是高校图书馆的主要职能之一，也是高校图书馆的重要使命，其涉及对学生进行思想政治教育、专业教育、综合教育及信息素养教育等方面的工作。高校图书馆通过多种方式和途径，为大学生提供教育支持和指导，促进他们的全面发展和知识素养的提升。

1. 思想政治教育

高校图书馆是社会主义精神文明建设的重要阵地，也是对大学生进行思想政治教育的重要场所。作为第二课堂，高校图书馆有责任对大学生开展正确的世界观、人生观和思想品德教育。为此，高校图书馆应将思想政治工作放在首要位置，充分利用自身的优势，与学校的德育工作相促进、相配合；还应发挥自身信息资源的优势，在学生思想教育工作的基础上探索新的教育方式和方法，不断提高思想政治教育的水平、质量和影响力。

2. 专业教育

专业教育是现代图书馆最基本的职能之一。图书馆实施教育职能，实际上是进行知识信息传输，而图书馆所收藏的大量文献资料是支撑其教育职能的物质基础。高校图书馆肩负着服务育人的双重使命，具体表现在其直接或间接参与学校的教育过程中。高校图书馆的专业教育效果直接体现在学生从图书馆的文献中获取知识，一方面，学生通过阅读与其专业相关的文献资料，不断提升自己专业知识的深度和广度上；另一方面，这也培养了学生的自主学习能力、分析能力、独立思考和创造的能力，这些能力往往无法仅通过课堂教学来培养。因此，高校图书馆的专业教育职能对于学生的成长和发展起着重要作用。

3. 综合教育

高校图书馆是学校的信息资源中心，是大学生获取知识和文化的重要场所。

高校图书馆通过举办知识和文化讲座、读书心得交流会及学术报告等方式，营造浓厚的求知氛围，发挥潜移默化的作用，对大学生的综合素质教育起到了积极的推动作用。高校图书馆在推进综合教育方面应积极进行阅读推广活动。作为阅读的理想场所，高校图书馆提供丰富的资源、宁静的环境、完善的服务和现代化的技术，为学生的阅读活动提供了便利。高校图书馆应尽力满足学生在求知、学业、科研、社交和休闲等方面的阅读需求，充分发挥在推动阅读和促进阅读方面的作用。例如，通过每年的世界读书日活动倡导阅读风尚，并引领阅读方向；还可以通过组织书评、书展、征文、演讲等活动吸引更多学生进入图书馆，激发他们的潜在需求，营造浓厚的读书氛围；此外，高校图书馆还应扩展教育服务项目，帮助学生掌握各种信息知识，了解不同文化，开阔视野和提升思维方式。教育服务项目包括讲座、主题报告、文化展览、专题陈列、音乐欣赏、影视观摩、学术交流、网上咨询、多媒体互动、文化休闲等，可为学生创造最佳的交流平台和求知场所。高校图书馆可以通过这些丰富多样的教育服务项目，为学生提供更广泛的学习和成长机会。

4. 信息素养教育

信息素养是指人们获取信息、处理信息和利用信息的综合能力。高校图书馆凭借文献资源优势和专业人才优势，可以在信息素养教育上大有作为。在当前这个新技术、新知识、新信息迅猛增长的时代，培养大学生获取信息和利用信息的能力已变得非常重要。为使学生快速适应科技进步和社会发展，高等学校在向学生传授专业知识的同时，也有责任和义务培养学生的自学能力和独立科研能力。自 20 世纪 80 年代起，各高校陆续开设“文献检索课”，旨在培养大学生的文献信息意识，帮助学生掌握文献信息检索技能。该课程后来进一步发展成全面培养信息能力的“信息素养教育”课程。现在信息素养教育课程已经是多数高校的必修课或选修课，而几乎所有医学类高校都将“医学文献检索”作为本科生的必修课，将“医学信息检索与利用”作为研究生的必选课程，甚至在留学生中也开设“医学信息检索与利用”课程，以培养学生的信息意识，信息检索能力，信息吸收、整合能力，最终提高他们的信息利用能力和知识创新能力，进而提升其信息素养。医学类高校图书馆信息素养教育应在医学文献检索课教学、健康信息素养教育新模式等方面作进一步的探索。

（二）高校图书馆的信息服务职能

作为学校文献情报中心的高校图书馆，为了满足读者的需求，应充分开发和利用图书馆的文献资源，发挥情报职能的作用，提供高水平的情报信息，以支持教学和科研工作。高校图书馆的信息服务职能指的是，通过收集、加工、整理和传播文献信息为教育和科研提供必要的文献资源支持。如今，信息服务领域正经历从传统的被动服务模式向主动、积极的服务模式转变。高校图书馆信息服务的核心目标是全面满足学校在教学、科研及产业信息方面的需求，使图书馆成为学校的信息支持中心。高校图书馆信息服务人员须密切关注、评估并汇总国内外高等教育及学科发展的最新趋势，针对学校的重点教学和科研项目，进行全面的情报分析和研究，提供咨询建议和持续的信息跟踪服务。高校图书馆应持续努力，提供优质的信息服务，以满足学校师生的需求，并为教学和科研工作提供可靠的信息支持。目前高校图书馆主要提供以下信息服务：

1. 专业化定题服务

专业化定题服务是针对专业用户和重点科研课题的需求而提供的一种全程一体化的决策支持服务。它通过挖掘、分析、提取、重组和创新应用等一系列措施，为用户解决关键问题，是服务过程中始终与用户进行实时的互动交流，以确保信息服务贯穿整个科研过程。

2. 个性化信息服务

个性化信息服务是一种针对信息用户的个性化需求而提供的服务。在数字环境下，其已成为图书馆服务的新模式和满足用户信息需求的重要手段。随着计算机和网络技术的发展，个性化信息服务的发展变得更加丰富多样。目前，除了代查、代检、网上预约续借、电子邮件推送、电子邮件催还等个性化服务外，许多高校图书馆还可以提供通过手机短信的方式向用户发送定制信息的服务，以满足师生个性化的信息需求。这些服务根据用户的信息使用行为、习惯、偏好和特点，满足个性化的需求，同时可使用户根据自己的需求和喜好获取到定制的信息内容，提高信息获取的效率和个人化体验。

3. 文献传递与馆际互借服务

网络文献传递与馆际互借服务是一种合作模式下的深层次服务模式，可以最大限度地提高图书馆信息资源的利用率。通过文献传递和馆际互借，图书馆能够拓展信息资源的拥有量，提高用户的信息获取能力。借助网络化和数字化手段，这种服务模式能够以更便捷高效的方式提供文献信息服务，极大提升图书馆的信息资源保障能力。

4. 网络学术资源导航服务

网络学术资源作为一种新型的信息资源，能够满足科技工作者们进行科研的信息需求。图书馆通常在其网站首页的显著位置设置网络学术资源导航，为重点学科的教学和科研人员提供准确、快捷的网络学术资源。通过这种方式，用户能够在较短的时间内获取有效的信息资源，及时了解学科研究的现状和最新进展。

5. 数字化参考咨询服务

数字化参考咨询服务是一种个性化、知识化和学科化的高级知识情报服务。图书馆一般在其主页上建立网上参考咨询服务平台，提供常见问题（FAQ）解答、电子邮件咨询、留言板咨询等一系列服务。这样，用户可以方便地获取所需信息，并得到专业人员的解答和指导。

6. 科技创新服务

高等学校不仅是一个教育机构，更是一个科学研究的重要场所。这就要求高校图书馆不仅要为学生提供学习的场所和供他们学习的文献资源，更要为师生的科技创新提供信息服务。高校的科研、科技创新活动多种多样，即使是同一课题，在课题研究的不同阶段所需要的服务内容也不尽相同。

（1）课题申请阶段，为科研人员提供科技查新服务。申请科研项目和专利前，图书馆科技查新人员通过专业的科技文献检索，依据课题的科学技术要点和查新点，搜集国内外相关数据库，帮助科研人员全面了解领域内的最新进展，避免重复研究及资源浪费；通过综合分析检索和情报调研结果，提供科技查新报告或情报调研报告，帮助科研人员明确研究方向，提高基金申请的成功率。

（2）科研课题进行阶段，学科馆员嵌入科研团队。在确定科研课题并进入实施阶段后，研究工作需要面对众多具体的科技问题，此时科研团队的时间与精力尤为宝贵。为了提高信息服务的准确性与有效性，高校图书馆的学科馆员应深度参与到科研团队中，直接参与研究活动，密切跟踪科研进展，准确掌握科研人员的信息需求，从而极大地提高服务的针对性和精准度。

（3）科研成果论证阶段，为科研人员提供成果鉴定查新和查收查引服务。在科研成果的评估阶段，评价科研成果成为首要任务。但由于现代学科越来越细化，众多边缘及交叉学科的出现使得科研人员难以全面掌握涉及项目的各领域知识，这可能会导致评价过程中出现误差或偏差。在这一背景下，高校图书馆依托其丰富的信息资源和专业的检索团队，能够通过专业查新对科研成果进行客观评价，为成果的鉴定工作提供真实、可靠的信息支撑。

（4）科研成果转化为生产力论证阶段，为科研人员进行专利申请查新。当科研人员开始申报课题时，高校图书馆的信息服务工作人员须立即进行情报分析，判断该课题的专利申请可能性及成果转化的潜力，并通过这种情报分析，支持科研成果的专利申报过程，促使其最终实现市场化。

7. 社会化信息服务

长期以来，我国高校图书馆大多仅服务于本校的教学和科研，很少主动为当地政府和企业提供信息服务。高校图书馆开展社会化服务是顺应时代与社会的实际发展需求，同时也是高校图书馆自身实现可持续发展的需要。高校图书馆要根据高校自身情况有选择的为社会服务。高校图书馆在其所在地区扮演着收集信息较全、人才结构最优的信息部门的角色。基于这些优势，高校图书馆应根据市场的变化和需求展开情报信息工作，为本校和地区的经济建设和健康事业提供服务。

第二节　信息与信息服务

一、信息含义

“信息”泛指人类社会传播的一切内容。信息普遍存在于自然界、人类社会和思维方式中。人们通过获取和辨识来自自然界和社会的不同信息，区分和认识不同的事物，从而更好地理解和改变世界。信息、物质和能量是构成世界的三大要素，缺一不可。人类认识世界的过程，就是不断地从外界获得信息和加工信息的过程；而人类改造世界的过程，就是把加工外部信息所取得的“主观”信息反作用于外部世界的过程。

“信息”一词最初的基本含义是消息或音频。在信息论中，“信息”被定义为通过符号传递的一种报道，其内容在接收前对于符号的接收者是未知的。随着时间的推移，人们对信息的理解也在不断发展和演变。由于“信息”这一概念具有广泛的社会意义和包容性，人们对它的理解和解释也各有不同。迄今为止，关于信息的准确定义仍没有达成统一的结论。为了更好地概括信息的本质含义，学界普遍主张从哲学的角度对其进行理解。有人认为信息是物质存在和运动状态模式中所包含的间接存在的象征；有人认为信息是对客观世界中各种事物变化和特征的反映；还有人认为信息是物质的一种属性，是物质存在方式及其运动的规律和特征。大多数人普遍认同的观点是，信息是客观世界具体存在的表征，它反映了客观事物的特征和变化规律。信息是对各种事物的描述，可以呈现事物的性质、状态、关系等方面。它承载了客观世界的各种数据和知识，能帮助人们理解和把握事物的本质和运行方式。信息是连接人类与外部世界的桥梁，它在科学、技术、通信等领域起着重要的作用。虽然信息的存在具有悠久的历史，甚至一些自然界的信息比人类社会的历史要早得多，但作为一个科学概念，信息的使用已成为现代现象。人们更多地从学习、工作和生活中的实际需求中感知、解释和定义信息。作为一种可用的资源，信息通常具备客观性、相关性、依赖性、可转移性、可处理性、共享性和及时性等特征。

二、信息的类型

（一）按信息的内容特点分类：事实信息和分析信息

1. 事实信息

事实信息是表达客观现实的信息。这类信息提供确切的事实或数据，回答具体的问题，如中国某年有多少所医学高等学校、中国某年的国民生产总值是多少等。这些问题的答案是明确的，无需说明和解释。事实信息可以通过辞典、百科全书、年鉴、手册和事实数据库等查找。

2. 分析信息

分析信息是指指对事物、事件等进行说明、分析和解释的信息。分析信息研究行为、思想和事件之间的相互关系、内涵，以及背景、原因等。在研究分析某一问题时，往往需要多个信息源。

（二）按信息的表达形式分类：文字信息、声像信息、实物信息和机读信息

1. 文字信息

文字信息是用文字来表达其内容的信息资料，如各种纸质图书、期刊和报纸等。

2. 声像信息

声像信息是通过声频或视频信号负载与传递的信息，如各种广播电视、电影、图片和短视频等。

3. 实物信息

实物信息是通过实物来传递的信息，如产品样品、历史遗迹等。

4. 机读信息

机读信息是通过计算机阅读的信息，如磁带、磁盘、光盘、优盘和硬盘上存储的信息等。

（三）按信息的应用范围分类：白色信息、灰色信息和黑色信息

1. 白色信息

白色信息是指公开出版发行、流通和传递，并且人人可利用的信息，如公开发行的图书、期刊、报纸、光盘和数据库等。

2. 灰色信息

灰色信息是指非公开出版、难以通过正常渠道获取的信息，如内部资料、技术报告和会议资料等。这类信息的发行渠道复杂、流通范围有限，因此收集起来并不容易。

3. 黑色信息

黑色信息是指那些尚未被破解或识别的信息，也包括处于保密状态的信息。如尚未完全解密的古代文字、尚未公开的技术报告、政府文件、内部档案及实验数据等。这些信息往往具有一定的保密性，只有特定的人群或机构才能够获得或了解。

（四）按信息加工的深度分类：零次信息、一次信息、二次信息和三次信息

1. 零次信息

零次信息是指未经记录、未公开、无法通过载体在较大范围内传播的信息，主要以口语或实物方式进行传递，直接作用于人的感觉器官。零次信息的载体是人脑或实物本身。它包括语言信息和实物信息，如会议口头交流、私人信件、未发表的演讲稿等，具有方便及时、针对性强、反馈快以及真实、直观的特点。零次信息是人们获取知识信息不可忽视的信息源，可有效弥补公开信息的滞后性的不足。

2. 一次信息

一次信息也称第一手资料，是指第一次报道、第一次书写、第一次出版的信息。它的载体形式多种多样，包括图书、期刊论文、会议论文、科技报告、专利文献、政府出版物、标准文献和学位论文等。一次信息具有新颖性、创造性和原创性等特点，具有直接参考、借鉴和使用的价值，是信息检索和利用的重要对象。然而，一次信息的不足之处在于分散的出版、缺乏系统性、未经过科学组织、处于无序状态，因此很难被系统地获取和掌握，需要借助二次信息来完成相关检索。

3. 二次信息

二次信息是通过对分散、无序的一次信息进行加工、整理、浓缩而形成的信

息。它以特定的方式汇集某一范围内的信息，用科学的方法对其进行加工整理，以简练的语言、不同的深度揭示一次信息的内外特征，将分散、无序的大量一次信息转变为有序、便于管理的系统，并提供多途径检索，从而有利于人们有效利用一次信息，如各种目录文摘、题录索引等。二次信息具有汇集性和检索性等特点，具有对一次信息进行报道和指引的作用。

4. 三次信息

三次信息是在大量利用一次信息和二次信息的基础上进行汇集、综合、分析而形成的信息。三次信息是利用二次信息为手段，将大量的一次信息加以全面系统的再度选择、分析和综合编写而成，内容具有专指性，使用目的更为明确。它的文献形式是三次文献，可分为综述研究类和参考工具类两种类型。前者包括综述、述评、进展报告等；后者包括年鉴、百科全书、手册、指南，以及书目之书目等。三次信息具有综合性高、针对性强、系统性好和信息面广等特点，有较高的实际使用价值，能直接参考、借鉴和利用。

综上，从零次信息、一次信息、二次信息，最后到三次信息，是对信息进行逐步加工和处理的过程，也是信息从分散到集中、从无序到有序的转变。零次信息是一次信息的素材；一次信息是二次信息和三次信息的来源和基础；三次信息是对一次信息和二次信息进行整理、组织、加工和综合而成的。

三、信息的功能

（一）信息是感受知识世界的中介

信息是连接物质世界和精神世界的中间状态，它在人们认识事物和感知世界的过程中起着不可或缺的作用。信息贯穿于认知活动的始终，认识的过程本身就是一个以信息作为中介的信息运动过程。人们通过获取、处理和加工信息，并形成新的认知结构，然后通过实践活动反作用于客观世界，不断认识和改造世界。认知过程是一个不断获取信息的过程，通过感知、观察、理解等方式，人们从客观世界中获取各种信息。这些信息可以来自外部环境、社会交流及个人经验等。人们获取到的信息经过处理和加工，在人的意识中又形成新的认知结构。这包括对信息的筛选、分析、总结和组织，从而形成对于事物本质、关系和规律的更深入的理解；而形成的认知结构又通过实践活动反作用于客观世界。人们根据自身的认知和理解进行实际行动和实践，进一步感知和获取信息，并对外部世界产生影响和改变。这个过程是一个循环往复的过程，在不断获取新信息、处理加工、形成新认知的同时，也不断通过实践活动重新调整和更新自己的认知结构。因此，信息在认知过程中扮演了重要的角色，它是认知活动中的媒介和驱动力，推动着人类对世界的认识和改造。

（二）信息是管理决策的依据

管理决策是一个连续进行的过程，一般包括发现问题、确定目标、制定方案、评估优选、实施决策和反馈追踪等环节。决策需要综合考虑多个因素，但最关键的因素是对客观实际的了解和对未来形势及结果的正确判断，而这些依赖于全面、及时和准确的信息分析研究。信息活动贯穿于科学决策的整个过程中，并影响决策的每一个环节。随着社会的发展，信息在管理决策中的作用越发重要。这是因为社会日益庞大和复杂，对信息的依赖性也越来越高，而管理决策的正确与否直接影响着社会各个系统的运行。

（三）信息是科学研究的必要条件

人类的知识继承和共享性使得科学研究一定程度上建立在前人成果的基础上，并依赖于同时代其他人的协助。而科研工作需要进行时间和空间上的信息传递。为了确保科学研究项目的先进性，科研人员必须了解本学科领域的现有研究状况、最新成果和发展动态，同时与同领域的其他研究人员保持交流。这包括参考即研究、了解最新成果和未来趋势，以及与其他研究人员讨论解决研究中的问题等。

（四）信息是社会发展的基本资源

在信息社会中，人们越来越重视对信息的生产、处理、传递和利用能力，这是建立在物质资源和能量资源的基础上的。信息资源、物质资源、能量资源构成现代人类社会资源体系的三大支柱。物质代表材料，能量代表动力，信息则代表知识和智慧。信息资源是人类有效管理其他资源的工具，在推动社会经济发展、促进人类社会进步等方面发挥着重要作用。人们借助信息资源来进行精确的资源管理和决策制定，使信息的价值和重要性得到不断提升，成为当代社会发展的重要推动力量。

三、信息服务

信息服务涉及社会生活的方方面面。狭义的信息服务是指对信息进行收集、加工、存储、传递和提供的社会化经营活动。网络时代，人们时刻处于被大量无序信息包围的环境中，信息服务的核心目标是有效获取精确的信息，以满足人们的需求。在现代社会，信息服务的内涵非常丰富，它可以被理解为基于用户的信息需求，为用户提供各种服务性活动的过程。当前的信息服务，无论是在内容和形式上，还是在广度和深度上，都发生了翻天覆地的变化。随着社会的进步和科学技术的发展，信息服务的规模和效益对社会发展的影响越来越大。在中国，信息服务已经形成了一个多层次的社会服务网络，旨在满足专业人员在科技、经济、文化、新闻、管理等领域的多方面的信息需求。在整个服务网络中，各类信息服务部门既有分工，又有协调，开展各具特色的服务工作。

（一）信息服务的特征

综合来看，信息服务的特征主要有社会性、知识性、关联性、时效性、指向性、公用性和控制性。

1. 社会性

信息服务的社会性意味着它不仅是一种技术或行业，更是一种向社会提供的重要服务。通过信息的生成、传递和利用，信息服务促进了知识的积累与共享，为个体和组织提供了丰富的资源和支持。信息服务的价值和效益对信息服务业的社会性起着关键作用。信息服务的价值体现在满足人们的信息需求，提供准确可靠的信息资源，帮助决策或解决问题。信息服务的效益表现为在提高工作效率、促进创新和知识传播等方面产生的积极影响。信息服务的社交规范是建立在信息服务的社会性基础上的，它涉及信息服务提供者和使用者之间的互动和交流。在信息服务过程中，透明度、公正性、隐私保护和知识共享等方面的规范被认为是信息服务的社交规范。人们遵守这种规范有助于建立信任关系、维护社会秩序、促进信息的良性流动和共享。

2. 知识性

作为一种知识密集型服务，信息服务依赖于服务人员的广泛而深厚的知识。信息服务人员需要具备全面的知识素质，能够理解和处理各种领域的信息需求；还需要掌握相关领域的知识、信息检索技巧和加工整理技能，以提供准确、有价值的信息资源。同时，用户的知识储备与信息匹配是信息服务发挥作用的重要前提，只有当用户对特定领域具有一定的了解和知识储备时，他们才能更好地理解和分析所提供的信息，从而更好地实现信息的转化和应用。

3. 关联性

在信息服务中，信息是被传递和共享的核心内容。信息服务的目的是为用户提供他们所需的信息资源。信息用户可以是个人、机构、企业或其他组织，对于特定领域或课题，他们希望通过信息服务获取相关的知识和信息。信息服务是满足信息用户需求的过程和方式。它通过提供信息资源、信息检索和咨询服务等形式，向信息用户提供其所需的信息支持。信息服务可以由各种机构或组织提供，如图书馆、档案馆、咨询机构、数据库服务提供商等。组织信息服务的机构或组织根据信息用户的需求，选择适合的信息资源、技术和服务方式来提供信息支持。不同的信息服务机构可能会采用不同的组织模式，如集中式服务、分散式服务、在线服务等，来满足信息用户需求的多样性。总之，信息、信息用户和信息服务之间是相互联系的，并且这种联系是组织信息服务的基础，也决定了信息服务组织模式的选择。只有通过有效的联系和匹配，信息服务才能更好地满足信息用户的需求，并为他们提供准确、有价值的信息支持。

4. 时效性

在信息服务中，信息的生命周期是指信息从产生、传递、存储到使用的整个过程。信息产生或被获取后，需要经过及时的传递和存储，才能保证信息的有效性和可及性，以充分发挥其应有的价值。但随着时间的推移，信息可能会变得过时，不再具备实际的应用价值。失去时效性的信息可能会对决策和行动产生干扰，可能导致误导、错误判断和错失机遇，甚至可能对个人、组织或社会产生不利影响。因此，在信息服务中，及时更新和筛选信息至关重要。服务提供者需要不断跟进信息的更新和变化，及时更新和提供最新的信息资源。同时，信息用户也需要具备信息鉴别和筛选的能力，以便从海量的信息中找到时效性高、可靠性强的信息来源。总之，信息服务具有显著的时间效应，信息需要及时更新和筛选，确保时效性和有效性，以保证信息服务对个人、组织和社会的持续支持和价值提供。

5. 指向性

任何信息服务都指向一定的用户和用户的信息活动。信息的产生、传递与利用是与用户的日常活动密切相关的过程。这意味着，为了使信息服务能够有效地支持用户的需求，这些服务必须围绕用户的核心活动、追求的目标，以及他们面临的具体任务来设计和实施。具体而言，这就要求信息服务提供者深入了解用户的行为模式、兴趣偏好、工作或生活中的目标以及他们试图解决的问题。通过这种方式，信息服务可以更加精准地满足用户的需求，为用户的活动提供有效的支持和帮助——无论是在获取知识、解决问题还是做出决策等方面。因此，信息服务的组织和提供不仅要依赖于技术和内容的质量，还必须紧密联系用户的实际情况和需求，从而确保信息服务能够真正地助力用户实现他们的目标。

6. 公用性

与那些只对单一用户提供服务的特定信息服务机构不同，广泛服务于公众的信息服务部门具备为众多用户同时提供帮助的特殊能力。这一点不仅让信息服务从与其他类型的社会服务的竞争脱颖而出，也强调了其在满足广大用户需求方面的独特价值。例如，公共图书馆、在线资源平台和媒体机构等，能够覆盖包括学生、教师、研究员及普通公民在内的受众，为他们提供所需的信息和知识。这种面向多用户的服务模式，不仅体现了信息服务部门在资源共享和分配上的效率，还凸显了它们在推动社会教育和文化进步方面的关键作用。同时，它要求这些服务能够应对各种用户的需求变化，适应不同年龄层、背景和兴趣点的需求，确保每个用户都能获取他们所需的信息。因此，在为公众提供服务时，这些信息服务部门必须采取灵活而多元的策略，通过针对性强的用户群体分析、定制化服务设计及最新技术，有效服务于不同的用户群体。这种能力不仅是信息服务与其他社会服务不同的标志，也是其在现代社会扮演关键角色的基础。

7. 控制性

信息服务是一种置于社会控制之下的社会化服务，因此信息服务的开展关系着社会的运行、管理和服务对象的利益，它要受国家政策的导向和法律的严格约束。

（二）信息服务的体系结构

信息服务的对象十分广泛，不同信息服务构成了信息服务体系。按照不同的分类标准，可以对信息服务进行不同的分类。一般来说，基于国内目前的情况，信息服务的体系结构大致可以分为以下几类：

1. 按照信息服务所提供的信息类型，可分为实物信息服务（向用户提供产品样本、试验材料等实物供用户分析、参考和借鉴）、交往信息服务（也称口头信息服务，通过“信息发布会”等活动向用户提供他们所需要的有关信息）、文献信息服务（根据用户需求，为其提供文献、包括传统的印刷型文献和电子文献）、数据服务（向用户提供所需要的各种数据）。

2. 按照文献信息加工的深度划分，可分为一次文献服务（提供原始文献的传递）、二次信息服务（对文献进行摘要和索引）、三次文献服务（进一步提供领域综述和高级信息）。这种分类有助于用户根据需求和目标进行选择，以获取最适合的信息服务。

3. 按照信息服务的内容划分，可分为科技信息服务、经济信息服务、法规信息服务、技术信息服务、军事信息服务及流通信息服务等类型。这些信息服务一般根据用户需求进行，具有专业领域明确、形式固定的特点。

4. 按照信息服务的方式划分，可分为宣传报道服务、文献借阅服务、文献复制服务、文献代查代检服务、科技查新服务、专利信息服务、信息咨询服务和学科服务等类型。

5. 按信息服务的手段划分，可分为传统信息服务（通过信息工作人员的智力劳动所进行的信息服务，如利用检索工具书提供检索服务等）、电子信息服务（借助计算机技术和网络系统开展的信息服务）。

6. 按服务用户的范围划分，可分为单向信息服务（面向单一用户所进行的针对性很强的服务）、多向信息服务（面向众多用户在一定范围内进行的信息服务）。

7. 按信息服务的时间长短划分，可分为长期信息服务和即时信息服务。

8. 按信息服务的能动性划分，可分为被动信息服务和主动信息服务。

9. 按信息服务的收费方式划分，可分为无偿信息服务和有偿信息服务。

（三）信息服务的内容

信息服务一般包含如下内容：

1. 信息资源开发服务

这是信息服务的基本工作，也是信息搜集、加工、标引等工作的目的所在。人类要进步，社会要发展，就必须重视信息资源的开发工作。许多看似没有什么价值的原始材料，一经收集、整理和加工，往往会价值倍增，这就是信息资源开发的意义所在。

2. 信息传递与交流服务

交流和传递是信息的重要特征之一。信息只有进行交流与传递，才会使世界各国能够同时分享科学技术发展所带来的成果。如果信息不进行传递与交流，信息就会失去存在的价值，更不会发挥其应有的作用。

3. 信息加工与发布服务

对用户来说，不是所有的信息都可以被直接利用的，“信息爆炸”早已是信息社会一个不争的事实。要做好信息服务，其中一项重要工作就是对信息进行加工整理并及时发布，只有这样才能发挥信息的作用。

4. 用户信息活动的组织与信息保障服务

信息用户，由于其学历、职称、知识结构、文化素养、兴趣爱好等方面的不同，其把握、利用信息的能力也有所不同。图书馆应积极开展用户信息活动的组织和信息保障服务，帮助他们更好、更准确地掌握、利用信息。

（三）信息服务的要求

1. 信息服务的广泛性

实施信息服务需要充分开发信息资源，只有这样才能确保向用户提供的信息没有遗漏。为此，开展信息服务工作需要重视用户信息需求的调研，力求全面了解用户的需求。

2. 信息服务的充分性

充分性涉及最大限度地利用可用的条件和资源，以组织和提供用户服务，同时彻底了解用户的需求和服务运作的实际情况。其目的是确保所提供的信息范围广泛，内容详尽无遗。

3. 信息服务的及时性

及时性主要体现在两个方面，一是对用户的迅速响应和服务提供；二是确保所提供信息的实时性，让用户能够迅速获得他们所需要的最新资讯。为达成此目标，关键在于保持畅通的信息获取途径和建立有效的用户沟通的渠道。

4. 信息服务的精炼性

在信息服务领域，向用户提供准确且具有高效问题解决能力的关键信息是至关重要的。而实现这一目标需要提高信息服务人员的职业技能。信息服务人员应在服务过程中强化信息的分析和研究，实施特定的服务项目，并致力于提升专业信息服务的品质。这样才能确保向用户提供高质量的信息，切实解决他们的问题。

5. 信息提供的准确性

准确性是信息服务的基本要求，不准确的信息有可能导致用户做出错误的决策并带来损失。信息服务的准确性要求搜集的信息准确无误，同时避免信息传递过程中的失真。此外，对信息的评判和判断也必须准确，以确保得出正确、可靠的结论。

6. 信息服务收费的合理性

当前大部分的信息服务都需要收费。然而从用户的角度来看，支付服务费用应该获得一定的投入产出效益。因此，在国家政策的指导下，制订合理的收费标准是至关重要的，这样才能保证用户在支付服务费用时获得相应的价值回报。

第三节 知识与知识服务

一、知识的含义

“知识”的概念在几千年的人类历史中不断演变，众说纷纭。以亚里士多德为代表的古典知识观认为知识就是真理，知识是由真理和对实在的理解所构成的。科学主义知识观将“知识”看作正确的描述体系或判断体系。当代认知心理学认为，知识就是个体通过与其环境相互作用后获得的信息及其组织结构，储存于个体之内的结构性信息称为主观知识，储存于个体之外的结构性信息称为客观知识。

《现代汉语词典》（第 7 版）中对“知识”的定义是“人们在社会实践中所获得的认识和经验的总和”。《辞海》（1980 年版）中将“知识”定义为“人们在社会实践中积累起来的经验”，并指出“知识属于认识的范畴”。简言之，人类认识世界的结果就是知识，它包括两种：一种是个人知识存储于大脑、依赖于人的记忆；另一种是社会认识、书本记录。《韦伯斯特词典》（1997 年版）将“知识”定义为“通过实践、研究、联系或调查获得的关于事物的事实和状态的认识，是对科学、艺术或技术的理解，是人类获得的关于真理和原理的认识的总和。总之，知识是人类积累的关于自然和社会的认识和经验的总和”。这些定义基本概括了人类经过实践积累而逐渐形成和深化对“知识”较为全面的理解。

从广义理解，知识是人类社会实践活动的经验和信息总结。知识以符号系统的形式存在，是人类社会经验和信息的表现。在狭义上，知识是人类社会实践创造活动的产物，是现实世界的数字符号系统，其涵盖了思想体系、理论体系和工具体系等方面的内容。

二、知识的特征

知识是一种特殊的无形资源，同其他有形资源相比较，知识具有以下主要特征：

（一）实践性

知识的实践性是指人类的任何知识都来源于社会实践，又运用于社会实践，并且知识只有在社会实践中才能创新与发展。显性知识，如科学常识和专业知识也同样来源于实践，书本上的知识是前人对客观事物进行“实践—认识—再实践—再认识”的经验总结。知识的实践性还体现在知识必须应用于社会实践才有意义。人类创造知识和学习知识的目的是顺应客观事物的运动规律改造客观事物。如果不应用于社会实践，知识就失去了产生和存在的价值。

（二）真理性

既然知识是对客观事物及其运动、变化、发展规律的认识和经验，那么它必然有真伪之分，即所谓的“真理性”。认识和经验的正确与否最终都需要社会实践的检验。经过检验，符合客观事物及其运动、变化、发展规律的就是知识，否则是谬误。所有的知识都是对客观事物的正确认识和经验，因此知识的正确性具有普遍性。知识的真理性要求我们要崇尚知识、相信科学、尊敬有知识的人，同时要积极主动地在实践中学习知识、运用知识、开发知识，并充分发挥知识的作用。

（三）相对性

首先，知识的真理性通常是有一定的条件和环境要求的。在某一时间、某一地点、某种情况下为真的知识，在时间和环境改变时可能变成假的。其次，由于客观事物本身往往是表露不完全的，所以人的大脑对该事物的反映也就不可能全面。再次，客观事物始终处于运动和变化之中，原来是正确的认识，在变化了的客观事物面前也可能会全部或部分失去正确性。所以，现实中的知识往往是相对真的，不是绝对真的。知识的相对性要求人们在运用知识时要“具体情况，具体分析”，选择将符合实际情况的知识用于具体的实践活动。

（四）载体依托性

知识的载体首先是人，其次是实物，再次是组织的内部环境。人承载着个人的特有知识，如技能、技巧、经验等；实物包括纸张、磁盘、光盘、数据库等，承载着人们用语言、文字等表述出来的知识，主要是科学技术知识和文献艺术知识；组织的内部环境承载着组织惯例和组织文化等。在这三种载体中，人是知识的最初的和最根本的载体，其他载体都是人脑中知识的物化和情境化。知识的载体依托性要求管理者在重视利用显性知识的同时，更要重视人和组织所承载的隐性知识的作用。

（五）积累性

知识的载体依托性决定了知识具有积累性。实物载体中知识的积累是科学技术发展和新学科不断涌现的结果。人脑中知识的积累是个人工作、学习和生活的直接结果。随着个人大脑中知识的不断积累，其经验也相应地越来越多、个人能力越来越强、专业知识越来越丰富。当个体大脑中的知识积累到一定程度后，通过大脑的理解和感悟，就会创造出新的知识。

（六）离散性

任何组织和个人都不可能精通和掌握所有领域的知识，在专业分工越来越细的今天尤其如此。知识分散在不同的组织和个人的大脑中，也分散在保存知识和传播知识的社会机构中，如图书馆、档案馆、文化馆、博物馆等机构。

（七）可传递性

显性知识可以通过图书、报刊、广播电视、磁盘和光盘传播，也可以通过计算机网络传输；隐性知识同样具有可传递性，人们可以通过语言、肢体或示范动作等形式来传递隐性知识。

三、知识服务

知识服务是在知识经济背景下提出的新观念。知识来自信息，是信息升华的结果，是对信息资源的深度开发利用。

（一）知识服务的含义

知识服务是针对知识经济发展和知识创新需求而提供的一种增值服务。通过分析和理解用户的知识需求、问题背景，以及信息需求，对信息进行分析、重新构建、创新和整合，旨在提供能够满足用户需求的知识产品服务。知识服务将用户的具体信息需求和所在的信息环境作为工作的起点，依据用户获取信息的路径设计服务流程。这一服务的核心在于知识的创新，通过挖掘和共享隐性知识，并将其与显性知识结合，创造出既包含显性知识也包含隐性知识的智能型知识产品。此外，知识服务鼓励专家和用户的共同参与，将关注点从单纯的信息扩展至整个服务流程，并通过互联网实现一站式的综合服务提供。

面对新时代用户需求的多样化和信息的普遍可获取性带来的挑战，高校图书馆作为一个持续发展的有机实体，必须从传统的以信息为中心的服务模式转向以知识为核心的服务模式。因此，采纳知识服务模式成为高校图书馆转型升级的关键路径。在这种情况下，图书馆的知识服务并非仅限于提供原始信息，而是将知识整合到服务中，使服务充满智力内涵，为用户提供高知识含量的知识产品。

目前，国内学者对“知识服务”的概念有不同角度的阐述，缺乏统一的界定。一般而言，知识服务是指通过收集、整理、存储、共享和传播信息与知识，以满足用户的需求，并帮助用户获取、利用和创造知识的过程和行为。知识服务旨在连接用户和信息资源，为用户提供准确、可信、有价值的信息，并提供相应的支持和指导，以满足他们的学习、研究、创新和决策等需求。

（二）知识服务的重要性

1. 提升学习和研究效能

知识服务为学生、教师和研究人员提供了丰富的学术资源和信息支持。通过提供文献检索、资料获取、学术写作指导等服务，帮助他们更高效、准确地获取、利用和创造知识，提升学习和研究的效率。

2. 促进创新和科技发展

知识服务为科技创新和发展提供了重要的支持。通过提供专利查新、技术分析、市场调研等服务，帮助创新者了解市场需求和技术趋势，提升创新的成功率和影响力。同时，知识服务还能促进学术交流与合作，为跨学科和跨机构的合作提供桥梁和支持。

3. 促进决策和管理决策能力

知识服务为决策者提供有关政策、市场、竞争等方面的信息，帮助他们做出明智和有根据的决策。通过数据分析、竞争情报报告、市场调研等服务，提供准确的信息和分析结果，帮助决策者应对复杂和不确定的环境。

4. 促进社会发展和文化传承

知识服务通过收集、保存和传播社会、文化、历史等方面的知识和信息，促进社会发展和文化传承。图书馆、档案馆、博物馆等知识机构通过数字化和共享技术，使得文化遗产和知识资产能够广泛传播和共享，为社会创造价值并推动文化繁荣。

总之，知识服务在促进学习、研究、创新、决策和文化传承等方面具有重要的作用。它不仅能提升个体和组织的能力和效能，还能促进社会的发展和进步。

（三）知识服务与信息服务的区别

1. 含义不同

信息服务主要提供基础服务，比如提供用户可通过物理方式获取的文献资源。而知识服务则注重知识的创新，它面向用户的个性化需求，并提供智能化的定制服务，以满足用户的知识需求。知识服务是为用户量身定做的，旨在提供个性化的智能服务。

2. 内容不同

信息服务主要涉及资源的组织、检索和传播，主要提供浅层的信息传递服务。然而，知识服务则通过检索、分析、整合信息，开发新的信息资源，生成具有知识性质的产品。知识服务的目标是通过深入地处理和整合信息，促进知识的生成和创新。

3. 方式不同

信息服务通常是一种被动的服务，面向大众提供单一、有序服务，用户的参与程度相对较低。而知识服务则是一种主动参与用户需求的双向交流和动态服务，它更具专业性，能够根据用户的需求和反馈进行个性化的定制，用户的参与程度较高。知识服务更注重与用户的互动和合作，以满足用户的个性化需求。

4. 价值不同

信息服务的价值主要体现在提高图书馆资源的占有率和馆藏数量上。它旨在为用户提供更多的资源选择，以展示服务的价值。而知识服务则侧重于创造性地运用知识和智能化手段来解决用户需求，并实现服务价值的增值。知识服务通过深度的信息处理和个性化的服务，为用户提供有价值的解决方案，进一步提升服务的附加值和影响力。

（四）知识服务的特点

知识服务建立在信息服务的基础上，它主动地为用户提供经过加工和转化的深层次服务，将原始的信息资源转化为知识产品。知识服务呈现以下特点。

1. 知识服务注重满足用户的个性化需求

知识服务将用户需求置于核心位置，专注于解决用户面临的挑战。知识服务的核心关注是服务提供者是否能有效满足用户需求并解决问题，旨在提供具有价值的服务。

2. 知识服务是基于智力资源的服务

知识服务提供者通过深入分析用户需求，有效整合图书馆资源、用户的学科背景及图书馆的专业知识；通过多层面的信息搜集、分析、重新编排和评价，创造出既满足用户需求又实用的知识产品。这样的知识产品能够为用户提供有价值的支持和指导。

3. 知识服务是以深度定题为特点的服务形式

服务提供者针对用户的问题，会持续、不断地与用户进行互动和交流，深入了解用户的需求，针对性地提供具有实质性价值的解决方案。这种定制化的服务形式能够更好地满足用户的个性化需求，并为他们提供持续的支持和帮助。

4. 知识服务是一种增值服务

服务提供者利用自身的专业知识和智慧，通过知识的应用和创新，帮助用户解决因自身能力缺乏而无法解决的问题，实现服务的增值。服务提供者通过运用专业知识和创造性思维，能够为用户提供更高层次的服务，并为他们带来更多的价值和好处。这种增值服务能够满足用户的特定需求，推动他们在个人和专业领域得到更好的成果和成长。

（五）知识服务的运作模式

高校图书馆知识服务的运作模式可以分成两个层次：用户知识需求定位服务和用户知识需求满足服务。

1. 用户知识需求定位服务

用户知识需求定位服务旨在通过分析用户的心理和意识状态、素质等主观要素，以及其职业、社会地位、所处环境、人际关系和信息获取的条件等客观因素，全方位帮助用户认识到自身的知识需求。该服务通过深入与用户的交流提升用户的信息处理能力，协助用户准确识别和表达其知识需求。知识需求是随时间变化的动态状态，而定位服务则致力于持续紧贴用户的知识需求变化。

2. 用户知识需求满足服务

用户的知识需求满足服务依托于一套组织良好的知识概念体系，允许各类信息在不同的知识库之间穿梭，并通过数据网络形成互联。在这一体系下，服务提供者能够帮助用户获得、分析知识信息，并重新组织这些信息以构建解决方案，满足用户的知识需求。此服务通过建立不同知识信息资源间的连接，向用户提供精确的知识信息，从而协助用户解决问题，代表了知识服务的更深层次。

用户知识需求定位服务和知识需求满足服务共同构成了完善的知识服务体系，其中定位服务是满足服务的基础和起点，而满足服务则是定位服务的终极目标。满足用户当前的知识需求往往会激发出更高级别的需求，这种需求的不断深化促使知识需求满足服务向更高层次发展。

（六）知识服务的特征

1. 以用户需求为本，以用户满意为目标

用户是知识服务工作的核心，也是评价服务质量的最终参考。知识服务的目标是满足用户的知识需求，了解用户的知识变化，并研究用户的需求模式，提供全面、准确、有效的知识信息，以增强知识服务的针对性和及时性，使用户能快速获取并应用知识来解决实际工作中遇到的问题。

知识服务是为了满足用户的知识需求而进行的活动。知识服务需要以用户为中心，从满足用户的知识需求出发，收集并选择各种信息，解决因信息分散而导致的检索困难，为用户提供经过提炼、加工和重组的新型知识产品，以便于用户理解和吸收。

2. 面向问题，提供解决方案，贯穿用户信息活动的始终

知识服务贯穿于用户信息活动的始终，目标是帮助用户找到解决问题的方法，重点在于形成和完善解决方案。用户信息需求的产生和利用，以及问题解决过程受到多种因素的影响，若缺少任何一个环节或条件不充分，都可能阻碍信息需求向知识利用的实际行为转化。同时，随着外部环境等因素的变化和用户问题解决的深入，用户的信息需求和行为也会发生变化。潜在的需求可能会突破并转化为实际的信息行为，而已经开始的信息行为也可能因某种原因而中断。只有参与用户信息活动过程，才能真正了解这些变化，并有效解决用户的问题。

3. 以知识创新为中心，注重知识资源增值

在知识服务中，知识的价值在于解决用户实际问题，而服务的价值在于满足用户的信息需求，并帮助用户利用和创新知识。一方面，根据用户的信息需求收集、获取和提供的最新信息，可以使用户在解决问题的过程中不断启发新思维、创造新知识；另一方面，工作人员融入了大量个人智慧和能力，对知识信息进行收集、加工、整理、分析和综合，使无序的信息变得有序，使固化的知识得以活化，从而实现知识的增值和创新。

4. 知识服务具有整合性

为了提供有效的知识服务，服务机构需要将知识资源、人力资源、技术资源等各种资源进行系统集成、服务集成、知识集成和人才集成。资源整合有助于充分发挥服务机构在各方面的综合优势。服务机构采用开放式服务模式，有助于快速高效地解决用户面临的复杂问题，并提高用户对服务质量的认可度和对服务的智力内涵的认可度。

5. 知识服务具有可共享性

知识具有无形性，因此可以被无限利用或多人共享，这意味着任何人都能获得有形的知识产品。并且由于具有可储存和可转移的特性，知识能够方便地进行流通。在知识服务的内容方面，不论知识是否能够具体呈现，服务需求者在接受服务时都可以与他人共享服务的过程；而在服务完成后，接受服务的用户也可以

将所学的知识传授给他人，实现知识的共享。

（七）高校图书馆知识服务的基本原则

1. 用户导向

以用户需求和满意度为中心，根据用户的学术和研究需求提供个性化、专业化的知识服务，积极倾听用户意见和反馈，不断改进服务质量。

2. 学术专业性

高校图书馆知识服务需要具备学术专业知识和信息素养，能够理解和满足用户在学习、教学和研究等方面的需求，以提供准确、可靠的学术资源和信息。

3. 合作共享

高校图书馆积极与其他图书馆和知识机构合作，共享资源和服务，提供更多的学术资源和信息支持，扩大用户获取知识的渠道和途径。

4. 创新和适应性

高校图书馆持续关注新兴技术和知识服务的发展趋势，不断创新和适应变化，引入新的技术和方法，提供更加便捷、高效的知识服务。

（八）高校图书馆知识服务流程

1. 用户需求分析

通过与用户的沟通，了解和掌握用户的需求和期望，包括学习、教学、研究等方面的需求和期望。

2. 资源收集与整理

根据用户需求，收集、整理和评估相关的学术资源，包括图书、期刊、数据库、电子资源等。

3. 信息传递与引导

将收集到的学术资源进行分类、标注和存储，并通过各种渠道和工具（如图书馆网站、搜索引擎、数据库等）向用户传递和引导信息资源。

4. 学术支持与指导

为用户提供学术支持和指导，包括文献检索、学术写作、引用管理、数据分析等方面的服务，帮助用户获取、利用和创造知识。

5. 用户反馈与服务改进

通过用户反馈和评价，了解用户的满意度和需求变化，及时调整和改进服务，提高用户的知识服务体验。

6. 合作与共享

与其他图书馆和知识机构建立合作关系，共享资源和服务，为用户提供更全面和多样化的知识服务。

综上所述，高校图书馆知识服务的基本原则是用户导向、学术专业性、合作共享、创新和适应性。其流程包括用户需求分析、资源收集与整理、信息传递与引导、学术支持与指导、用户反馈与服务改进及合作与共享等环节。这些原则和流程能够确保高校图书馆为用户提供优质、个性化的知识服务，满足他们的学术和研究需求。

四、知识服务研究中存在的问题

虽然高校图书馆已经开始关注知识服务研究，但目前大多处于知识服务的理论研究阶段，在理论与实践结合方面还存在许多问题，具体如下：

（一）理论研究不够深入和具体

目前的图书馆知识服务研究主要包括分析知识服务的内涵、功能和地位，以及探讨知识服务与传统信息服务的差异。对图书馆知识服务模式、知识服务系统和知识服务社会化等方面的研究相对较少，且不够深入和具体。知识服务系统是实现知识服务的智能化系统，是智慧图书馆的构成要素之一。建议今后高校知识服务研究向知识服务的模式、知识服务系统和知识服务的社会化方向转变。

（二）应用研究中不够重视典型案例的分析

我国高校图书馆在开展知识服务方面存在传统观念的束缚和制约，虽然有部分“双一流”高校的图书馆在知识服务实践方面已有所尝试，但文献调研发现，目前还没有关于高校图书馆知识服务的实践案例的系统总结和论述文献。因此，高校图书馆在开展知识服务的同时，还需要对知识服务的实践案例进行总结和研究，并积极分享优秀的实践案例。

（三）忽视了对“知识”本身的研究

知识服务由“知识”和“服务”两大要素构成，涵盖了知识发现、知识向服务的转化，以及知识服务的实现三个环节。目前，对知识服务模式、手段、策略实施等方面已有较多研究，而对于知识发现的研究较为不足。而知识服务研究的最终目的是提高图书馆服务水平和质量，更好地实现知识服务的传递和共享。因此，我们不能仅仅局限于服务的视角，而应该扩展到知识层面。为了解决知识构建问题，高校图书馆今后的研究应立足于知识和服务两个方面，加强对知识本身的研究。

第四节　高校图书馆信息服务概述

一、高校图书馆信息服务发展历程

（一）高校文献信息服务的起源

高校文献信息服务的起源可以追溯到古代图书馆的建立和书籍的收藏与传播。在古代，一些学术机构和寺庙建立了藏书楼来收藏和维护文献资料，并为学者和研究者提供阅读和研究的场所。随着现代教育体系的形成，大学作为教学和研究的机构，也开始建立自己的图书馆。最初，这些图书馆主要提供室内阅读服务，集中收藏教科书、参考书和工具书。随后，为了提高书籍的使用效率，图书馆开始提供图书外借服务，允许读者将书籍带回家阅读，这也是早期图书馆提供信息服务的主要形式。

高校图书馆的建立意味着集中文献资源、提供学术资料和支持学术研究的机构化运作，高校图书馆也成为学术交流和知识传播的重要场所。随着科技的进步，特别是计算机和互联网技术的发展，高校文献信息服务经历了新的转型。电子文献资源的普及和网络检索技术的成熟，使得读者可以远程访问和检索全球范围内的学术文献。而高校图书馆通过订购电子期刊数据库、电子书籍和在线检索工具，为师生提供便捷的文献信息服务。

（二）高校文献信息服务的发展

1956 年，首次高等学校图书馆工作会议在北京召开，并制定了《中华人民共和国高等学校图书馆工作条例（草案）》，这标志着高校图书馆“一切为读者”的服务理念得到了明确。1981 年，在第一次全国性的高校图书馆会议上正式发布了《中华人民共和国高等学校图书馆工作条例》（以下简称《条例》），同时成立了全国高校图书馆工作委员会和秘书处。由此，高校图书馆事业进入一个新的发展时期。此时，高校图书馆的主要服务是利用本馆的藏书资源，支持教学、科研、学生思想教育，以及全校师生的文化生活。服务手段主要是手工操作，包括外借、阅览、文献推广、工具书查询等。随着计算机技术的进步，信息服务方式开始出现光盘检索等新形式。1987 年，原国家教委在 1981 年的《条例》基础上，制定了《普通高等学校图书馆规程》，极大地促进了高校图书馆的发展。高校图书馆开始拓展服务范围，不仅服务于校内，也面向社会；同时扩大了信息服务的存在形式。信息服务的含义也从单一的文献信息资源的提供、检索及借还服务，扩展到包括对经济发展有益的信息开发与利用。

尽管高校图书馆的信息服务从封闭转变为开放、从被动转为主动，但大多数图书馆文献资源建设经费不足以满足用户的全部需求，图书馆界开始研究“馆际互借与原文传递”等资源共享的课题。进入 20 世纪 90 年代，互联网的普及和信息技术的发展使得图书馆资源共享成为可能。计算机网络的快速发展，特别是互联网的应用和中国信息基础设施的大规模建设，为高校图书馆的信息服务提供了新的工具和平台。由此，高校图书馆的信息服务开始向自动化、网络化、数字化和智能化方向迈进。

高校文献信息服务的发展经历了多个阶段，并随着科技的进步和教育需求的变化，不断扩展和完善。

1. 传统纸质文献服务阶段

初始阶段的高校图书馆主要收藏和提供纸质书籍、期刊、报纸等文献资料，为师生提供阅读、借阅和学习的场所和资源。

2. 电子文献服务阶段

随着计算机和互联网的兴起，高校图书馆开始订购电子期刊数据库、电子书籍和在线检索工具，使师生可以远程访问和利用全球范围内的学术文献。

3. 数据服务阶段

随着数据时代的到来，高校图书馆开始关注数据资源的收集、管理和分享。高校图书馆提供数据库、数据存储和数据管理服务，支持学术研究者进行数据驱动的研究和数据分析。

4. 学术支持服务阶段

为了满足学术研究和写作的需求，高校图书馆逐渐加强学术支持服务。提供包括学术写作指导、学术资源推荐、文献检索帮助、科技查新服务、知识产权咨询等在内的各种服务，帮助师生提升学术研究和写作的质量。

5. 开放获取服务阶段

近年来，开放获取（Open Access，OA）成为高校文献信息服务的重要方向。高校图书馆积极推动学术成果的开放获取，支持学者发表开放获取的论文、建设机构知识库和开放获取仓库，为学术界和社会公众提供免费访问学术文献的机会。

6. 个性化服务阶段

随着技术的发展，高校图书馆开始探索利用人工智能、大数据和个性化推荐等技术，为用户提供更个性化和精准的服务。通过分析用户的需求和行为，高校图书馆可以为用户推荐适合其研究兴趣和学术需求的资源和服务。

总的来说，高校文献信息服务经历了从传统纸质文献到电子文献、数据服务、学术支持、开放获取及个性化服务的发展过程。高校图书馆通过不断创新和探索，努力满足师生对学术信息和资源的需求，并适应教育和科技发展的新挑战。

（三）高校文献信息服务转变

高校文献信息服务经历了多个阶段的转变，逐渐从传统的纸质文献服务发展为以电子文献为主导的多元化服务。

1. 从纸质文献到电子文献

随着计算机和互联网的普及，高校图书馆逐渐引入电子期刊数据库、电子书籍和在线检索工具，扩大了师生获取文献资源的途径，提供了更为便捷的文献检索和阅读方式。

2. 从信息提供到学术支持

高校图书馆逐渐从简单的文献提供转向更加综合和专业的学术支持服务。除了提供文献资源，高校图书馆还提供学术写作指导、文献检索辅导、知识产权咨询等服务，帮助师生提高学术研究和写作的质量。

3. 从单向传播到协作共享

高校图书馆逐渐重视知识共享和协作网络的建设，并通过开放获取倡议，支持学者开展开放获取出版，建设机构知识库和开放获取仓库，促进学术成果的广泛共享，推动学术界的合作和创新。

4. 从资源管理到数据服务

随着数据时代的来临，高校图书馆开始涉足数据资源的管理和服务。除了传统的文献资源管理，高校图书馆开始提供数据存储、数据库服务、数据管理和数据分析等支持，满足师生在科研和学习中的数据需求。

5. 个性化和智能化服务

高校图书馆利用人工智能、大数据和个性化推荐技术，为用户提供更加个性化和精准的服务。通过分析用户的需求和阅读行为，高校图书馆可以向用户推荐符合其研究兴趣和学术需求的资源和服务。

总的来说，高校文献信息服务经历了由纸质文献到电子文献的转变，同时也从信息提供转向学术支持、协作共享和数据服务，并且不断探索个性化和智能化的服务模式。通过这种演变，高校图书馆不仅成了学习交流和知识获取的关键场所，而且也成为学术资源的中心，极大地促进了教育和研究的进步。这些转变旨在更好地满足师生对学术信息和资源的需求，并适应教育和科技发展的新要求和新挑战。

在管理方面，藏书建设由“封闭型建设模式”转变为“开放型建设模式”，服务方式由“被动型服务模式”向“主动型服务模式”演进，而信息服务则从“劳动密集型文献管理”升级为“知识密集型劳动管理”。服务对象由本校读者拓宽至社会读者；服务内容从提供传统馆藏转为电子信息资源的存取；服务特点从以藏书为主转向以读者为中心；服务重点从一般借阅咨询服务向虚拟参考咨询服务发展；服务手段由传统手工操作方法进步到综合文献技术应用；服务功能也从单一的文献服务扩展到多元文化信息服务；服务模式从信息服务向知识服务深入。

以上标志着图书馆信息服务进入了一个全新的时代，新时代的图书馆信息服务能够更好地适应信息时代的需求，满足用户对信息获取的多样化和个性化需求。

二、高校图书馆传统信息服务内容

（一）高校图书馆文献资源的整合与建设

高校图书馆的藏书资源可大致分为纸质和电子两种形式。其服务的主要群体包括大学教师、本科生、研究生、博士生及研究人员，而这些用户对资源的专业性和学术性有较高的要求。目前，国内外许多出版机构针对高等教育和科研需求所开发或正在开发的数字化资源，主要服务于学术研究。由此看来，高校图书馆对电子资源的需求会显著超过公共图书馆。这种需求不仅体现在纸质资源的采购上，还促使高校图书馆增加电子资源的投入，并提高这部分预算的比重。高校图书馆的资源体系构建是一个综合性的工程，它不仅需要全面的规划，还要求对各个方面和细节予以深思熟虑。此外，这个过程既需要学校领导和社会各界的大力支持，也需要图书馆发挥自身的主动性和积极性，以建立一个坚实的文献支撑体系，为教学和科研工作提供保障。

（二）高校图书馆阅读推广服务

自从中宣部倡导全民阅读以来，中国的图书馆界持续开展各种阅读推广活动，已积累了丰富的经验。在高校图书馆，推动阅读已经逐渐演变为一项常态化的活动和职责，其实际效果已成为衡量这些活动成功与否的关键指标。为了持续发展阅读文化，探索并确立一套长效的阅读推广机制变得尤为重要，而这涉及将阅读活动融入校园文化的整体构架之中。此外，扩展与文化机构和民间组织的协作，整合校内外资源，发挥不同机构的特长，也是提升阅读推广效果的重要策略。在信息技术和新媒体高度发达的今天，创新阅读推广方式，结合读者的阅读兴趣和习惯，考虑大学生在家庭、学校、组织及社会中的多重身份，甚至回顾他们在中学时期的阅读背景，都是高校图书馆在全方位环境中进行阅读推广时必须面对的挑战。通过不断创新阅读推广活动、进行全面规划、建立效果评估体系，以及确立主体执行机构和合作伙伴关系，可以有效推进高校图书馆阅读推广活动的创新和发展。

（三）高校图书馆学科服务的内容

高校图书馆在藏书和网络设施方面拥有显著的优势，这为学术发展提供了有力的支撑。随着数字化信息资源的日益增长和网络技术的进步，以学科为中心的服务理念已变得至关重要，它指导高校图书馆强化服务职能。传统的学科服务通常是静态的、被动的，以及基于点对点交流的，其采用“一对一”或“一对多”的沟通方式，主要依靠用户亲自到访图书馆获得解答或者通过网络平台进行互动，例如由学科专家为用户提供培训或针对特定问题提供解答。高校图书馆推行的学科服务不仅体现了其创新精神和个性化服务的特色，而且符合用户的需求和图书馆的发展方向。为了提升服务质量，高校图书馆需要加强学科专家团队的建设，并采取以用户为核心、以学科专家为驱动的服务模式。这意味着将各类学科服务整合在一起，形成一个统一的服务平台，以便为用户提供一站式解决方案。此外，通过利用 Web 技术，诸如维基、微博和微信等工具，以及各种在线通信手段来提供实时咨询服务，能够有效提高服务效果。同时，用户的信息素养培训也不可忽视，因为只有当学科专家的信息能力被传递给用户时，学科服务才能实现其最大的价值。

（四）高校图书馆开展的教育决策咨询服务

在中国的高等教育领域，高校图书馆在历经诸多改革的同时，其服务重点也在逐渐转变。高校图书馆一边继续提供传统服务，一边深化其在信息决策咨询方面的作用。高校图书馆积极与政府部门建立合作与沟通的桥梁，为教育政策制定者打造优质的咨询平台。在校内，高校图书馆可以为学校的关键决策提供数据支持和备选方案，以减少决策过程中的不确定性；参与学校规章制度的制订，对校园规划和建设提出建议。而在校外，高校图书馆也能在政府教育决策中扮演关键角色，负责信息的搜集与分析，帮助决策者确定正确的方向。因此，高校图书馆不仅要支持学校的教育和研究发展，提供必要的资源和服务保障，还应利用其独有优势，为学校的决策过程乃至整个社会的教育进步，提供专业的咨询服务。传统的图书馆信息服务主要聚焦于提供信息素养教育、构建特定学科资源、与用户建立联系以及提供参考咨询等。这些服务在提高图书馆的服务水平和形象方面起到了积极作用。然而，随着用户信息环境和需求的变化，这种传统服务的理念和方法已经无法完全满足用户的新需求，需要进行相应的调整和改进。开展对高校图书馆信息服务方式的研究，是新世纪图书馆学具有发展前景的新的学科知识生长点。

三、大数据时代的高校图书馆信息服务模式

大数据的特点在于其庞大的数据量、复杂的结构及多样的类型。大数据技术的核心能力在于整合、提取、分析和解释大量数据，并能从不断更新的海量信息中及时发掘出有价值的内容。在大数据的背景下，信息资源增长速度迅猛且生命周期短暂，这对高校图书馆提出了实时处理和分析最新数据的要求，以确保其能够向用户提供有价值的信息。尽管用户导向的服务理念已被广泛接受，但如果不能对海量更新的数据进行及时地处理和分析，这一理念也将难以落到实处。

随着移动互联网技术的不断发展，高校图书馆的信息服务模式正在经历一场深刻的转型。这个转型过程大致可以分为三个主要阶段：起初是以图书馆工作人员为中心的服务模式；随后演变为以文献资源为中心的服务模式；而今正处于以用户为中心的服务模式阶段。在此阶段，高校图书馆信息服务的目标是满足用户的个性化信息需求，这在很大程度上依赖于大数据分析与处理技术，以便深入挖掘用户的实际需求，并提供定制化的服务。

（一）一站式资源服务

在大数据背景下，数字信息资源庞大而复杂。理论上图书馆能收集所有资源，但实际执行难度大。信息资源分为实体资源和虚拟馆藏资源。实体资源包括自建文献资源与下载信息，虚拟资源则包括网络数据库和动态内容等。整合资源需要大数据技术。利用 MapReduce、Hadoop、NoSQL、云计算等可以高效处理数据，横跨资源进行检索，并统一展示结果，这样的整合优化了数据管理。利用

大数据技术，高校图书馆的信息服务可以快速整合馆藏、网络资源和用户数据，提高数据可靠性，去除重复信息，并将信息储存在多个数据库或云空间。智能检索为用户提供一站式资源，提高服务效率和质量。

（二）学科知识服务

图书馆的学科知识服务基于服务理念和制度，旨在满足用户的信息需求，通过搜集、整理和分析资料提供专业服务。提升服务能力的关键是提供深入、个性化的学科信息。这对公共和高校图书馆都至关重要，特别是后者，因其服务对象常需要特定领域的知识。高校图书馆通过强化学科服务以满足专业需求，提高个性化服务水平。在大数据时代，信息服务内容和高校图书馆服务模式正在适应时代变革。高校图书馆通过处理动态大数据，识别并满足用户学科需求；以学科为核心的服务，通过分析用户对学科资源的关注度，识别热点主题，并预测研究趋势与跨学科主题。借助技术和工具，高校图书馆可通过挖掘数据价值、统计借阅数据和分析流通日志来揭示知识网络关系，以提供高效的学科服务。

（三）信息可视化服务

随着互联网技术的发展，用户对信息呈现的期望趋向高可视化。数字图书馆需强化信息可视化技术运用，以满足用户需求。大数据低价值密度信息可通过分析揭示重要内容，进而通过可视化技术将其展现出来，提高用户理解与评估速度并实时反馈，优化信息服务。常用的可视化技术有标签云、历史流、空间图等。信息可视化将数据直观展现的关键在于分析、模式挖掘和决策支持。在高校图书馆，信息可视化能减小服务差异，提高检索准确性，是处理大数据异构结构的有效方法。信息可视化包括检索主题的可视化和数据库分布，服务应用广泛，可构建学科知识地图、展示学科联系、描绘知识构成、反映领域发展、促进知识获取、明晰知识结构。信息可视化技术能帮助用户更容易地发现数据集中的潜在价值资源，便于信息的获取、整合、处理和应用。在大数据背景下，高校图书馆的信息可视化服务已成为信息服务发展的重要趋势之一。

（四）智慧服务

数据挖掘技术的优势在于处理各类数据（结构化、半结构化、非结构化数据），并从中提取隐性知识。高校图书馆需创新个性化信息服务，并基于用户信息、习惯和需求分析，预测并定制服务。高校图书馆可用大数据分析识别确切和潜在需求，提供专业、智能服务。高校图书馆信息资源包含馆藏、电子出版物和用户行为数据，如查询日志、流通记录、使用日志等。大数据技术可深度挖掘、揭示有价值信息。通过整合这些数据，高校图书馆能提供主动定制化服务，提升用户满意度，实现智慧化服务。

四、医学高校图书馆的信息服务模式

随着高校“双一流”建设的目标确立，高校图书馆在服务职能上也将迎来变革。作为校园内集文献信息资源、信息化建设和校园及社会文化发展于一体的关键枢纽，高校图书馆需在人才培养、科研支撑以及决策辅助等关键领域增强服务能力。鉴于“双一流”建设以学科为核心，高校图书馆必须将学科服务作为其服务的重中之重，并构建一套涵盖决策支持、科研支持、数据管理、知识情报、信息素养教育和特色学科资源建设的全新学科服务体系。这一体系不仅是对高校图书馆学科服务的深化，也预示着学科服务发展的新趋势。

医学专业有其自身特殊性，医学院校以为国家和社会培养医学人才为教学目标，而医学高校图书馆则为医学生、教师、医护及科研人员提供信息资源支撑。医学高校图书馆在服务学校学科建设和人才培养过程中要关注学科的基本特征及其特殊性，探索具有针对性、适用性的信息服务模式。在当下数据信息飞速增长的时代，为广大师生、医护人员提供多元化、多维度的信息服务，正是医学高校图书馆面临的机遇与挑战。

上海交通大学医学院仇晓春在“2019 年医学图书馆建设馆长论坛”上从四个用户群体分析了医学图书馆未来发展方向：首先服务于临床医生，其次服务于师生的教学，再次服务于科学研究，最后服务于学校管理层的决策。这不仅概括了医学高校图书馆的服务群体，也高度概述了医学高校图书馆信息服务的范围和内容。医学高校图书馆信息服务内容可分为以下几类。

（一）支持教学的信息服务模式

图书馆针对教学而开展的信息服务主要体现在对学生人文素养、人文精神的培养，以及支持教师的教学和学生的学习。其具体内容有：

1. 依据医学生的专业特点开展人文素养阅读推广；
2. 依据学校专业课程设置购买相应的专业图书和数据库资源；
3. 利用图书馆创客空间支持大学生的创新项目；
4. 开展医学信息检索与利用课程教学工作；
5. 开展健康信息素养教育工作等。

图书馆融入医学教育的信息服务模式提升了临床人员的信息能力，并确保了教学内容的专业衔接。这一服务模式通过开发教学资源、数字工具、视频支持及参与课程资源整合等策略实现。合作教师和馆员共同策划教学内容，丰富学生的学习经验，同时在线上环境提供定制的学习模块和教学辅导，支持教学与学习的线上互动。图书馆根据医学教学需求，组织并优化教学资源，如利用社交媒体提倡翻转课堂、以 Primal 数据库动态视频辅助解剖学学习、运用 ClinicalKey 资源提高医学教学和学习效率，以及使用手术视频素材支持学生技能培养等；同时提供教师定制的教材和指南，使得医学教育更具互动性、生动性并提升学生兴趣。

（二）支持科研的信息服务模式

医学院和医院都是知识密集型机构，承载着相当重的科研任务。图书馆的核心任务就是要充分满足医学院的师生和医院的医护人员在科研过程中对文献资源的需求。支持研究工作开展的信息服务包括以下几点：

1. 依据学校办学特色合理配置电子资源和网络资源，支持重点学科，扶持优势学科

“双一流”建设背景下，高校图书馆需打造一个全面的文献资源支持系统，并依托网络与大数据技术开发资源共享门户网站。此智能化平台有助于电子资源更高效的使用，强化学科服务功能，并推进优势学科的进一步发展。

2. 开展课题查新工作

科技查新是指具有科技查新资质的信息咨询机构根据委托人提供的课题项目内容（包括科研立项、成果鉴定、科技奖励评审、专利申请等）进行的情报评估。科技查新机构按照《科技查新规范》对查新内容的新颖性进行文献检索及分析，最终出具科技查新报告。其目的是避免科研课题重复立项，以及客观正确地判别科技成果的新颖性。我国科技查新机构需要省级以上科技管理部门的认证备案。目前，从事科技查新服务的机构主要是各省情报研究所和获教育部认定的 102 所高校教育部科技查新工作站。

3. 开展论文查收查引工作

图书馆的科技查新服务部门需要为科研工作者提供论文发表、收录和引用情况的检索服务，并出具检索证明。

4. 定题服务

目前，图书馆定题服务有两种形式。一种是定题跟踪服务，是根据用户教学、科研需要，定期或不定期地对某一特定主题跟踪检索，把经过筛选的最新检索结果，以书目、索引、全文等方式提供给用户；或是针对自然科学、社会科学

及人文科学等各个学科、各种项目的研究课题，与用户协商从课题前期调研、开题立项、中期成果到成果验收、奖项申报等开展整个科研全流程的文献检索提供服务。另一种是用户委托的定题服务，是对用户所委托的各种研究课题进行检索，以书目、索引、文摘、全文或汇编等形式将检索结果提供给用户。

5. 开展科研数据统计与分析服务

利用WOS、ESI、Incite、中国知网等数据库来统计和分析临床研究人员的科研成果，确定合作伙伴；识别在特定医学领域成果丰富的研究者，挑选审稿人和潜在的研究合作者；梳理综述类文献，评估研究水平并指出潜在不足与发展方向；通过分析常见文献的来源期刊，为研究者提供合适的投稿选项；通过使临床工作者掌握文献检索和信息分析技能，帮助其提高论文写作质量与科研效能。

6. 探索学科热点和前沿趋势

运用大数据分析与数据挖掘技术实施高级信息服务，在提供医学文献资源的基础上对附属医院研究人员提供战略性情报分析；特别关注重点学科，进行前沿趋势分析；引入3D打印、智能手机应用和非传统在线接入等技术为临床医师提供支持，为学科决策者展开全方位的研究领域探索，助力他们把握行业趋势。

（三）支持临床医生的信息服务模式

医学高校与其他高校最大的不同在于其一般都有附属医院，所以医学高校图书馆还要面向一线临床医生提供信息服务。这就要求医学高校图书馆工作人员在临床环境中为医护人员提供及时的支持与服务，这是一项具有高度挑战性的任务。医学高校图书馆员需要对临床流程有深入了解，确保其提供的信息服务满足临床要求；需要对医务人员、患者及社会具有高度的责任感，确保服务的精准度、可依赖性和实效性。图书馆可以选取一个专科领域进行实践，让学科馆员在充分学习基础理论和参与实习的基础上，参与科研活动，掌握前沿动态，使其在掌握必要专业知识后，能够直接融入临床环节，如门诊问诊、诊室检查、病房管理和查房、手术过程观察等，并参考医院管理规定及临床教学提供服务。

针对一线临床医生群体，图书馆开展的信息服务有：

1. 引进循证医学资源库，支持临床工作；

2. 利用统计软件开展流行病学分析工作；

3. 开展远程信息服务，通过原文传递和馆际互借，方便一线医生获取文献资源。

（四）支持学校管理决策的信息服务模式

图书馆应进行学科竞争力分析以明确机构定位和学术实力，支持学校管理层的决策服务。利用 ESI、INCITES 和 WOS 等数据库进行数据分析，图书馆可以提供详细的临床医学学科竞争力分析报告。这些报告有助于追踪和评价机构的科研表现，与类似机构进行比较，识别、优化重点和潜在优势学科。图书馆利用文献计量学工具及数据挖掘技术为学校的学科评价、科研现状、人才引进、人才评估等方面提供科学的数据支持，其服务包括：

1. 学校人才引进和评估报告；
2. ESI 学科评估报告；
3. 学校科研分析报告；
4. 学科认证评估报告。

（五）支持医学成果转化的信息服务模式

随着基因组学、遗传学和生物信息学等领域的迅速发展，以及系统医学和信息通信技术之间的相互作用，科研成果向应用的转化速度得到显著提升。医学领域的成果转化有助于弥合理论研究与临床应用的鸿沟。图书馆在此转化过程中起着至关重要的作用，其通过将医学研究与成果转化成可以在临床上应用的信息，帮助缩小基础科学与临床及公共健康实践间的缝隙。这一进程不仅开辟了药物发现及治疗技术研究的新途径，也促进了从实验室到病床的持续、互动和开放的研究动态。国内众多医学院校已经设立了转化医学中心，图书馆也相应提供了积极支持及各种专业服务——从指定联络人员、举办生物信息学课程，到运用数据挖掘从文献中抽取宝贵知识，支持医生和教授的研究工作，并在科技成果转化的知识产权分析中发挥关键作用。

第二章　医学信息资源及文献检索工具

第一节　医学信息资源概况

图书馆的信息服务离不开丰富的文献信息资源。一般来说，医学高校图书馆的信息资源主要包括商业数据库、医学开放资源、特色数据库、网上免费信息资源等。

一、商业数据库

为更好地服务学校和附属医院的教学和科研工作，医学高校图书馆会根据本高校的学科特点与经费情况，购买相关的商业数据库来保障学校的教学科研。一般来说，医学高校图书馆除购买常见的中国知网、万方、维普等中文数据库和Web of Science、EBSCO、Springer Link等外文数据库以外，还会依据医学专业特点购买部分中外文生物医学专业数据库，如中国生物医学文献服务系统(SioMed)、Medline、BIOSIS Previews、ELSEVIER、ScienceDirect等。

二、医学开放资源

免费或开放获取资源的利用是现代图书馆提供资源服务的重要手段。生物医药类OA资源在所有学科OA资源中占据较大比例，在医学高校图书馆信息服务中应重视对免费或开放资源的宣传与利用。图书馆学科馆员要熟悉所服务的专业科研教学团队所需的OA资源，并从中选出具有很强专业吻合度和教学适应性的开放资源，开展OA资源的检索、发现、获取、管理、传递、存储等服务。例如，申请成为国家科技图书文献中心（National Science and Technology library，NSTL）的免费文献使用机构，申请成为中国高等教育文献保障系统（China Academic Library & Information System，CALIS）和中国高校人文社会科学文献中心（China Academic Social Humanities and Sciences Library，CASHL）成员馆，借助教育部、科技部等部门的相关文献保障体系，提高高校师生的文献保障率。图书馆学科馆员要根据自己负责的学科收集重要的开放获取医学资源，如PubMed、CoChrane循证医学数据库、WebMD医学信息网、欧洲信息研究所的EMBL－EBI等数据库，并将这些资源设置在图书馆网站的开放获取和免费资源栏目，建立OA资源整合平台。常用的OA平台有以下几种。

1. DOAJ

开放存取期刊（Open Access Journal，OAJ）是互联网上可供任何人自由访问使用（可下载）的电子期刊。DOAJ（Directory of OAJ）是由瑞典的隆德高校图书馆（Lund University Libraries）为上述资源做的一个目录系统。该目录收录的均为学术性、研究性期刊，具有免费、全文下载、高质量的特点。其质量源于所收录的期刊实行同行评审，编辑作质量控制。

2. arXiv

arXiv是一个收集物理学、数学、计算机科学与生物学论文预印本的网站。至2024年3月，arXiv. org已收集了超过240万篇预印本，并以约每月四千篇的速率增加。其面向物理学、数学、非线性科学、计算机科学和定量生物学等学科提供16种免费电子期刊的访问；覆盖数学/物理，计算机/通信/自动化，生物/医药/卫生等学科。

3. PubMed

PubMed是美国国家医学图书馆（NLM）下属的国家生物技术信息中心（NCBI）开发的、基于网络的在线免费查询系统。PubMed包含来自MEDLINE、生命科学期刊和在线书籍的超过3600万次生物医学文献引用。引文包括来自PubMed Central和出版商网站的全文内容的链接。PubMed上约有5%的文献是可以免费看到全文的，这些文献的左上角通常会有一个“Free Full Text”的小标记；其他95%的文献仅提供摘要信息。

三、特色数据库建设

医学高校图书馆在构建付费与开放资源的基础上，还可以探索自建医学特色数据库，作为信息资源的特色文献予以补充。例如，根据医学的学科特色，可以构建临床医学特色数据库、老年医学数据库、中医药学数据库等；依托生物医学电子资源、网络上的OA资源和免费资源，构建适合本校学科专业建设和科研需要的生物医学类特色数据库，为教学、学科建设提供特色医学文献资源。

第二节 支撑信息服务的医学文献检索工具

图书馆信息服务实践离不开有效的信息服务工具。信息服务可以将一系列数据库平台作为文献或数据的获取工具，再根据用户的需求利用文献分析软件提供个性化服务。本节主要介绍常用的医学文献检索工具。

供检索的信息资源可以是本馆资源，也可以是网络数据库，甚至是经搜索引擎发现的 Web 信息。检索结果是经系统重新排序操作处理后，以用户个性定制的方式显示给用户的。资源整合检索平台就是通过统一的检索接口，利用统一的检索方法，实现对分布式异构信息资源的检索。目前，主要的图书资源整合平台包括馆藏目录 OPAC 系统平台、中国高等教育文献保障系统（CALIS）、中国高校人文社会科学文献中心（CASHL）、国家科技图书文献中心（NSTL）、读秀学术搜索平台、超星发现系统等。常用中文全文数据库有中国知网、万方数据知识服务平台、维普期刊资源整合服务平台等。

下面主要介绍读秀学术搜索、超星发现系统及国内外医学文献数据库。CALIS、CASHL 和 NSTL 将在后面章节“文献传递与馆际互借服务”部分介绍。

一、读秀学术搜索平台

读秀学术搜索平台是由全文数据及元数据组成的超大型数据库，为用户提供深入到图书章节和内容的知识点服务。它能够为读者提供 260 万种图书的题录信息、涵盖 4.5 亿章节数据、超 17.6 亿页全文资料等一系列海量学术资源检索使用和原文传递服务。同时，通过读秀学术搜索，还能一站式检索馆藏纸质图书、电子图书、期刊、论文等各种异构资源。读秀访问界面如图 2－1 所示。

（一）读秀图书搜索

读秀图书搜索频道提供了分类导航、普通检索、高级检索和专业检索四种检索模式。

1. 分类导航

在读秀主界面，点击“分类导航”，用户界面将显示按照中国图书馆分类法进行分类的图书列表。点击读秀图书分类导航一级分类或二级分类的链接，可以看到属于相应类别的图书及其分类的链接，读秀图书分类导航如图 2－2 所示。

如点击一级分类“医药卫生”，再点击二级分类“外科学”，即可看到外科学方面的图书。

图 2-1　读秀访问界面

图 2-2　读秀图书分类导航

2. 普通检索

普通检索是系统默认的检索方式。图书搜索频道提供“全部字段”“书名”“作者”“主题词”“丛书名”“目次”6 个检索字段。读秀图书普通检索界面如图 2-3 所示，用户可以根据需要选择检索字段，并在检索框内输入检索词，点击“中文搜索”搜索中文图书，或点击“外文搜索”搜索外文图书。

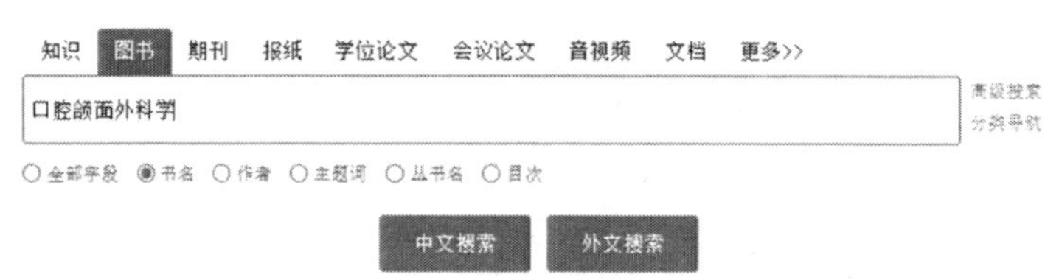

图 2-3 读秀图书普通检索界面

3. 高级检索

高级检索是指可以对书名、作者、主题词、出版社、ISBN、分类、年代等字段进行逻辑组配的检索，并对年代和每页显示条数进行限定。操作方法为点击“高级检索”，进入高级检索主页面，读秀图书高级检索界面如图 2-4 所示，用户根据需要在相应的检索框中输入检索词进行精确搜索即可。

图 2-4 读秀图书高级检索界面

4. 专业检索

专业检索是专业人士常用的一种检索模式，其利用逻辑运算符构建检索提问式进行检索，读秀图书专业检索界面如图 2-5 所示，用户按照检索框下方的说明进行操作即可。

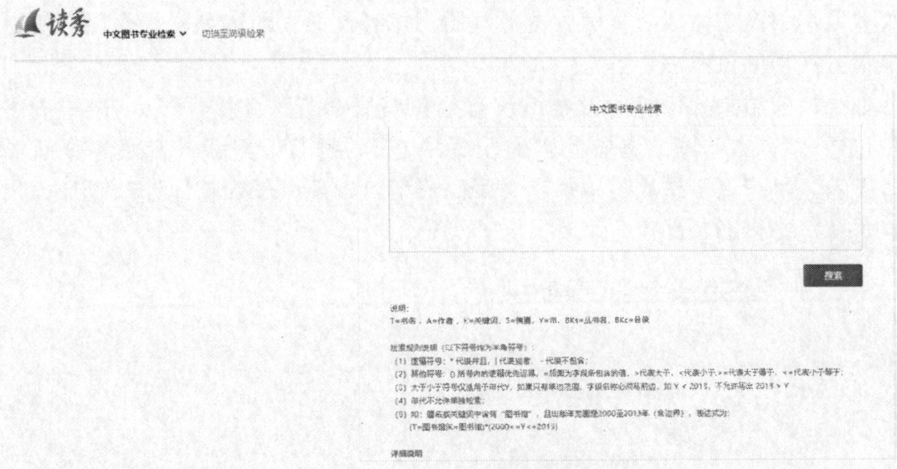

图 2-5 读秀图书专业检索界面

5. 图书检索结果

用户通过以上四种途径进行检索后，会得到相应的图书检索结果，读秀图书检索结果页面如图 2-6 所示。检索结果页面包含检索到的图书相关信息及获取

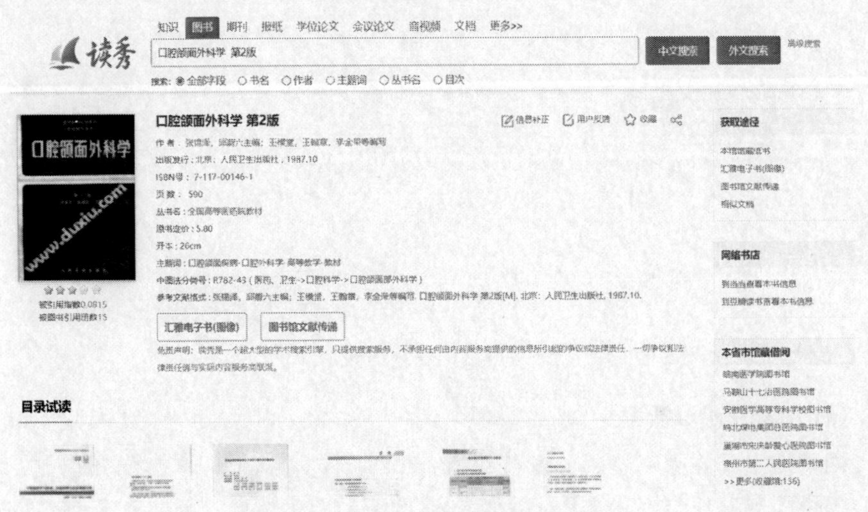

图 2-6 读秀图书检索结果页面

该图书原文的途径，包括是否为本馆馆藏图书、电子版图书在线阅读、文献传递方式获取图书全文，以及提示国内哪些图书馆有该图书的馆藏，方便用户使用馆际互借方式借阅该图书。

如果检索结果界面显示“本馆没有此图书的馆藏”，用户可以点击“图书馆文献传递”，进入“图书馆参考咨询服务中心”，图书馆文献传递服务页面如图2－7所示，填写想要获取的本书正文页码范围，以及电子邮箱地址和验证码，然后点击“提交咨询”即可。

图2－7　图书馆文献传递服务页面

（二）读秀知识搜索

知识搜索是在图书资料的章节、内容中搜索包含检索词内容的知识点，它为用户提供了突破原有一本本图书翻找知识的新的搜索体验，更有利于信息的收集和查找。

例如，查找“口腔正畸”方面的图书和章节，用户可在读秀首页知识搜索页面，输入“口腔正畸”，点击“中文搜索”，进入搜索结果页面，读秀知识检索结果页面如图 2-8 所示，选择需要的章节，点击标题链接即可进入阅读页面。

图 2-8　读秀知识检索结果页面

（三）期刊搜索

读秀期刊搜索同图书搜索一样，包括期刊导航、普通检索、高级检索和专业检索。用户可在读秀首页点击“期刊”，在搜索框中输入相应的检索词，选择下面的检索字段中的其中一种，即可进行匹配精确或模糊检索等。

在期刊检索页面，读秀提供了热门期刊的封面链接，用户点击任意期刊的封面链接，即可进入该期刊的导航页面。读秀期刊检索页面如图 2-9 所示。期刊文章获取操作可参考图书获取方式。

（四）“更多”搜索

除上面介绍的图书、知识、期刊搜索外，用户还可以通过读秀对报纸、学位论文、专利、标准、音视频等进行搜索。点击“更多”，用户可以根据需要在相关栏目进行检索，读秀所有搜索栏目如图 2-10 所示。

（五）增值服务

读秀还提供了一系列增值服务，包括图书被引用情况、引证图书列表、图书收藏单位以及大雅相似度检测等，用户可以根据需求进行访问并获取结果。

图 2-9　读秀期刊检索页面

图 2-10　读秀所有搜索栏目

二、系统

（一）超星发现系统介绍

超星发现系统是以十多亿海量元数据为基础，利用数据仓储、资源整合、知识挖掘、数据分析、文献计量学模型等相关技术，完成高效、精准、统一的学术资源搜索，进而通过分面聚类、引文分析、知识关联分析等实现高价值学术文献发现、纵横结合的深度知识挖掘、可视化的全方位知识关联，是学者进行学术探索和激发创新灵感的文献工具。超星发现系统首页界面如图 2-11 所示。超星发现系统提供基本检索功能、高级检索功能，可通过首页检索进入检索结果页，且支持跳转查看检索历史记录。

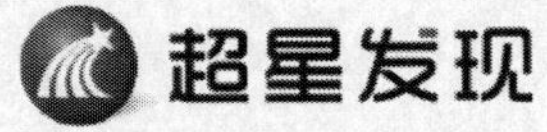

图 2－11　超星发现系统首页界面

（二）检索途径

超星发现系统检索服务包括基本检索、高级检索和专业检索。

1. 基本检索

用户在超星发现系统首页检索框中输入查询词，输入过程中系统会根据输入的查询词进行相关推荐，方便用户快速找到相关的检索词，点击推荐的检索词可直接进入检索结果页查看相应的结果。用户在检索框中输入“口腔”，一系列关于口腔方面的词将出现在下方，选择“口腔颌面外科学”，点击“检索”，将在海量的资源中查找与“口腔颌面外科学”相关的各种类型文献，超星发现系统基本检索界面如图 2－12 所示。用户可在检索结果页浏览所查找关键词的数据，超星发现系统基本检索结果页面如图 2－13 所示。

超星发现系统有多种强大的功能，如多维度分面、高级检索、专业检索、知识挖掘、相关论著发文情况、知识关联、全网热门检索词等。

2. 高级检索

首页和检索结果页都提供高级检索的入口。用户点击“高级检索”链接，进入高级检索页面，超星发现系统高级检索界面如图 2－14 所示，高级检索能够更精确地检索用户需要的文献。

图 2－12　超星发现系统基本检索界面

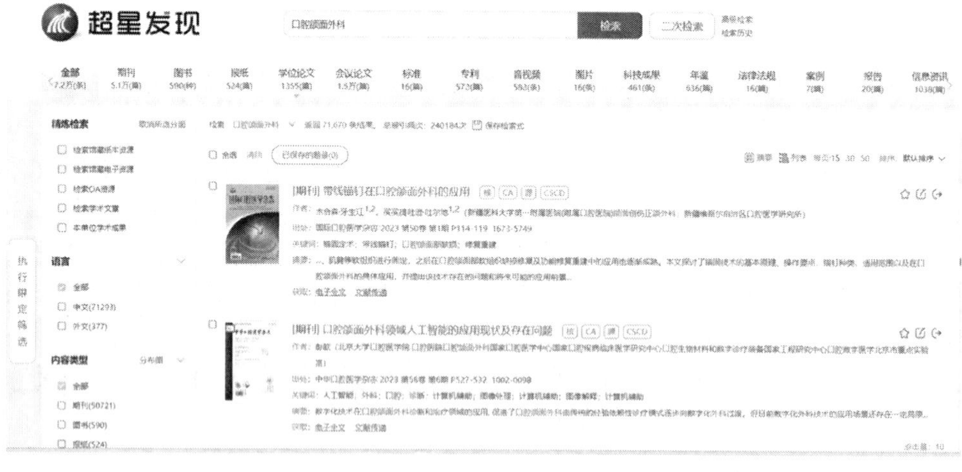

图 2－13　超星发现系统基本检索结果页面

高级检索界面中文献类型包括图书、期刊、报纸、学位论文、标准、专利、音视频、科技成果、图片。

检索字段包括全部字段、主题、题名、作者、第一作者、作者机构、关键词、摘要、中图分类号、丛书名、图书目录。

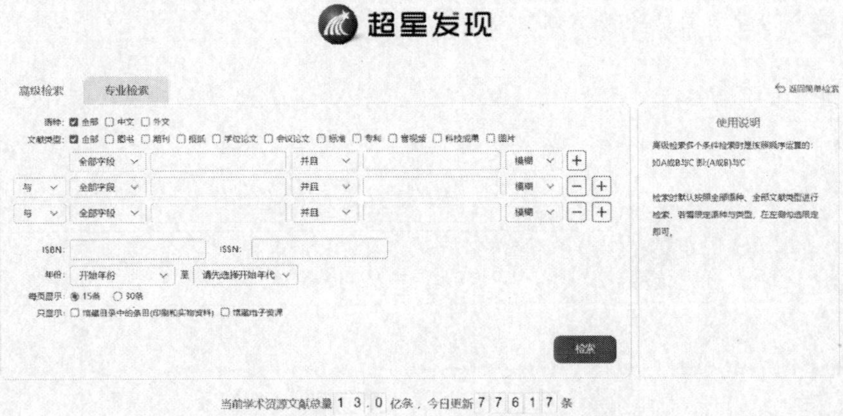

图 2-14　超星发现系统高级检索界面

例如，用户检索《口腔颌面外科学》（作者：张志愿）2020 年版教材的相关信息，可按如下操作进行：

① 在高级检索界面语种选择“中文”、文献类型选择“图书”；

② 在检索字段中选择“题名”，题名＝口腔颌面外科学；

③ 在检索字段中选择“作者”，作者＝张志愿；

④ 选择题名与作者的逻辑关系为“与”；

⑤ 年份选择 2020 年至 2020 年。

检索界面如图 2-15 所示。

图 2-15　检索界面

超星发现系统高级检索结果页面如图 2-16 所示，界面显示教材《口腔颌面外科学》的详细信息和被引频次等信息。

图 2-16　超星发现系统高级检索结果页面

(三）检索结果

1. 详细信息

文献的详细信息包括题名、作者、出版日期、作者单位、摘要等信息；获取方式包括图书试读、电子全文和邮箱接收等。

2. 相关文章

相关文章包括相关主题文章、相同作者文章、相同机构文章、相关网页搜索参考文献与引证文献等。

3. 检索结果

可实现图书与图书之间、期刊与期刊之间、图书与期刊之间及各类文献之间的相互参考、相互引证关系分析；同时还可以查看同被引图书、期刊和共引图书、期刊。

4. 引证趋势图

通过对每年引证数据的展示，可以直观地看到引证半衰期。

5. 参考引证列表

检索结果可展示相应的参考引证详细列表。

6. 全国馆藏

检索结果可显示该文献的全国馆藏信息。

(四) 主要功能

1. 分面功能

检索结果页顶部提供快捷的频道入口，用户可根据自己的需求，选择某个文献类型查看对应的结果；且各个文献类型提供了相对应的分面聚类维度，使用户能够更精确地找到自己需要的文献。

超星发现通过分面分析法，可将搜索结果按各类文献的语言维度、时间维度、文献类型维度、关键词维度、学科维度、作者维度、作者机构（可展开二级机构组织)、地区维度等进行聚类，超星分面分析结果页面如图 2-17 所示。

例 1：关于“图书馆”知识中，检索高校图书馆在 2018—2022 年被核心期刊和 CSSCI 收录的期刊情况。

操作方法：

(1) 检索“图书馆”关键词；

(2) 检索后定位到“期刊”文献类型频道；

(3) 选择“精炼分面”，年份选择“2018—2022”，选择关键词“高校图书馆”，选择“重要期刊分面”(CSSCI、中文核心期刊)；

(4) 点击左侧“执行限定筛选”，即可查找到对应的结果。

图 2-17　超星分面分析结果页面

例 2：关于“图书馆”知识中，检索作者机构为“武汉大学”、作者为“何晓明”的图书数据。

操作方法：

（1）检索“图书馆”关键词；

（2）检索后定位到“图书”文献类型频道；

（3）选择作者机构“武汉大学”，点击“执行限定筛选”；

（4）点击作者“何晓明”，再次点击“执行限定筛选”。

2. 智能功能

根据输入查询词自动进行检索预判，如查询词是刊名就会自动展示本刊导航。此功能可以实时把握所检索主题的内涵，并优先按用户筛选文献的喜好显示检索结果，提高精准度和查准率。

3. 学术趋势

对搜索结果进行年代分布规律分析，可提供任意主题学术研究的时序变化趋势图，进而帮助研究者在大时间尺度和全面数据分析中了解该领域的起点、成长、起伏与兴衰。

4. 可视化

点击检索结果页面右上角“可视化”按钮或者点击相关论著发文量趋势图右侧“更多可视化”进入可视化页面。

在可视化服务中，用户可依据需要查询的词谱图，了解到与查询词相关的上位词、下位词、同义词、近义词、相关词等，以及知识点关联图、作者关联图和机构关联图，对信息的各方面形成全面地可视化了解。

三、中国知网

1999 年 3 月，中国知网启动了中国知识基础设施工程（China National Knowledge Infrastructure，CNKI）。目前，CNKI 平台包括资源总库、行业知识服务与知识管理平台、研究学习平台、出版平台 & 评价、专题知识库、教育、众知·众创、软件产品和国家创新团队等栏目。其中，资源总库包括学术期刊论文、博硕士论文、会议论文、报纸、图书、年鉴、成果、专利和标准等一系列知识数据库。

（一）中国学术期刊（网络版）简介

中国学术期刊（网络版）（Chinese Academic Journal Network Publishing

Database，CAJD）是目前连续动态更新的中文学术期刊全文数据库。CAJD还是“十一五”国家重大网络出版工程的子项目，是《国家“十一五”时期文化发展规划纲要》中国家“知识资源数据库”出版工程的重要组成部分。它收录了自1915年至今出版的期刊（部分期刊回溯至创刊），包含十大专辑：基础科学、工程科技Ⅰ、工程科技Ⅱ、农业科技、医药卫生科技、哲学与人文科学、社会科学Ⅰ、社会科学Ⅱ、信息科技、经济与管理科学。十大专辑下又分为168个专题。它不仅涵盖了学术、政策指导、高级科普、行业指导及教育类期刊，还包含自然科学、工程技术、农业、哲学、医学、人文社会科学等各个领域。截至2023年底，知网收录国内学术期刊8450余种，含北大核心期刊1970余种，网络首发期刊2480余种，全文文献总量6140余万篇。外文学术期刊包括来自80个国家及地区900余家出版社的期刊7.5万余种，覆盖JCR期刊的96%，Scopus期刊的90%，最早回溯至19世纪，共计5920余万篇外文题录，部分可链接全文。

中国知网提供云租用、云托管、云机构馆托管、本地镜像等服务模式。网络版数据实时发布；镜像版数据按月更新，更新日期为每月10日。大多数高校依据学校办学特色分专辑购买CAJD，而本校师生可以通过校内IP地址和VPN访问学校购买的资源。

（二）检索方法

中国知网首页是统一检索平台，即一框式检索。中国知网主页界面如图2-18所示。可以在检索框中输入检索词，默认“文献检索”，检索字段是“主题”，检索结果包含中文文献和外文文献，默认在学术期刊、学位论文、会议、报纸、标准、成果、图书、学术辑刊等文献类型中检索。用户也可以在各文献类型前的方框中选择检索结果呈现方式。

中国知网学术文献检索方式有：高级检索、专业检索、作者发文检索、句子检索和出版物检索。

1. 高级检索

在中国知网主页点击“高级检索”，即进入高级检索界面。中国知网高级检索界面如图2-19所示。

高级检索可以开展对主题、篇关摘、关键词、篇名、文摘、全文、作者、第一作者、作者单位、基金、参考文献、文献来源、分类号、DOI等的检索。检索条件包括出版时间范围、网络首发、增强出版、基金文献、中英文扩展、同义词扩展等。

高级检索可以进行多项检索组合，增强检索项时可以点击页面检索框后面的“＋”进行添加，或点击“－”进行删减。每个检索项可以进行逻辑“与”（AND）、逻辑“或”（OR）和逻辑“非”（NOT）组合运算。如检索 2020 年以来安徽医科大学作者发表的关于“褪黑素”方面并被基金资助的文献，中国知网高级检索界面实例如图 2-20 所示。

图 2-18　中国知网主页界面

图 2-19　中国知网高级检索界面

图 2-20　中国知网高级检索界面实例

2. 专业检索

专业检索的灵活性更大，用户可根据需要构建相关的检索式，中国知网专业检索界面如图 2-21 所示。其可检索的字段有：SU＝主题，TKA＝篇关摘，KY＝关键词，TI＝篇名，FT＝全文，AU＝作者，FI＝第一作者，RP＝通讯作者，AF＝作者单位，FU＝基金，AB＝摘要，CO＝小标题，RF＝参考文献，CLC＝分类号，LY＝文献来源，DOI＝DOI，CF＝被引频次。用户将构建好的检索式填写到检索框后，点击“检索”按键即可执行相关的检索任务，例如，可检索2020 年以来安徽医科大学作者发表的关于非小细胞肺癌或褪黑素的文献。专业检索适用于具有专业检索技术的专业检索人员。

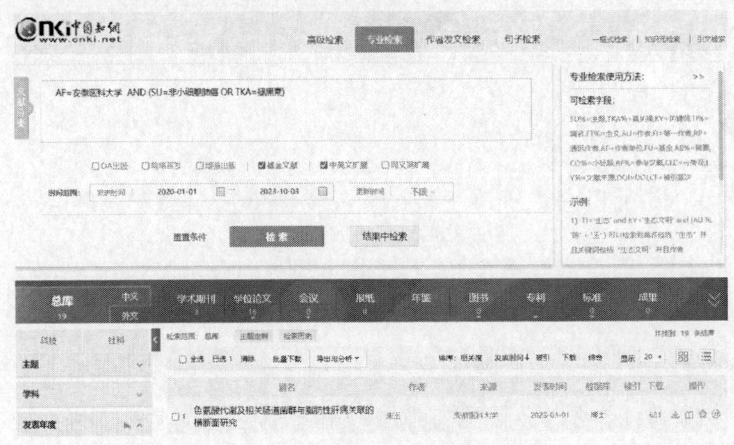

图 2-21　中国知网专业检索界面

3. 作者发文检索

作者发文检索即通过作者姓名、单位等信息，查找该作者发表的文献被引用和下载情况。中国知网作者发文检索界面如图 2-22 所示。

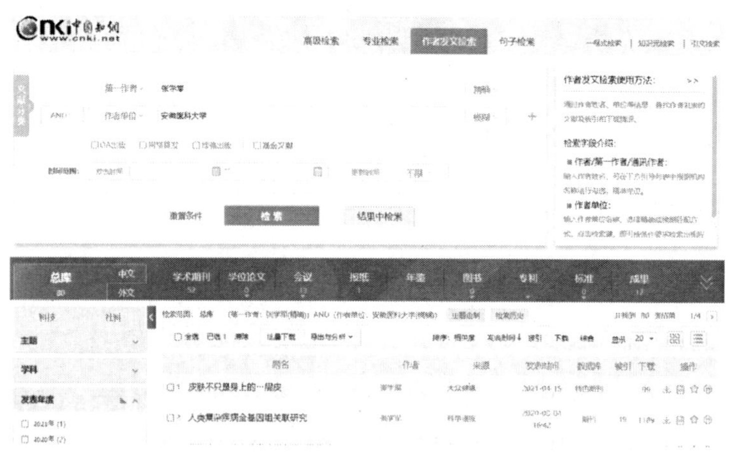

图 2-22　中国知网作者发文检索界面

4. 句子检索

句子检索即通过输入的两个检索词，查找同时包含这两个词的句子，找到有关事实的问题答案。如查找全文中同一句含有“高校”和“健康信息素养”或在全文同一段话中含有“医学高校”和“信息素养”的相关文献。中国知网句子检索界面如图 2-23 所示。

图 2-23　中国知网句子检索界面

5. 出版物检索

在中国知网首页点击“出版物检索”可进入出版物导航和检索页面。出版物导航包括出版来源导航和学科导航，用户可以按照学科类别逐级选择所需期刊或文献。

用户可以通过来源名称、主办单位、出版者、ISSN、CN 和 ISBN 检索需要的信息。如在检索框中输入“中国药理学通报”检索这本期刊的相关信息，中国知网出版物检索界面如图 2－24 所示。检索结果页面显示期刊的基本信息、出版信息和评价信息。

图 2－24　中国知网出版物检索界面

（三）检索结果

1. 结果显示

中国知网检索结果页面可显示篇名、作者、刊名、发表时间、被引、下载等文献相关信息，中国知网检索结果显示页面如图 2－25，用户可按个性化选择其显示的方式。

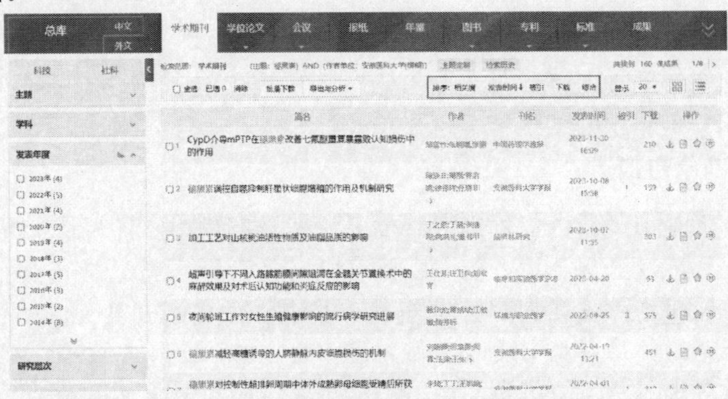

图 2－25　中国知网检索结果显示页面

2. 全文阅读下载

用户若需要阅读或下载全文，则应进入阅读下载页面，中国知网检索结果阅读下载界面如图 2-26 所示。用户可以选择手机和 HTML 两种阅读方式，也可以 CAJ 或 PDF 两种格式下载全文。

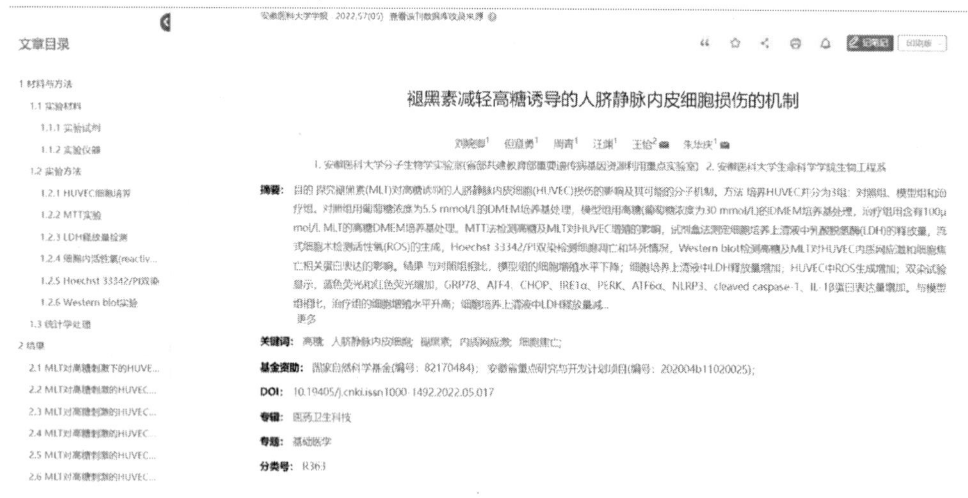

图 2-26 中国知网检索结果阅读下载界面

四、万方数据知识服务平台

万方数据资源由万方数据股份有限公司研制，是一个以科技信息为主，涵盖经济、文化、教育等相关信息的综合性信息服务系统。万方数据库提供网络版和镜像版万方数据知识服务平台两种使用方式。个人用户可以在网上注册成为会员，通过购买会员卡/充值卡来使用万方数据资源系统全部信息资源，进行网络版数据的检索和全文下载；非会员用户可以免费检索文献，但不能下载全文。高校和企事业单位购买的一般是镜像版。

（一）平台资源

万方数据知识服务平台包含期刊论文、学位论文、会议文献、专利、科技报告、成果、标准、法规、地方志、视频、OA 论文等资源。

期刊资源包括中文期刊和外文期刊，其中，中文期刊共 8000 余种，涵盖自然科学、工程技术、医药卫生、农业科学、哲学政法、社会科学、科教文艺等多个学科；外文期刊收录了世界各国出版的 40000 余种重要学术期刊，主要来源于

NSTL外文文献数据库及数十家学术出版机构，以及DOAJ、PubMed等知名开放获取平台。

学位论文资源主要包括中文学位论文。学位论文收录始于1980年，年增35余万篇，截至目前，收录共570余万条，涵盖基础科学、理学、工业技术、人文科学、社会科学、医药卫生、农业科学、交通运输、航空航天、环境科学等各学科领域，文献收录来源于经批准可以授予学位的高等学校或科学研究机构。外文学位论文收录始于1983年，累计收藏60余万册。

会议资源包括中文会议和外文会议。中文会议收录始于1982年，年增10万篇论文；外文会议主要来源于NSTL，收录了1985年以来世界各主要学协会、出版机构出版的学术会议论文共计1100余万篇（部分文献有回溯）。

中外专利数据库（Wanfang Patent Database，WFPD）涵盖超过1亿条专利数据，范围覆盖十一国两组织及两地区专利。其中，中国专利4060余万条，收录时间始于1985年；外国专利1.1亿余条，最早可追溯到18世纪80年代。

科技报告资源包括中文科技报告和外文科技报告。中文科技报告收录始于1966年，共计10万余份；外文科技报告收录始于1958年，共计110万余份。

科技成果源于中国科技成果数据库，收录了自1978年以来国家和地方主要科技计划、科技奖励成果，以及企业、高等院校和科研院所等单位的科技成果信息，共计64余万项。

国内标准资源来源于中外标准数据库，涵盖了中国标准、国际标准及各国标准等在内的240余万条记录。国际标准来源于科睿唯安国际标准数据库（Tech street），包含超过55万件标准相关文档，涵盖各个行业。

法规资源主要由国家信息中心提供，涵盖了国家法律、行政法规、部门规章、司法解释及其他规范性文件。

地方志，简称“方志”，通常按年代分为新方志、旧方志。新方志收录始于1949年，共计5.5万册；旧方志收录年代为新中国成立之前，共计8600余种，10万多卷。

万方视频是以科技、教育、文化为主要内容的学术视频知识服务系统。截至目前，已收录视频3万余部，近100万分钟。

（二）检索方法

万方数据知识服务平台首页提供智能一站式检索“万方智搜”，万方数据知识服务平台首页如图2-27所示。用户可在检索框中输入检索词，平台默认在全部资源中检索，也可以根据需要选择在期刊、学位、会议、专利、科技报告、成果等资源中进行检索。万方智搜支持布尔逻辑运算符（AND、OR和NOT）、双引号及特定符号的限定检索。

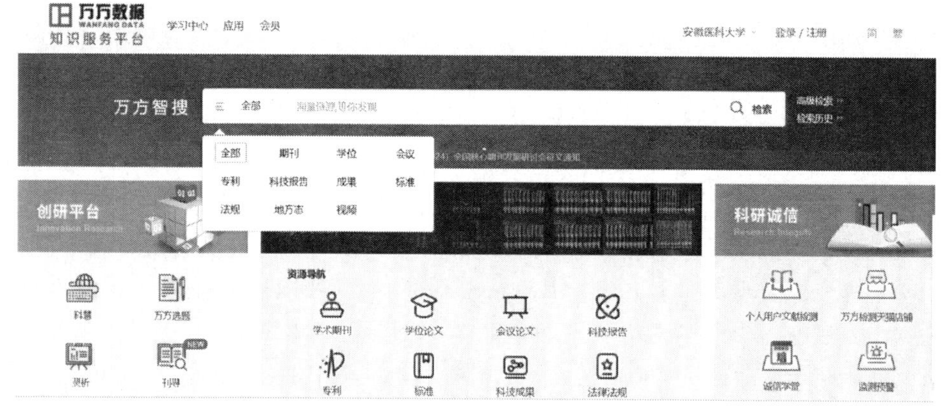

图 2-27　万方数据知识服务平台首页

万方期刊检索提供基本检索、高级检索、专业检索、作者发文检索四种检索方式。

1. 基本检索

用户可在主页选择“期刊”，即进入“基本检索”界面，万方期刊基本检索界面如图 2-28 所示；在输入框中输入检索词，点击“搜论文”，系统自动检索文献；若点击“搜期刊”，系统将会检索到相关的期刊信息。期刊检索中提供了题名、作者、作者单位、关键词、摘要、刊名、基金、中图分类号等检索入口。基本检索可以默认“模糊”和“精确”两种检索方式。模糊检索是指直接在检索框中输入任意词或短语，默认在所有字段中检索。精确检索是将检索词部分使用双引号引起来，表示精确匹配。而精确匹配依据限定字段的不同，在文献中的检索范围也有不同。

图 2-28　万方期刊基本检索界面

2. 高级检索

用户点击首页的“高级检索”，即可进入“高级检索”界面，万方数据知识服务平台高级检索界面如图 2-29 所示。高级检索的功能是在指定的范围内，通过增加检索条件与筛选条件以满足用户更加复杂的要求，检索到用户满意的信息。高级检索还提供主题词扩展与检索历史查看功能。用户可根据需要选择主题、题名或关键词、题名、作者、作者单位、中图分类号、期刊、第一作者等限定字段获取相关文献。

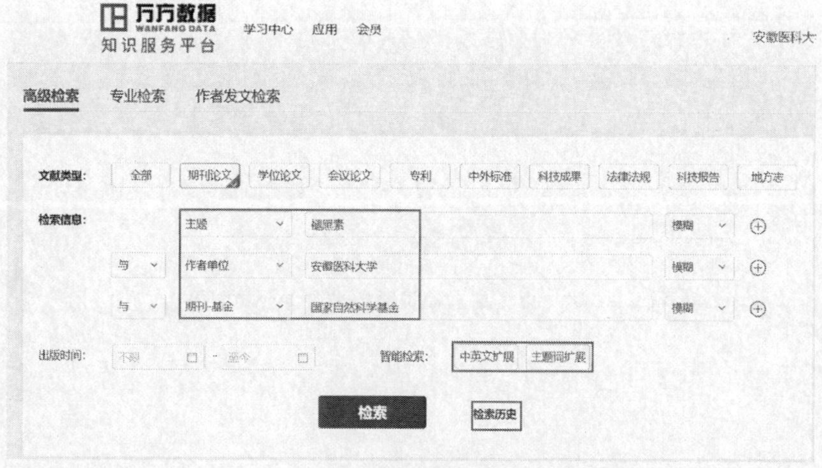

图 2-29　万方数据知识服务平台高级检索界面

系统可保存 30 天的检索历史。用户可根据需要对资源进行订阅，系统会定期推送相关的资源。

3. 专业检索

专业检索需要用户根据系统能够识别的检索语法编制检索式进行检索，它适合熟练掌握通用检索语言的专业检索人员使用，万方数据知识服务平台专业检索界面如图 2-30 所示。

专业检索可以使用“”（双引号）进行检索词的精确匹配限定。例如，题名或关键词：（“肺癌”OR“肺肿瘤”）AND“靶向治疗”。

4. 作者发文检索

用户可以通过输入作者姓名和作者所在单位等字段来精确查找相关作者的学术成果，系统默认精确匹配，但可自行选择精确或模糊匹配。同时，用户还可以通过

“+”“-”号来增加或减少检索字段。例如，检索同时包含安徽医科大学魏伟和张玲玲两位学者的文献，万方数据知识服务平台作者发文检索界面如图 2-31 所示。

图 2-30　万方数据知识服务平台专业检索界面

图 2-31　万方数据知识服务平台作者发文检索界面

（三）检索结果

1. 检索结果显示

检索结果以题录形式显示，一次可显示 20 条，用户也可手动更改显示条目，万方数据知识服务平台检索结果页面如图 2-32 所示。用户可查看相关文献的文献类型、期刊来源、发表卷期、作者、摘要、关键词等信息，还可以通过左侧的筛选不同的分类方式进行浏览。检索结果按相关度、出版时间、被引频次及下载量排序。

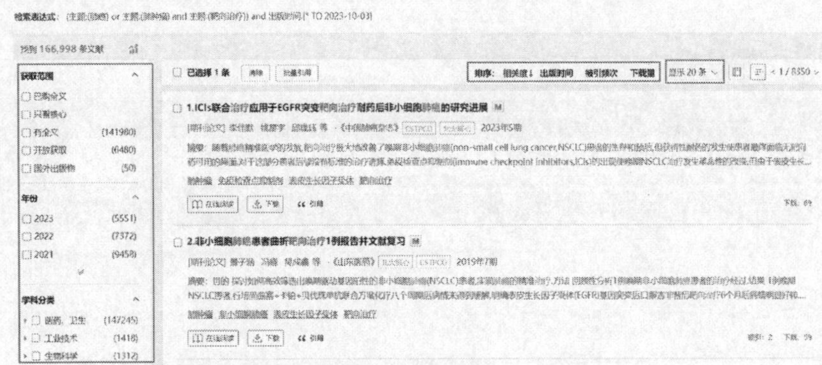

图 2－32　万方数据知识服务平台检索结果页面

2. 检索结果处理

检索结果显示页面详细展示了用户所检索文献的中英文题名、中英文摘要、关键词、作者、作者单位、来源期刊、分类号、关键词、参考文献等信息。

用户点击“在线阅读”即可在线对全文进行浏览，也可点击“下载”按钮下载该文献的全文，还可以收藏、分享和打印该页面，如万方数据知识服务平台检索结果处理页面图 2－33 所示。

图 2－33　万方数据知识服务平台检索结果处理页面

3. 文献导出

文献检索结果可以按照参考文献、查新格式、NoteExpress、EndNote、自定义等格式导出题录或摘要，万方数据知识服务平台检索结果导出界面如图 2-34 所示。

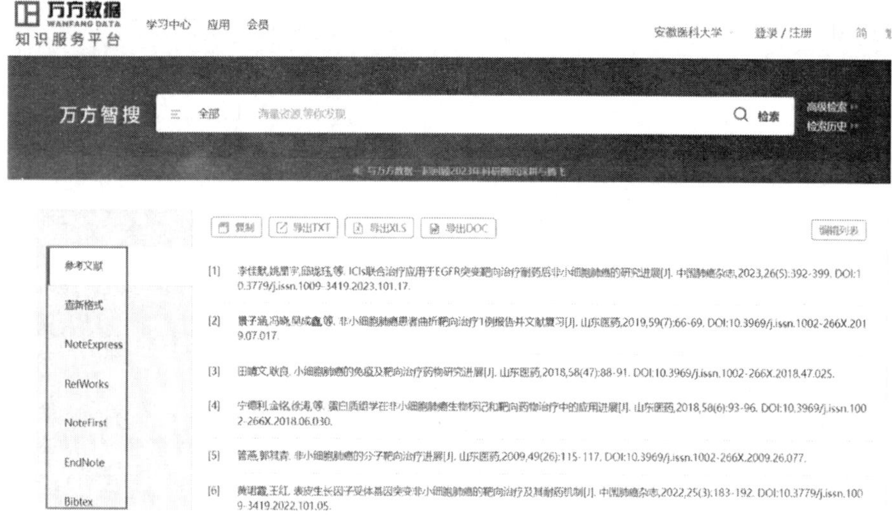

图 2-34 万方数据知识服务平台检索结果导出界面

五、维普中文期刊服务平台

中文科技期刊数据库诞生于 1989 年，截至 2023 年底，累计收录期刊 15000 余种、现刊 9000 余种、文献 7000 余万篇，是我国数字图书馆建设的核心资源之一，是高校图书馆文献保障系统的重要组成部分，也是科研工作者进行查收、查引和科技查新的必备数据库。

（一）期刊导航

多渠道快速定位期刊，可以实现年、卷、期的内容浏览及相关期刊或文献的漫游。期刊导航为用户提供多种方式来查找所需要的期刊，如刊名检索、ISSN 号检索、字母顺序检索、期刊分类检索等，维普中文期刊服务平台期刊导航界面如图 2-35 所示。

1. 期刊查找

按首字母查：按期刊名的首字母字顺进行查找。

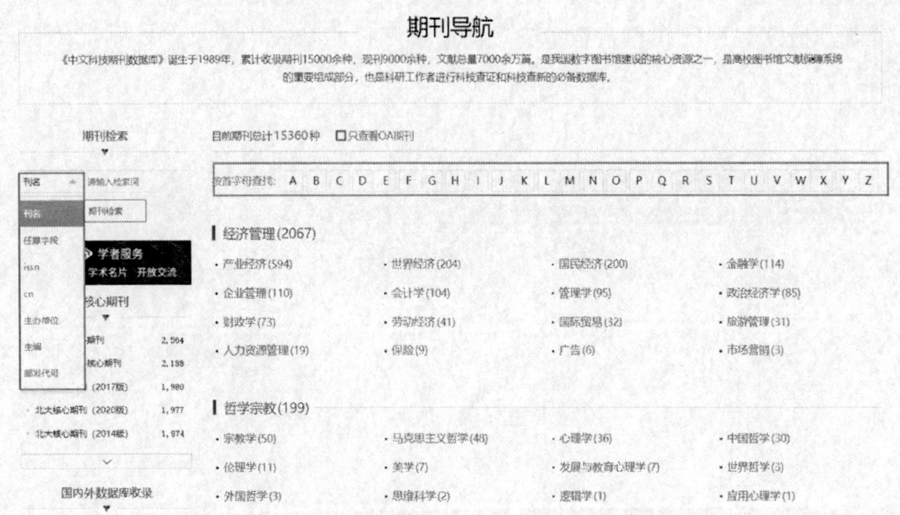

图 2-35　维普中文期刊服务平台期刊导航界面

按学科查：点击学科分类名称，可查看该学科涵盖的所有期刊；还可使用限制条件进行查找，如“核心期刊”“国内外数据库收录”“地区”“主题”等，如选择“核心期刊”则只能查看所选学科类别所涵盖的核心期刊。

2. 期刊搜索

平台提供“刊名”“ISSN”“CN”“主办单位”“邮发代号”和“任意字段”检索入口。期刊检索提供二次检索功能。

3. 期刊列表

期刊列表页面提供的相关信息有刊名、ISSN、CN、核心期刊标记等。

4. 查看期刊文献

点击期刊名称，进入单个期刊的浏览页面，可以按“年”“期”查看期刊全文文献。

（二）检索方式

检索方式有三种：基本检索、高级检索、检索式检索。

1. 基本检索

打开维普中文期刊服务平台，默认进入“基本检索”界面，维普中文期刊服务平台基本检索界面如图 2-36 所示。基本检索是一种简单快捷的检索方式，可以直接在检索框中输入检索词进行检索，也可以通过选择题名、题名或关键词、作者、文摘、第一作者、机构、刊名、分类号、参考文献、基金资助等检索字段进行限定检索。用户在检索框中输入的所有字符均被视为检索词，不支持任何逻辑运算。

图 2－36 维普中文期刊服务平台基本检索界面

2. 高级检索

高级检索提供了多种检索条件逻辑组配检索，维普中文期刊服务平台高级检索界面如图 2－37 所示。用户在检索框中输入检索词，系统提供同义词扩展功能，各检索框中的检索词可以根据用户需要选择逻辑运算符“与”“或”“非”，还可以通过检索框后的“＋”“－”号对检索框进行增加或删减；同时还提供时间限定、期刊范围和学科限定来让检索结果更具专指性。

图 2－37 维普中文期刊服务平台高级检索界面

(三) 检索式检索

检索式检索是指在检索框中使用布尔逻辑运算符对多个检索词进行组配检索。执行检索前，用户也可以选择时间、期刊来源、学科等条件对检索范围进行限定。检索式书写规则：逻辑运算符 AND、OR、NOT 可兼容大小写，逻辑运算符优先级为：() ＞NOT＞AND＞OR；所有运算符号必须在英文半角状态下输入，前后须空一格，英文半角引号表示精确检索，检索词不做分词处理，作为整个词组进行检索，以提高准确性。检索字段标识符对应如下：U＝任意字段、S＝机构、M＝题名或关键词、J＝刊名、K＝关键词、F＝第一作者、A＝作者、T＝题名、C＝分类号、R＝摘要。字段标识符的书写规则：字段标识符必须为大写字母，每种检索字段前，都须带有字段标识符，相同字段检索词可共用字段标识符。

例如，查找摘要中含有“机械”并且关键词中含有“CAD”或“CAM”、题名中含有“雷达”，但关键词不包含“模具”的文献。检索式：[K＝（CAD OR CAM）OR T＝雷达] AND R＝机械 NOT K＝模具，维普中文期刊服务平台检索式检索界面如图 2－38 所示。

图 2－38　维普中文期刊服务平台检索式检索界面

(三) 检索结果

检索结果页面显示题名、作者、期刊名、期刊级别、期刊的年卷期、摘要、关键词等信息，维普中文期刊服务平台检索结果页面如图 2－39 所示。页面左侧提供二次检索和年份、学科、期刊收录、主题、期刊、作者、机构等限定条件，还提供参考文献、文本、查新格式 XML、NoteExpress、Refworks、EndNote、Note First、自定义导出和 Excel 导出格式导出文献。

图 2－39　维普中文期刊服务平台检索结果页面

若要阅读原文或下载全文，用户可以点击“在线阅读”或“免费下载”。但只有购买了平台服务的机构和读者才能在线阅读和免费下载，否则只能查看摘要信息。

六、中国生物医学文献服务系统（SinoMed）

中国生物医学文献服务系统（SinoMed）由中国医学科学院医学信息研究所/图书馆开发研制，包含了中国生物医学文献数据库（CBM）、中国生物医学引文数据库（CBMCI）、北京协和医学院博硕学位论文库（PUMCD）和中国医学科普文献数据库（CPM）资源。本章节仅介绍中国生物医学文献数据库的使用技巧与方法。

（一）中国生物医学文献数据库（CBM）概述

CBM 收录 1978 年至今国内出版的生物医学学术期刊 3120 余种，其中，2023 年在版期刊 1550 余种，文献题录总量 1290 余万篇。全部题录均进行主题标引、分类标引，同时对作者、作者机构、发表期刊、所涉基金等进行规范化加工处理。2019 年起，数据库新增标识 2015 年以来发表文献的通讯作者，全面整合中文 DOI（数字对象唯一标识符）链接信息，以更好地支持文献发现与全文在线获取。

（二）检索方法

CBM 的检索途径主要有快速检索、高级检索、主题检索、分类检索、期刊检索五种。

1. 快速检索

快速检索默认在全部字段内智能检索，中国生物医学数据库快速检索界面如图 2－40 所示。用户在检索框中输入检索词，系统将自动实现检索词、检索词对应主题词和同义词以及该主题词所含下位词的同步检索。

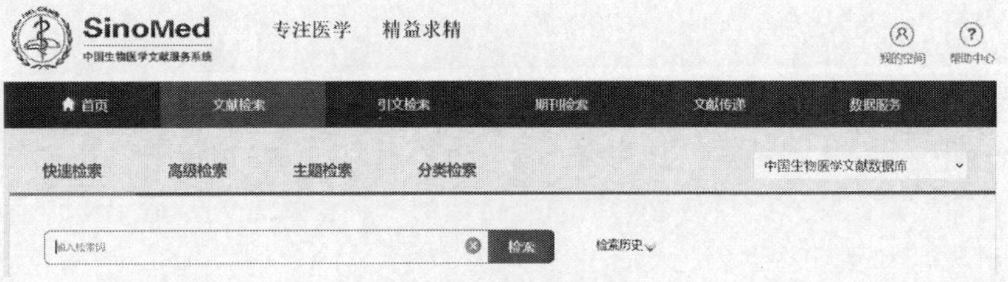

图 2－40　中国生物医学数据库快速检索界面

快速检索支持逻辑运算符“AND”“OR”和“NOT”检索，多个检索词之间的空格执行“AND”运算，例如，肝炎 AND 预防。CBM 还支持单字通配符（?）和任意通配符（%）检索，通配符的位置可以置首、置中或置尾，例如，胃？癌、肝%疫苗、%PCR。

检索词含有特殊符号“－”“(”时，需要用英文半角双引号标识检索词，如“1,25－(OH)2D3”。

2. 高级检索

高级检索是选择限定字段并匹配适合的布尔逻辑关系，以构建复杂表达式的检索方式，中国生物医学文献数据库高级检索界面如图 2－41 所示。用户在构建表达式时要注意：每个检索框中只允许输入一个检索词、同一检索框内不支持逻辑运算符检索。

检索步骤：选择“高级检索”，在“构建表达式”后选择限定字段，输入检索词，然后根据检索需求选择逻辑运算符，执行“检索”操作。

图 2-41　中国生物医学文献数据库高级检索界面

常用字段：由中文标题、摘要、关键词、主题词四个检索项组成。

核心字段：由中文标题、关键词、主题词三个检索项组成。

智能检索：实现检索词及其同义词（含主题词）的扩展检索。

精确检索：检索结果与检索词完全匹配的一种检索方式，适用于作者、分类号、刊名等字段。

限定检索：可以对文献的年代、文献类型、年龄组、性别、研究对象等特征进行限定。用户一旦设置了限定条件，除非取消，否则在检索过程中，限定条件一直有效。

输入词提示：在作者单位、第一作者单位、通讯作者单位、刊名、基金字段支持规范名称的提示。

关联提示：在作者、第一作者、通讯作者字段支持关联规范机构名称的提示。

3. 主题检索

CBM 进行主题标引和主题检索的依据是美国国立医学图书馆《医学主题词表（MeSH）》中译本和中国中医研究院图书情报研究所出版的《中国中医药学主题词表》，中国生物医学文献数据库主题检索界面如图 2-42 所示。基于主题概念检索文献，有利于提高查全率和查准率。

主题词表可用中文主题词或英文主题词进行查找；可选主题词的同义词、相关词、上位词、下位词进行查找，也可浏览主题词、副主题词的注释及树形结构等信息。

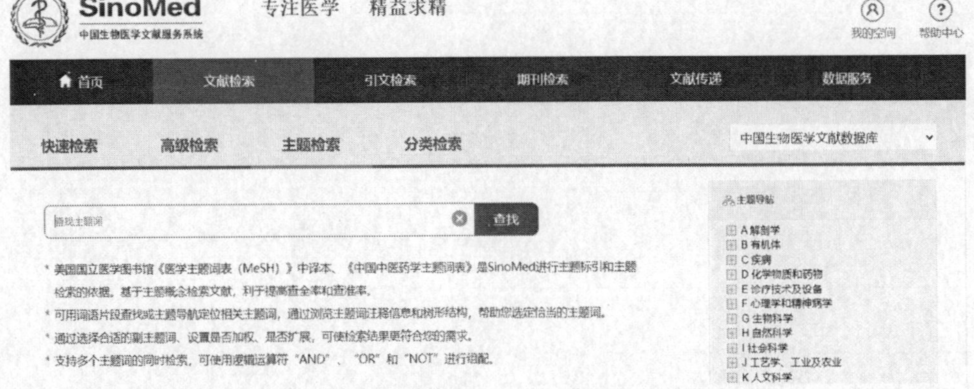

图 2－42　中国生物医学文献数据库主题检索界面

主题检索是基于主题概念检索文献，支持多个主题词同时检索，有利于提高查全率和查准率。通过选择合适的副主题词、设置是否加权（即加权检索）、是否扩展（即扩展检索），可使检索结果更精准。

用户输入检索词后，系统将在《医学主题词表（MeSH）》中译本及《中国中医药学主题词表》中查找对应的中文主题词；也可通过“主题导航”，浏览主题词树查找需要的主题词。

如在 CBM 的“主题检索”中查找“糖尿病并发症白内障的治疗”方面的文献，用户可以进行如下操作。

第一步：进入 CBM 的主题检索页面，在检索框中输入“糖尿病”后，点击“查找”按钮，浏览查找结果，在列出的主题词中点击“糖尿病并发症”，中国生物医学文献数据库中主题词查找如图 2－43 所示。

第二步：在主题词注释详细页面，显示了该主题词可组配的副主题词、主题词的详细解释和所在的树形结构。用户可以根据检索需要，选择是否“加权检索”“扩展检索”。“糖尿病并发症的治疗”应选择副主题词“治疗”，然后点击“发送到检索框”，中国生物医学文献数据库主题检索如图 2－44 所示。

值得注意的是，加权是反映主题词对文献重要内容表征作用的一种手段。一般来说，加权主题词与文献核心内容的关联性相较于非加权主题词而言，要更为紧密。因此加权检索是一种缩小检索范围、提高检准率的有效方法；扩展检索是对该主题词及其下位词进行检索，相对而言，是一种扩大范围的检索。

糖尿病 查找

您检索的内容"糖尿病"中找到110条相关记录。 排序 相关度 发送到检索框 AND

	款目词	主题词	命中文献数
☐	糖尿病	糖尿病	126890
☐	糖尿病足	糖尿病足	15612
☐	脆糖尿病	脆糖尿病	103
☐	糖尿病，II型 见	糖尿病，2型	104413
☐	糖尿病，2型	糖尿病，2型	104413
☐	2型糖尿病 见	糖尿病，2型	104413
☐	糖尿病，I型 见	糖尿病，1型	6207
☐	1型糖尿病 见	糖尿病，1型	6207
☐	糖尿病，1型	糖尿病，1型	6207
☐	妊娠糖尿病 见	糖尿病，妊娠	19616
☐	糖尿病，妊娠	糖尿病，妊娠	19616
☐	糖尿病妊娠 见	糖尿病患者妊娠	3873
☐	糖尿病前期	糖尿病前期	1613
☐	前驱糖尿病 见	糖尿病前期	1613
☐	抗糖尿病药 见	降血糖药	10552
☐	糖尿病膳食 见	膳食，糖尿病	254
☐	膳食，糖尿病	膳食，糖尿病	254
☐	糖尿病管理	糖尿病管理	447
☐	1.5型糖尿病 见	成人隐匿性自身免疫性糖尿病	176
☐	糖尿病并发症	糖尿病并发症	14325

图 2-43 中国生物医学文献数据库中主题词查找

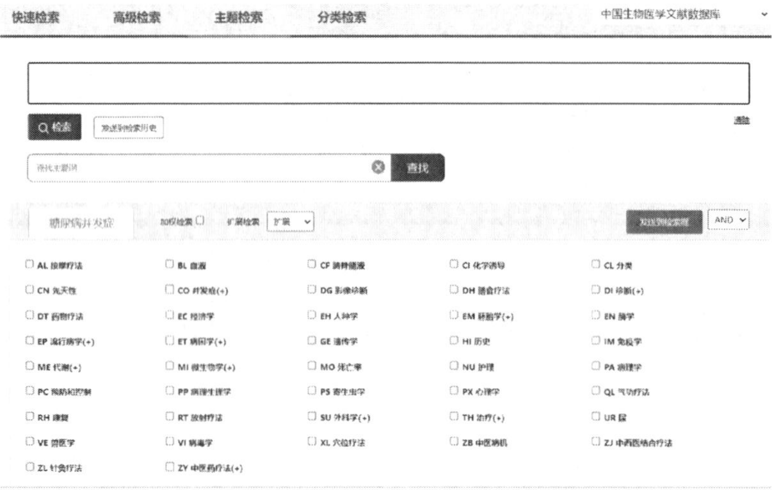

图 2-44 中国生物医学文献数据库主题检索

第三步：在主题词注释详细页面检索框中输入“白内障”，点击“查找”按钮，在列出的主题词中点击主题词“白内障”，中国生物医学文献数据库中白内障主题词查找如图 2-45 所示。

图 2-45　中国生物医学文献数据库中白内障主题词查找

第四步：在主题词注释详细页面，选择副主题词“治疗”；在逻辑组配选择框中选择“AND”后，“发送到检索框”，点击“检索”按钮，即可检索“糖尿病并发症白内障的治疗”方面的文献，中国生物医学文献数据库主题检索结果如图 2-46 所示。

主题词、副主题词组配检索说明如下。

副主题词：用于对主题词的某一特定方面加以限制，强调主题概念的某些专指方面。如“肝/药物作用”表示检索的文献不是所有研究肝脏的文章，而是仅检索药物对肝脏影响的文献。

副主题词扩展检索：一些副主题词之间也存在上下位关系，如副主题词“副作用”的下位词包括“中毒”和“毒性”。而选择“扩展副主题词”，指对该副主题词及其下位副主题词进行检索，非扩展检索则仅限于当前副主题词“副作用”。

主题检索注意事项如下。

主题词与副主题词的组配有严格的规定，不是所有的副主题词都能与每个主题词进行组配。在实际检索过程中，用户应注意对主题词进行筛选，需要仔细阅

图 2-46 中国生物医学文献数据库主题检索结果

读主题词注释的定义和历史注释，找到合适的相关主题词、上位词和下位词进行检索；通过快速检索查收到文献后，在检索结果的主题词字段中若发现更合适的主题词，可使用主题词到“主题检索”中重新检索；在找不到最专指词的情况下，可选择与其含义最近的上位词进行检索，再从检索结果中筛选所需要的文献。

4. 分类检索

分类检索是依据《中国图书馆分类法》医学类目分类号或分类词进行检索。从文献所属的学科角度进行检索，有利于提高簇性检索，中国生物医学文献数据库分类检索如图 2-47 所示。

用户在 CBM 中查找某学科主题文献时，可以通过两种方式实现：一种是在类名、类号输入框输入学科类名或类号来实现，另一种是通过分类导航逐级展开来实现。

如在 CBM 的“分类检索”中查找“肺肿瘤的药物疗法”方面的文献，用户可以进行如下操作。

第一步：在 CBM 分类检索页面的检索框中输入“肺肿瘤”后点击“查找”，在列出的所有分类名中查找“肺肿瘤”，点击分类名“肺肿瘤”。

第二步：在分类词注释详细页面，显示了该分类可组配的复分号、详细解释和所在的树形结构。用户可以根据检索需要，选择是否“扩展检索”。

①“肺肿瘤的药物疗法”应选择复分号“药物疗法、化学疗法”，“添加”后“发送到检索框”，再点击“检索”按钮，即可检索关于“肺肿瘤的药物疗法”的文献。

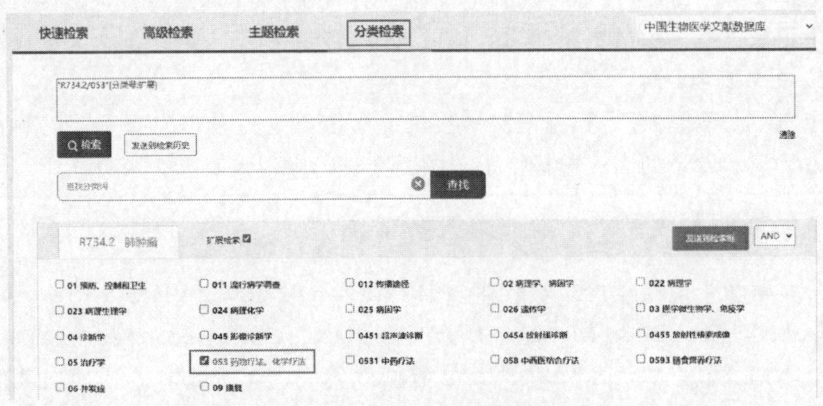

图 2-47　中国生物医学文献数据库分类检索

② 复分组配检索：复分组配用于对主类号某一特定方面加以限制，强调某些专指方面。如复分号“022”表明主类号的“病理学”方面。不是所有类号都有复分组配，仅以下类号可进行复分组配：R25/278 中医各科及中医急症学、R5/8 临床各科疾病与“临床医学复分表”进行复分组配，R282.71/.77 各种药材与“各类药材分类复分表”进行复分组配。

分类检索中也包含了对地理名称的分类。地理名称为 RZ 类，排列在分类表的最后，如 RZ2 中国、RZ21 北京市、RZ231 辽宁省等。可以单独检索，也可以与主类号组配检索，例如北京市病毒性肝炎的流行病学调查，即采用 R512.601 和 RZ21 检索。

5. 期刊检索

期刊检索有两种途径：一是从“检索入口”处选择刊名、出版地、出版单位、期刊主题词或者 ISSN 直接查找期刊；二是通过“首字母导航”逐级查找浏览期刊。

(三) 检索结果

CBM 平台支持多种检索结果浏览和输出设置。

1. 检索结果的显示

系统默认每页显示 20 条，用户可自主设置每页显示的命中记录数。平台支持“年代”“作者”“期刊”和“相关度”4种排序方式；支持“题录格式”“文摘格式”和“详细格式”3种检索结果显示格式。

2. 检索结果的输出

平台支持“打印”“保存”和“E-mail”3种检索结果输出方式，可对全部检索结果记录进行显示浏览或输出，也可只对感兴趣的记录进行显示浏览或输出。

3. 全文获取

点击“获取原文”，根据全文链接情况可能出现三种信息提示：①直接下载原文；②显示题录列表；选择要下载的原文；③申请人工全文服务。

七、PubMed医学文献检索服务系统

外文医学资源检索的工具较多，如PubMed数据库、BIOSIS Previews数据库、ELSEVIER ScienceDirect（SDOS）数据库、EBSCOhost检索系统、LWW医学核心期刊数据库、Springer Link数据库等。由于PubMed是面向全球免费开放的生物医学数据库，也是开展信息服务最常用的外文数据库，所以本节重点对PubMe的数据库的使用方法进行介绍。

（一）PubMed简介

PubMed（https：//pubmed. ncbi. nlm. nih. gov/）是由美国国立医学图书馆下属的国家生物技术信息中心开放和维护的基于Web的生物医学文献检索系统。PubMed具有信息资源丰富、信息质量高、更新及时、检索方法灵活多样，链接功能强大、使用免费等特点，自1997年向用户免费提供Medline检索服务以来，已经成为科研人员检索生物医学方面英文文献最主要的途径之一。

Medling数据库是NLM研制开发的国际上最具权威的综合性生物医学文献书目数据库。它收录了1950年以来80多个国家和地区的5000多种生物医学及相关学科期刊，其中约80%为英文文献。其包括三种重要的索引：医学索引(Index Medicus)、牙科文献索引（Index to Dental Literature)、国际护理索引(Internation Nursing Index)。Medline数据库文献涉及的学科范围包括基础医学、临床医学、药理学、预防医学、护理学、口腔医学、兽医学、生物学、环境科学、卫生管理和情报科学等。

（二）PubMed检索规则

1. 词语自动转换匹配（Automatic Term Mapping)

词语自动转换匹配功能是PubMed检索系统的特色之一，采用自然语言接口

技术、自动对输入的检索词进行分析、匹配、转换并检索。其基本原理是对输入的检索词在多个索引表（MESH 转换表、刊名转换表、著者索引等）中进行搜索、比对，并自动转换为相应索引表中的词，再将转换的索引词在所有字段中检索。如果输入多个检索词或词组，系统会自动对单词或词组进行拆分，并执行 AND 运算。

2. MeSH 转换表（Mesh Translation Table）

该表包括 MeSH 词、参见词、副主题词、出版类型、药理作用词、统一医学语言系统中的英文同义词和异体词、化学物质名称及其异体词。系统在该表中找到了与检索词相匹配的词，就会自动转换为相应的 MeSH 词，同时保留原输入词执行检索。如用户在检索框中输入“AIDS”，点击“Search”，在检索历史页面的“Search details”中可以看到转换后的检索表达式为“"acquired immunodeficiency syndrome"[MeSH Terms] OR("acquired"[All Fields] AND "immunodeficiency"[All Fields] AND "syndrome"[All Fields]) OR "acquired immunodeficiency syndrome"[All Fields] OR "aids"[All Fields]”。其中"acquired immunodeficiency syndrome"（获得性免疫缺陷综合征）就是“AIDS”的 MeSH 主题词。

3. 刊名转换表（Journals Translation Table）

该表包含刊名全称、缩写、ISSN。检索框中输入的刊名会按该表转换成 Medline 缩写刊名后进行检索。如输入“Journal of Acute Medicine”，系统转换为"j acute med"[Journal] OR("journal"[All Fields] AND "of"[All Fields] AND "acute"[All Fields] AND "medicine"[All Fields]) OR "journal of acute medicine" [All Fields]。如果输入的是刊名缩写或 ISSN 号，系统则不会在所有字段中检索，只检索此期刊中发表的文献。

4. 著者索引（Author Index）

如果输入的检索词在上述两表中未找到匹配词，或键入的词后有一两个字母，PubMed 会查找著者索引，如输入“Zhang, xuejun”，其转换结果为 Zhang, Xuejun[Full Author Name] OR Xuejun, Zhang[Full Author Name] OR Zhang, Xuejun[Full Investigator Name] OR zhang, xuejun[Author] OR zhang, xuejun [Investigator]。如果仍然没找到匹配词，PubMed 会把该词拆分后重复检索上述词表，直接找到相匹配的词语为止。

5. 截词检索

PubMed 支持使用“ * ”作为通配符进行截词检索。截词检索仅支持单词词尾截词，不支持词头和词尾，也不支持词组的扩展。如果扩展的单词量超过 600 个，PubMed 会给出提示，只检索前 600 个单词。使用截词检索功能时，PubMed 会关闭词语自动转换功能。

6. 强制检索

如果用户不想将输入的词组被自动转换进行检索，可使用强制检索功能，即采用双引号将检索词引起来，系统就会将其作为不可拆分的短语形式在所有字段中执行检索。使用双引号强制检索时，PubMed 会关闭词语的自动转换功能。

7. 布尔逻辑检索

在 PubMed 检索输入框中，可直接使用布尔逻辑运算符“AND” “OR” “NOT”进行组合检索，运算符不区分大小写，可使用“ ()”来改变运算顺序。

（三）PubMed 检索方法

1. 基本检索

在 PubMed 检索框中可输入检索词进行检索，也可以输入逻辑运算符组成的检索式，还可输入检索字段标识符进行检索，PubMed 基本检索界面如图 2－48 所示。

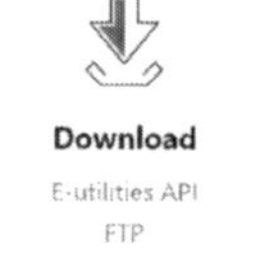

图 2－48 PubMed 基本检索界面

2. 著者检索

输入著者姓名的全称或者姓氏全称加缩写均可进行检索。如输入“zhang xuejun”或者“zhang XJ”均可检索，但检索结果不完全一致。前者是精确检索，但有可能会漏检；后者是模糊检索，检索结果会全面些，但也会出现同样缩写的不同著者，准确率会低些。

3. 刊名检索

输入刊名全称、刊名缩写或者 ISSN 均可。如输入“Journal of atherosclerosis research”，或者“J Atheroscler Res”，或者“0368－1319”，均可进行检索。

4. 字段标识符检索

在 PubMed 主页界面的检索框中，可以直接在检索词后使用方括号添加检索字段标识进行限定检索，如检索张学军 2022 年发表的文献，可在检索框中输入检索式“zhang XJ [Au] AND 2022 [DP]”。

（二）高级检索

PubMed 检索主界面，用户点击“Advance”，即进入高级检索界面，PubMed 高级检索界面如图 2－49 所示。高级检索由高级检索生成器（PubMed Advanced Search Builder）和检索历史与细节（History and Search Details）两个部分组成。

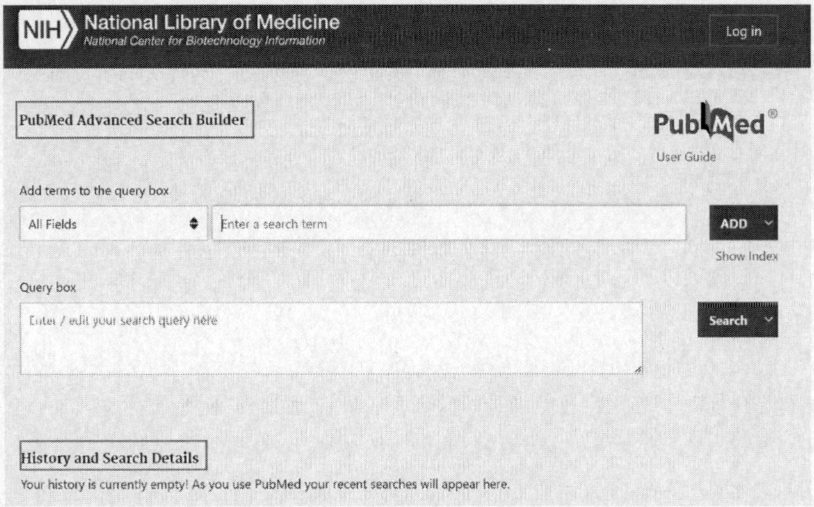

图 2－49　PubMed 高级检索界面

高级检索生成器：由检索表达式显示编辑窗口和表达式构建窗口组成。用户可在“Add terms to the query box”下方的下拉菜单中选择合适的字段，系统默认“All Fields”，在检索框中输入检索词，然后点击“ADD”将检索式添加到下面的检索框中。如果需要多个字段或多个检索词进行逻辑组配，用户可在下拉菜单中根据需要选择“Add with AND”“Add with OR”或者“Add with NOT”，构建的检索式自动显示在下方的查询框（Query box）。构建表达式完成后，用户还可根据逻辑顺序手动修改或添加检索词，然后单击“Search”按钮，即可得到检索结果。

检索历史与细节：高级检索界面将检索历史直接显示在下方。如检索张学军发表的关于牛皮癣（Vitiligo）和白癜风（psoriasis）方面的文献。

PubMed 高级检索及检索历史显示界面如图 2－50 所示。

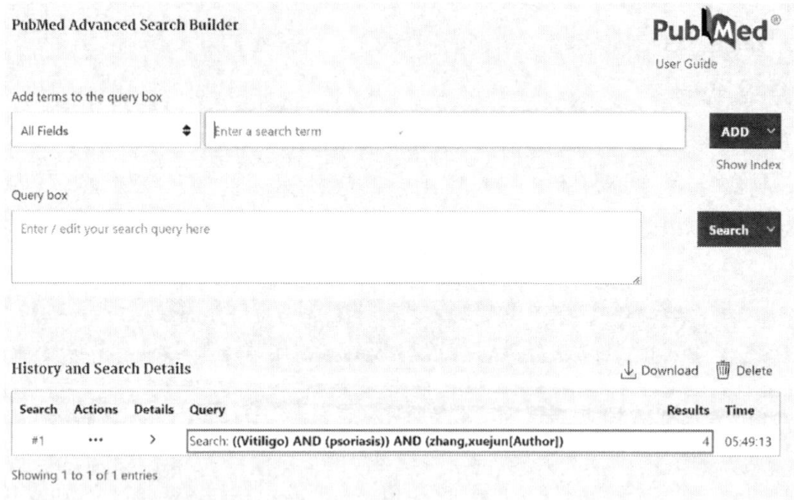

图 2－50 PubMed 高级检索及检索历史显示界面

（三）主题词检索

用户在 PubMed 主页直接选择“MeSH Database”即可进入主题词检索界面进行主题词检索，PubMed 的主题词检索界面如图 2－51 所示。

查找主题词：在主题词检索框中输入检索词，点击“Search”按钮，进入主题词选择界面，系统将自动匹配与之对应或相关的主题词，用户可在系统提示的主题词中选择。查找 MESH 词时，PubMed 还提供专门的限制检索（Limits）和

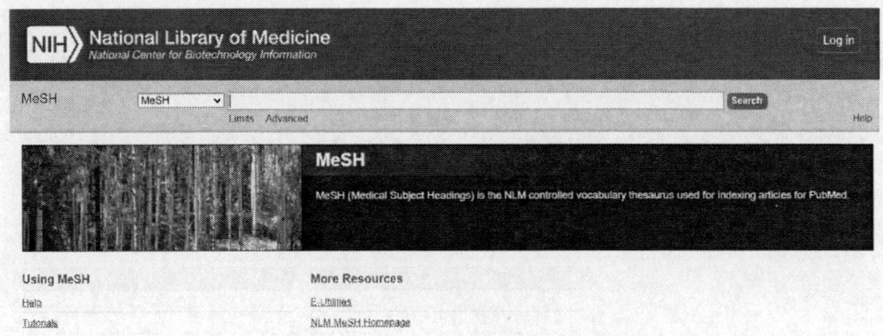

图 2－51　PubMed 的主题词检索界面

高级检索（Advance）功能。Limits 功能适用于对主题词的精确查找，即对 MESH 词记录的各个字段来进行限制查找或逻辑组配查找。这些限制字段包含 All Fields（所有字段）、MeSH Terms（主题词）、Record Type（记录类型）、Registry Number（主题词登记号）、Scope Note（学科范围）、Substance Name（物质名）和 Text Word（标题和说明文本）。

主题词检索：点击选中的主题词，进入主题词页面选择适当的副主题词（Subheadings）对检索范围进行限定。选中副主题词后，在相应的副主题词前打钩，然后在页面右侧的主题词检索表达式构建器中单击“Add to search builder”，检索框中会出现相应的表达式，用户再单击“Search PubMed”即可执行检索。当选择多个副主题词时，它们之间的逻辑关系为“OR”。PubMed 的主题词与副主题词组配界面如图 2－52 所示。

主题词还可以选择“加权检索”和“不扩展检索”功能。“加权检索”用于限定在主要概念主题词中检索，“不扩展检索”用于禁止检索当前主题词的下位词。系统默认为“不加权并扩展检索。”

主题词检索存在一定的局限性。因为 PubMed 收录的数据状态包含如下几种状态：In—Data—Review、In—Process、Medline、OLDMEDLINE、Publisher、PubMed—not—MEDLINE，而只有 Medline、OLDMEDLINE 数据库中的文献记录有主题词，因此主题词检索只能在“PubMed—Indexed for Medline”范围内检索，对于 PreMedline、Publisher 等文献记录则不能够命中。学术的发展总是领先于 MeSH 主题词的修订，新词汇、新概念也不适合采用主题词检索。并且，MeSH 主题词涵盖范围有限，有些特殊的概念词可能没有相对应的主题词，因此主题词检索也不适用于特殊概念的检索。

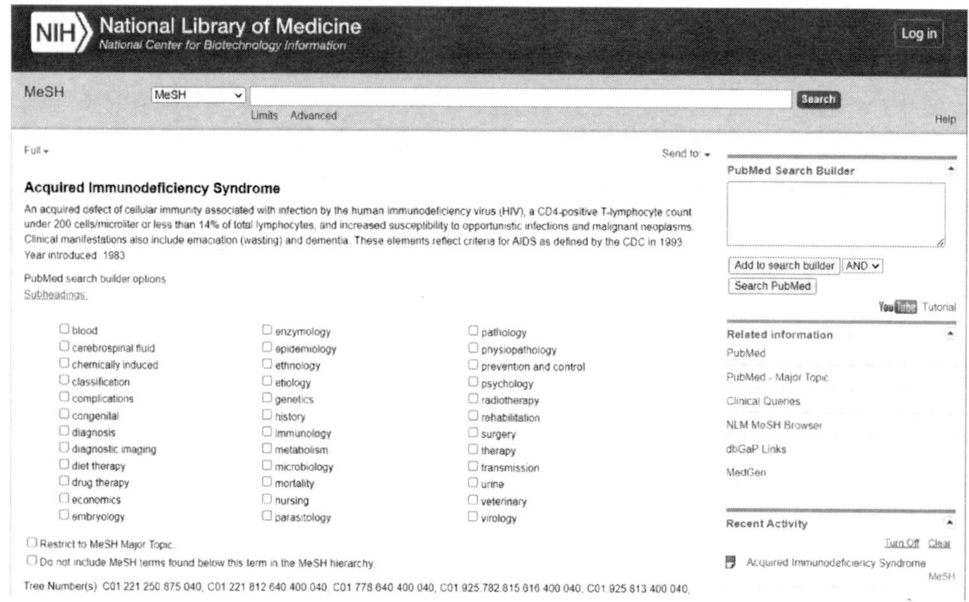

图 2-52 PubMed 的主题词与副主题词组配界面

（四）期刊检索

用户点击 PubMed 主页上的“Journals”即可进入期刊检索界面，PubMed 期刊检索界面如图 2-53 所示。用户可通过主题（Topic）、刊名全称或缩写、ISSN 号等查找期刊。期刊检索也有高级检索（Advanced Search），可按刊名、出版商、国家、出版年、类型等不同字段进行精确查询。期刊数据库与 NCBI Entrez 的 NLM Catalog 进行了整合，在 NLM Catalog 也可进行期刊检索。用户

NIH National Library of Medicine
National Center for Biotechnology Information
Log in
NLM Catalog More Resources Help
NLM Catalog: Journals referenced in the NCBI Databases
Limit your NLM Catalog search to the subset of journals that are referenced in NCBI database records
Enter topic, journal title or abbreviation, or ISSN:
Advanced Search
Search
Journals currently indexed in MEDLINE
Journals currently deposited in PMC

图 2-53 PubMed 期刊检索界面

点击 NLM Catalog 主页的“Broad Subject Terms”，可按学科分类浏览 NLM 收录的相关期刊。NLM Catalog 还可检索 NLM 收录的书籍、音像视频、软件及其他电子资源等。

1. 单一引文匹配检索

用户在 PubMed 主页点击“Single Citation Matcher”即可进入单一引文匹配检索页面，PubMed 单一引文匹配检索界面如图 2-54 所示，可准确查找某一篇文献，也可用于查找某一本期刊或某一位作者在某一时间或特定期刊、期、卷、号上发表的论文。

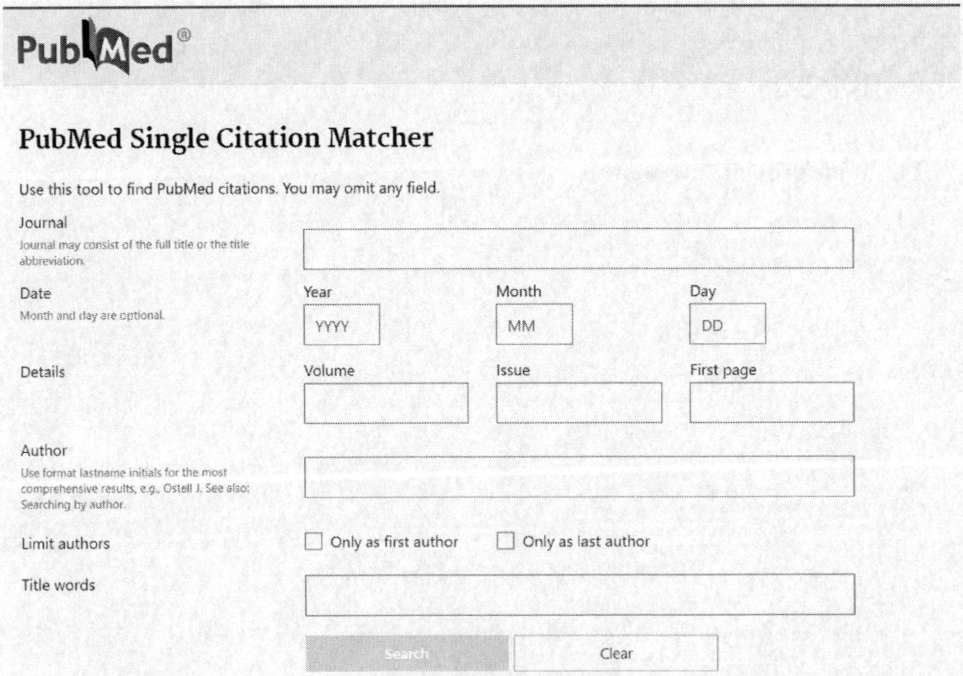

图 2-54 PubMed 单一引文匹配检索界面

2. 组引文匹配检索

用户在 PubMed 主页点击“Batch Citation Matcher”链接进入组引文匹配器，通过在文本框中输入固定格式的检索命令，可在 PubMed 或 PMC 数据库中批量查找需要的文献记录。输入格式：期刊名称年、卷、首页码、著者、用户核对标识。

每一提问式单独成行，一次最多可输入100条提问式。返回结果标有该文献的PMID号。未匹配上的记录会显示以下三种情况：①INVALID _ JOURNAL，说明输入的刊名缩写不正确；②NOT _ FOUND，说明输入的刊名正确，但因其他信息错误而未查找到完全匹配的记录；③AMBIGUOUS，说明输入的文献信息不完整。

3. 临床查询

“CLINICAL QUERIES”是专为临床医生查找临床文献设计的检索途径。用户单击PubMed主页的“CLINICAL QUERIES”链接即可进入该界面，PubMed临床查询界面如图2-55所示。

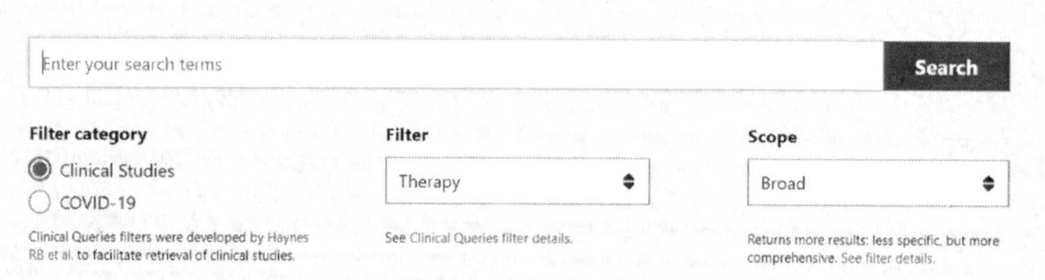

图2-55 PubMed临床查询界面

“Filter category”中可以选择“Clinical Studies”或“COVID－19”；其中“Clinical Studies”是供查找疾病的etiology（病因）、diagnosis（诊断）、therapy（治疗）、prognosis（预后）和clinical prediction guides（临床预报指南）五个方面的文献。用户可选择narrow或broad进行限定检索，其分别强调查准或查全。

“COVID－19”提供查找新型冠状病毒感染方面的文献，PubMed中COVID－19 Article查询界面如图2-56所示。检索字段包括：General（概况）、Mechanism（机理）、Transmission（传播）、Diagnosis（诊断）、therapy（治疗）、Prevention（预防）、Case Reports（病例报告）、Forecast（预测）。

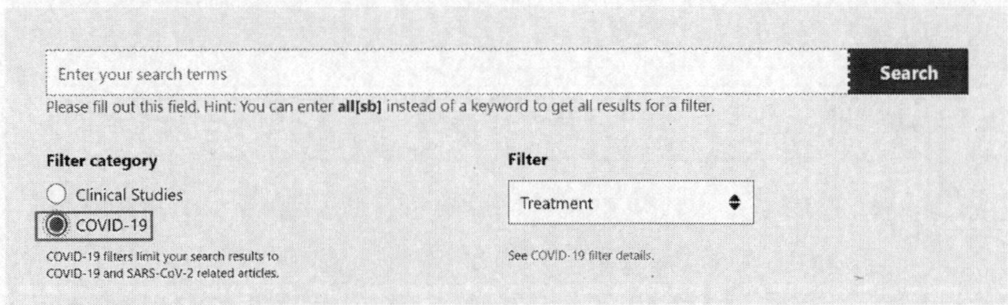

图 2-56　PubMed 中 COVID—19 Article 查询界面

（五）检索结果显示、过滤与输出

PubMed 检索结果显示页面分为两部分，左侧为检索结果的过滤和限定设置区，右侧为检索结果、目录、摘要等主体部分，PubMed 检索结果页面如图 2-57所示。

1. 检索结果显示

PubMed 检索结果支持对 Formats（格式）、Items per page（每页显示条数）、Sort by（分类排序）显示格式的选择。系统默认显示格式为 Summary、10 per page、Bast Match，每种格式可通过下拉菜单进行选择。

2. 检索结果的过滤

PubMed 允许在检索结果页面左侧过滤设置区，罗列了各种过滤限定条件，包括 results by year（检索结果按时间限定）、text availability（全文获取程度）、article type（文献类型）、publication date（出版时间）。点击“additional filters”后即出现 SPECIES（物种）、ARTICLE LANGUAGE（文献语种）、SEX（性别）、AGE（年龄），以及其他（如是否为 Medline）等限定条件。

3. 结果的保存与输出

PubMed 平台提供有 Save、Email 和 Send to 三种方式的检索结果的保存与输出，点击“Save”即出现“Save citations to file”，是将选中文献记录（默认保

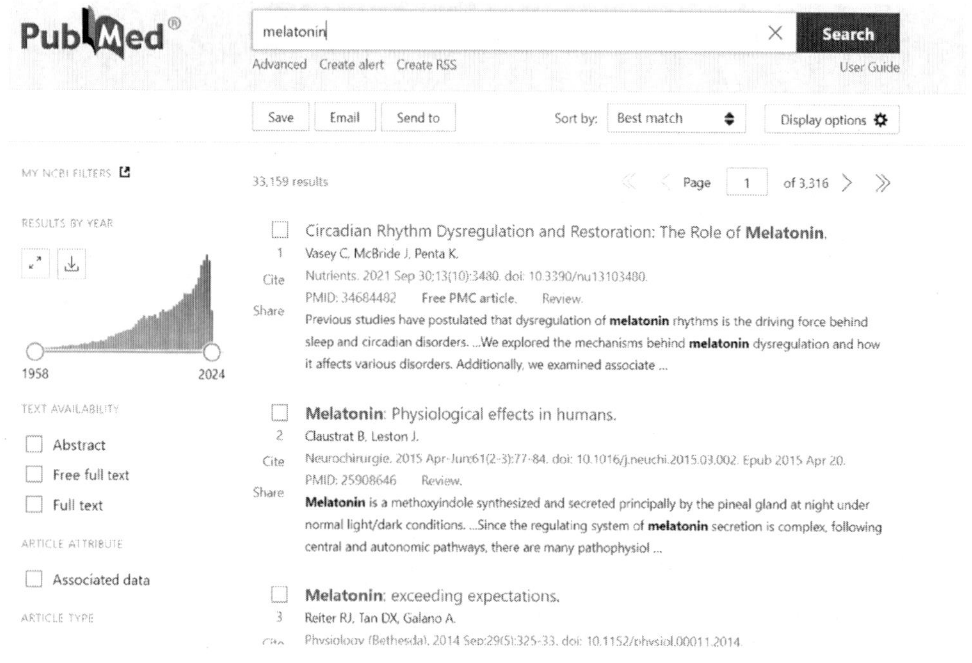

图 2-57 PubMed 检索结果页面

存当前页的所有结果）保存到文件，并提供 Summary（text）、Abstract（test）、PubMed、PMID 和 CSV 5 种保存格式。前 4 种与结果显示格式相对应，保存到一个纯文本文件中。而 CSV 格式是一种带字段的电子表格形式，可以用 Excel 等软件打开。

Email 用于将选中的文献记录以电子邮件的形式发送到指定邮箱，一次最多可发送 200 条记录。

用户单击“Send to”可展开选项，包括 Clipboard（剪贴板）、My Bibliography（我的书目）、Collections（收藏夹）、Citation manager（引文管理器）。Clipboard 是将检索结果保存在 PubMed 网站提供的一个检索结果暂存系统，最多允许保存 500 条记录，最长保存 8 小时。Collections 是指用户注册了 My NCBI 账号并登陆后，选择该项可把检索结果保存到 NCBI 个人账户中，一次最多保存 1000 条记录。My Bibliography 是 My NCBI 中收藏夹的一部分，一次最多保存 500 条记录。Citation manager 是将检索结果导出到文献管理软件，如 EndNote、Reference Manager 等，一次最多导出 200 条记录。

4. 文献记录显示

在 PubMed 检索结果显示页面，用户单击文献标题，即可进入具体的文献记录显示页面，PubMed 文献记录显示页面如图 2－58 所示。页面左侧为文献记录详细信息，从上到下依次显示文献出处、篇名、作者、作者单位、PMID 和 DOI 号等；右侧为相关链接区，包括全文获取链接、相关文献链接等。

图 2－58　PubMed 文献记录显示页面

八、Web of Science 检索平台

（一）数据库简介

Web of Science（WOS）是科睿唯安旗下的引文数据库及独立的研究信息平台。WOS 核心合集主要包括科学引文索引（Science Citation Index－Expanded，SCIE）、社会科学引文索引（Social Sciences Citation Index，SSCI）和艺术与人文索引（Arts & Humanities Citation Index，A&HCI）这三大核心数据库。

SCIE 收录了全球自然科学、工程技术、临床医学等领域内 170 多个学科的 9500 多种国际性、高影响力的学术刊物。其数据最早可回溯到 1900 年，数据库每日更新。

SSCI 收录了涉及社会科学的 50 多个学科的 3500 多种国际性、高影响力的学术刊物，其数据最早可回溯到 1900 年。

A&HCI 数据最早可回溯至 1975 年，收录了包含建筑学、艺术、历史、哲学、语言学在内的 28 个学科，共计超过 1800 多种艺术人文领域的世界权威期刊，为相关科研工作者提供了多学科领域的最新研究信息。

（二）检索途径

Web of Science 提供了基本检索、作者检索、被引参考文献检索、高级检索等功能。

1. 基本检索

基本检索包括主题、标题、作者等字段，同时可以通过“与”“或”“非”逻辑关系进行字段间的组配，Web of Science 基本检索界面如图 2－59 所示。

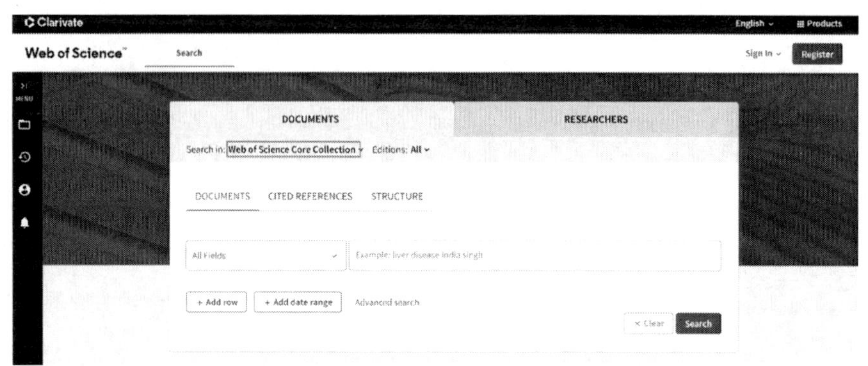

图 2－59　Web of Science 基本检索界面

2. 标题检索

是通过文献的标题查找相关文献。它仅限于查找标题明确的文献，如果全部标题输入后，未检索到文献，可以将标题中的不易识别的符号和标识删除后再进行检索。

3. 作者检索

需要先输入姓，再输入空格和作者名首字母。如 Zhang，Xuejun，检索时可以用全称，也可以用“zhang，Xj”。

4. 出版物名称检索

即通过文献出版的期刊名的全称查找文献。如果用户不知道全称，也可以只输入单词加通配符进行检索，进入帮助栏中的出版物索引或主期刊列表查阅相关名称，选择并添加到检索框中。

5. 地址检索

用户通过在地址中输入机构或地点的完整或部分名称。如输入“AnHui Medical University”和“Anhui Med Univ”都可以检索出安徽医科大学作为机构发表的文献。用户输入机构全名时，不要在名称中使用冠词（a，an，the）和介词（of、in、for）。

6. 作者识别号检索

用户通过作者识别号进行检索。作者识别符是 Web of Science Researcher ID 号或 ORCID，且不支持使用通配符“*”“?”和“$”。

7. 团体作者检索

用户通过输入团体作者的姓名。团体作者是被赋予来源出版物（如期刊、图书、会议论文或其他著作类型）著作权的组织或机构。用户可以输入全名，或使用部分姓名＋通配符进行检索。

（二）高级检索

高级检索需要通过编辑检索式进行检索，不同检索词之间可以用逻辑运算符、截词符、位置算符进行组配。

字段标识：AD＝地址、AI＝作者标识符、AU＝作者、DO＝DOI、ED＝编者、GP＝团体作者、IS＝ISSN/ISBN、PY＝出版年、SO＝出版物名称、SU＝研究方向、TI＝标题、TS＝主题。

（三）被引参考文献检索

被引参考文献检索主要用于查找文献被引用的情况，是从被引用文献查到引用文献的过程。可用被引著者（Cited Author）、被引文献（Cited Works）和被引文献发表年代（Cited Year）作为检索点进行检索，Web of Science 被引参考文献检索界面如图 2-60 所示。被引著者检索式输入被引作者的姓名来进行检索，可参考被引作者索引（Cited Author Indcx）。检索时需注意姓前名后，姓全称，名首字母缩写，也可使用逻辑运算符。检索结果显示的为简单记录格式，包括论文被引频次、被引作者、被引期刊、年、卷（期）、起始页码。如为图书则只有被引频次、被引作者、被引期刊和出版年代；如为专利。则只有被引频次、被引作者、被引专利号和专利授权国家。用户点击被引频次链接，可获得所有引用论文的来源文献。

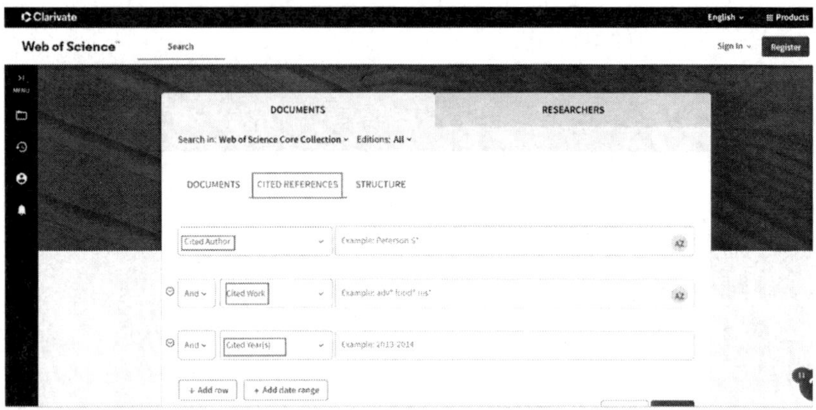

图 2-60 Web of Science 被引参考文献检索界面

第三章　文献传递与馆际互借服务

高校图书馆信息服务中，文献服务或文献保障依然是图书馆最基本的职责之一。文献保障的三大支柱：馆藏实体文献、网络数字资源和馆际共享资源。馆际资源共享是图书馆文献服务体系的重要组成，也是图书馆基础业务之一。

第一节　文献传递与馆际互借概况

随着网络化数字化的发展，全球信息资源呈爆炸式的增长，任何一个信息机构都很难拥有全部的信息资源。尤其是近年来期刊、图书、电子资源的价格不断上涨，给高校图书馆等信息机构带来很大的资金压力；且有些信息资源使用频率较低，若仅为少数需求而订购整体资源，极易造成资源和资金的浪费。资源共享由此成为图书馆可持续发展的健康模式，而文献传递和馆际互借是资源共享的两种重要服务方式。

一、文献传递（Document delivery）

文献传递是将用户所需的文献复制品以有效的方式和合理的费用，直接或间接传递给用户的一种非返还式的文献提供服务，它具有快速、高效、简便的特点。为满足用户对图书馆缺藏期刊论文、图书等文献的需求，更好地为教学科研服务，大多数高校图书馆会为师生提供文献传递服务。文献类型包括期刊论文、学位论文、会议论文、科技报告、专利文献等。

二、馆际互借（Interlibrary Loan）

馆际互借是一种基于图书馆之间资源共享的服务方式。当用户在本馆需要的文献不可用时，根据馆际互借制度、协议、规定和收费标准，本馆可以向其他图书馆借阅所需的文献。而其他图书馆也可以向本馆请求借阅本馆拥有的文献，以满足其文献需求。这种服务适用于返还式文献和复制－非返还式文献。当然，复制一非返还式文献也可以通过文献传递方式来获取。

三、文献传递与馆际互借的发展

现代意义的文献传递服务是在信息技术的支持下逐步发展而来，与馆际互借相比，其服务方式更为优越。当师生在学校图书馆现有的资源中找不到需要的原文文献时，可以委托图书馆进行文献传递。高校图书馆通过提供文献传递服务，不仅有效缓解了图书馆经费和资源不足，与读者日益增长的文献需求之间的矛盾，而且能够较好地支持学校的教学科研工作。

文献传递服务由来已久。早在19世纪，德国的 Rober von Mohl 首次提出图书馆之间藏书分工协调的思想。20世纪以来，人们开始意识到通过图书馆资源共享来满足读者的信息需求，采用的是馆际互借的方式，主要是图书馆之间纸质图书/期刊的相互借阅，是需要归还的。现行的文献传递是在原有馆际互借的基础上发展起来的延伸服务，利用计算机和网络技术，为读者远程提供期刊论文、学位论文、会议论文、图书等文献类型的直接传递，无需归还。在网络环境下，文献传递主要是指通过 E-mail、QQ、微信等即时通信手段为读者提供文献送达服务。成立图书馆联盟是图书馆间实现资源共享的重要途径。

四、文献传递的服务模式

文献传递服务模式按照服务机构的性质可以分为公益模式和商业模式。公益模式一般是图书馆之间本着互惠互利的原则签署资源共享协议，使用户能获取本馆未购买的文献资源，是馆际互借服务的一种延伸。在公益模式下，图书馆可以代表用户向文献供应机构提出文献需求，文献提供机构无偿或仅收取成本费用向用户提供文献服务。商业模式是在市场调节机制的指导下建立起来的一种模式。通过提供文献服务来盈利的一种信息服务模式，在商业模式下，数据库生产商、文献服务机构、出版社等文献传递机构以自身丰富的文献资源和获取资源的能力为依托，通过有偿服务形式向图书馆提供文献服务。

第二节 国内外文献传递和馆际互借系统

一、国外文献传递和馆际互借系统

国外文献传递服务发展较早且呈现出较繁荣的发展态势。目前，最为著名的国外文献传递机构和文献供应中心有：大英图书馆文献供应中心（BLDSC）、美国 OCLC 联合体、德国 Subito 文献提供机构、加拿大科技信息研究所（CISTI）等。

（一）大英图书馆文献供应中心（British Library Document Supply Centre，BLDSC）

BLDSC 成立于 1970 年，其前身是英国国家科技图书馆，后称为英国图书馆外借部，专门提供图书馆间的文献传递服务。BLDSC 收藏的文献类型有官方出版物、地方政府出版物、会议文献、音乐文献、丛书系列、斯拉夫语出版物和东方文献等。BLDSC 致力于满足全球学术和研究机构的文献需求，通过提供文献复制、传输和馆际互借等服务，帮助用户获取他们所需的文献资料。BLDSC 的馆际互借服务允许图书馆之间互相借阅和传递图书、期刊、论文等文献资源。用户可以通过自己所在的图书馆向 BLDSC 申请借阅特定的文献，BLDSC 会根据用户的需求提供相应的文献复制件或通过电子传递方式提供访问权限。BLDSC 是一个重要的国际性文献传递机构，为用户提供了广泛的文献资源和借阅服务，其提供的文献复制和传递服务使得研究者和学者可以方便地获取到所需的学术资源。

（二）美国的 OCLC－ILLiad 系统联机图书馆中心（Online Computer Library Center，OCLC）

前身为成立于 1967 年的美国俄亥俄学院图书馆中心（Ohio College Library Center，OCLC），1981 年更名为现名，总部设在美国俄亥俄州的都柏林。OCLC 是一个非营利的研究机构，是全球第一个利用最新技术联网实现资源共享的机构。OCLC 是世界最大的图书馆合作机构，为全球 170 多个国家和地区 7 万多所图书馆提供服务。

馆际互借互联网可访问数据库（Interlibrary Loan Internet Accessible Database，ILLiad）最初是由美国弗吉尼亚综合理工学院与州立高校图书馆开发的一个系统，2000 年 6 月，OCLC 成为 ILLiad 的代理发行商。OCLC－ILLiad 是一个依据馆际互借协议的馆际互借系统，它能与其他系统内成员馆实时沟通，开展馆际互借业务。读者可直接在网上递交馆际互借申请、获知申请处理进度，也可以直接通过网络下载电子版原文。现在全球已有包括哈佛医学院、普林斯顿大学、香港大学、香港中文大学等几百所大学的图书馆使用此系统开展馆际互借服务。

OCLC－ILLiad 是将整个馆际互借的过程集成在一个系统界面中，使文献传递成为无缝衔接的过程，实现真正的跨馆馆际互借，方便用户因馆际互借服务而与图书馆产生的费用结算，用户通过平台能直接查看各馆际互借成员馆的馆藏资源、借还规则和收费标准等。

（三）德国教育科研部组织建立的 Subito 系统

Subito 系统正式成立于 1994 年，是德国教育科研部为了加快文献资料提供速度而建立起来的。据 Subito 公司的官方网站介绍，Subito 是由德国国家图书馆（DNB）和德国图书馆和信息中心（GBV）合作发起的项目，专门为德语区的图书馆用户提供文献传递和图书采购服务。截至 2021 年 12 月，Subito 的合作伙伴已经涵盖了德国、奥地利、瑞士，以及其他欧洲国家的超过 400 个科学图书馆、高校图书馆和研究图书馆。

Subito 提供了德国国内和国际图书馆间的文献传递服务，可以将用户提交的文献请求快速传递给藏书该文献的图书馆。Subito 服务包含两个主要方面：Subito 文献传递和 Subito 图书采购。Subito 文献传递服务涉及完整的图书馆间交易流程，包括查询、请求、订购、发送、交付和财务结算等。通过 Subito 的在线平台，用户可以轻松地提交文献请求，并迅速接收到有关文献可用性的信息。Subito 还提供了一系列在线工具和 API 接口，以帮助图书馆实现自动化，优化请求和传递文献的流程。另一方面，Subito 还提供图书采购服务，可以帮助图书馆快速获得所需的书籍、期刊等资源，支持个人订购和批量采购。图书馆可以通过 Subito 的在线平台查阅提供的采购目录，并进行及时、高效的订购与配送。

二、国内主要文献传递和馆际互借系统

近年来，随着计算机技术和网络信息技术的飞速发展，信息传播方式的改变对原文传递产生了深远的影响，服务模式已经由传统信件、电话、物理传输逐步转向数字型网络化的电子邮件、网络实时传输等，并由分散化的独立服务部门转变成联合服务体系。在国内，先后建成了中国高等教育文献保障系统（CALIS)、中国科学院国家科学数字图书馆文献传递与馆际互借系统（CSDL)、国家科技图书文献中心原文传递系统（NSTL)、中国高校人文社会科学文献中心（CASHL）等基于网络环境的文献信息资源服务保障体系，极大地推动了国内文献传递服务的发展。

（一）中国高等教育文献保障系统（China Academic Library & Information System，CALIS）

中国高等教育文献保障系统是教育部投资建设的面向所有高校图书馆的公共

服务基础设施，也是我国文献资源保障体系的重要组成部分，项目于1998年正式启动。CALIS的宗旨是建设以中国高等教育数字图书馆为核心的教育文献联合保障体系，实现信息资源共建、共知、共享，以发挥最大的社会效益和经济效益，为中国的高等教育服务。

目前，整个保障系统采取了全国中心、地区中心和成员馆三层结构。CALIS管理中心设在北京大学，下设文理、工程、农学、医学四个全国文献信息服务中心，华东北、华东南、华中、华南、西北、西南、东北七个地区文献信息服务中心和一个东北地区国防文献信息服务中心，覆盖全国31个省（自治区、直辖市）和港澳地区，服务1800多家成员馆。CALIS打破了我国高校图书馆一校一馆的自我文献保障模式，引领我国高校图书馆走上共建、共享的发展道路，建立了以联机编目体系、文献发现与获取体系、馆员培训体系、应用软件云服务（SaaS）平台为主干，以各省级共建共享数字图书馆平台、各高校数字图书馆系统为分支和节点的分布式架构与协同服务体系。除高校外，CALIS还支持军队院校、科学院、公共图书馆、国家政府机关等系统机构的资源建设和信息服务，并将服务拓展到港澳地区，与港澳高校合作，共建、共享公共信息服务，对成员高校图书馆和共建共享单位的资源保障与信息服务起到了较为显著的支撑作用。在新的发展阶段，CALIS的目标是在已经建成的高等教育文献保障体系基础上，继续深化内涵，拓展边界，建设成为支撑高校图书馆更广泛日常业务运行与馆际协同协作的国家级、保障性公共基础设施。

CALIS馆际互借与文献传递服务，以资源调度和服务调度为核心，以CALIS文献传递网为依托形成了的一套完整的分布式的具有多馆协作和多资源商支持的原文获取系统——e得云平台（http：//yide. calis. edu. cn/）（图3－1）。e得云平台为读者提供了一站式的全文文献获取门户，它集成了电子全文下载、文献传递、馆际借书、单篇订购（PPV）、电子书租借等多种全文获取服务，结合专业馆员提供的代查代检服务，帮助读者在全国乃至全世界查找并索取中外文图书、期刊、学位论文、会议论文、专利标准等各类电子或纸本资源，旨在帮助读者快速、准确、便捷地获取原文，从而实现“一个账号，全国获取”。

（二）中国高校人文社会科学文献中心（China Academic Social Sciences and Humanities Library，CASHL）

中国高校人文社会科学文献中心是在教育部领导下，为我国哲学社会科学教学科研提供外文文献及相关信息服务的最终保障平台，其建设目标是“中国高校

图 3-1 中国高等教育文献保障系统原文获取平台

人文社会科学文献信息资源平台”。

CASHL 是一个数字化文献资源平台，涵盖了多个学科领域的人文社会科学文献，如哲学、历史学、文学、经济学、法学、社会学等。该平台汇集了大量高水平的学术期刊、学位论文、会议论文、专著、报纸等资源，并提供了多种检索、阅读和下载服务。迄今为止，CASHL 可供服务的人文社科核心期刊和重要期刊达到 6.2 万余种、印本图书达 350 多万余种、电子资源数据库达 16 种，累计提供文献服务近 2200 万件，其中手工文献服务已突破 130 万，文献平均满足率达 96.29%左右。除此之外，CASHL 还提供“高校人文社科外文期刊目次库”和“高校人文社科外文图书联合目录”等数据库，以及数据库检索和浏览、书刊馆际互借与原文传递、相关咨询服务等。目前，CASHL 已拥有成员单位近 900 家，个人注册用户 17.3 万多个。

CASHL 资源和服务体系由两个全国中心（设在北京大学、复旦大学）、七个区域中心（设在武汉大学、吉林大学、中山大学、南京大学、四川大学、北京师范大学、兰州大学）和八个学科中心（设在东北师范大学、华东师范大学、南开大学、山东大学、清华大学、厦门大学、浙江大学、中国人民大学）组成。各中心的职责不同，分工明确。

CASHL 包含 CASHL 资源、特色资源、文献服务和知识服务等栏目，支持基本检索和高级检索。中国高校人文社会科学文献中心主页如图 3－2 所示。

图 3－2　中国高校人文社会科学文献中心主页

CASHL 资源包含图书、期刊、开放获取资源和数据库等。

特色资源有大型特藏、哲社期刊、民国期刊、CASHL 前瞻性课题报告、区域国别文献和高校古文献资源。

知识服务包含名师讲堂和大型特藏深度揭示与服务。

CASHL 文献服务主要包含文献传递、图书借阅、代查代检、上海图书馆图书借阅和上海图书馆代查代检。

CASHL 文献传递是一种非返还式的文献提供服务，为 CASHL 用户复印、传递“开世览文”收录的高校外文期刊论文、图书部分章节、缩微资料等文献。文献传递方式主要有 E-mail、网上文献传递系统（FTP）两种方式。

用户可以通过检索“CASHL 资源发现系统”（图 3－3），查找所需要的文献，当用户无法直接获得电子全文时，可通过提交文献传递申请获得。用户首次使用该服务时需要先注册并确认账号。而文献一般通过电子邮件直接发到用户的邮箱。

图书借阅是面向 CASHL 馆际互借成员馆用户提供“开世览文”收录的高校馆藏外文图书、上海图书馆馆藏外文图书的馆际借阅服务，CASHL 图书借阅界面如图 3－4 所示。借阅方式有平信挂号邮寄和特快专递等。用户通过检索

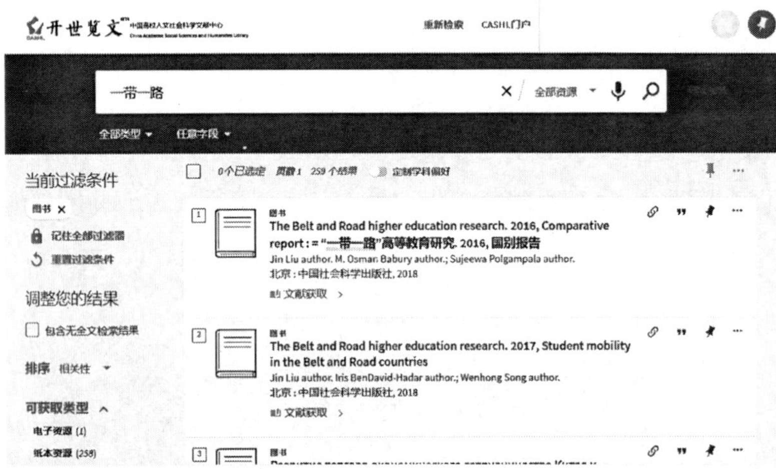

图 3-3 CASHL 资源发现系统检索界面

"CASHL 资源发现系统"，查询到所需要的图书后，点击"文献获取"，可直接向收藏馆提交馆际互借申请借阅图书。

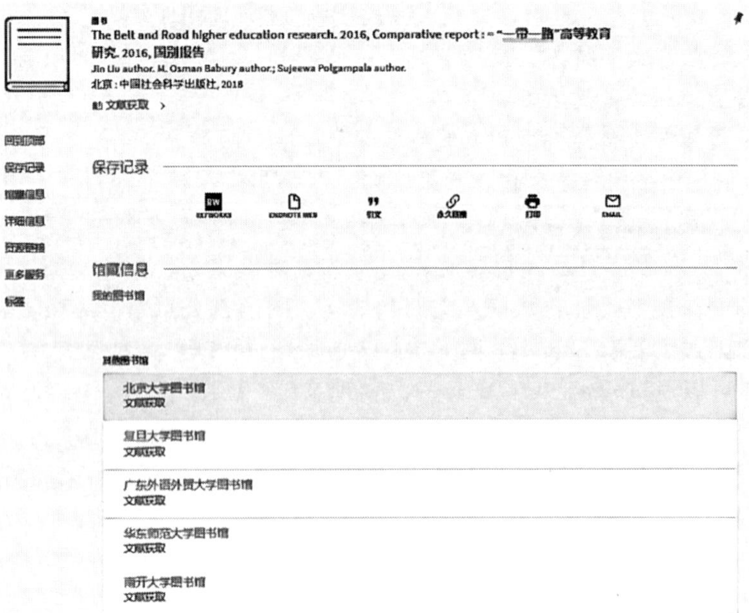

图 3-4 CASHL 图书借阅界面

（三）国家科技图书文献中心（NSTL）

国家科技图书文献中心（National Science and Technology Library，NSTL）是根据国务院的批复，由科技部联合财政部、国家经贸委、农业农村部、卫健委和中国科学院等有关部委于 2000 年 6 月 12 日成立的。它是一个基于网络环境的科技文献信息资源服务体系，按照理、工、农、医四大学科组建，成员单位包括中国科学院文献情报中心、中国科学技术信息研究所、机械工业信息研究院、冶金工业信息标准研究院、中国化工信息中心、中国农业科学院农业信息研究所、中国医学科学院医学信息研究所、中国标准化研究院国家标准馆和中国计量科学研究院文献馆。NSTL 的宗旨是：根据国家发展需要，以“统一采购、规范加工、联合上网、资源共享”为原则，采集、收藏和开发理、工、农、医等学科领域的科技文献资源，面向全国提供公益的、普惠的科技文献信息服务。其发展目标是建设成数字时代的国家科技文献的信息资源保障基地、信息服务集成枢纽和事业发展支持中心。

目前，NSTL 拥有外文印本文献约 26000 种。其中，中外文期刊 17000 多种，外文会议录等文献 8000 余种。面向全国开通网络版外文现刊 519 种、回溯期刊总量达 3075 种，事实型数据库 2 个，OA 学术期刊 7000 余种等。外文科技类期刊是 NSTL 收藏文献资源保障服务的主体，期刊涉及 140 个国家和地区，1.1 万个出版社，其中 90％为国外知名出版社和重点学协会出版的核心科技文献，NSTL 独家收藏印本期刊超过 6000 种；语种以英文为主，兼顾日文、德文、法文、俄文等 34 个语种；学科涵盖基础科学、工程技术、农业科学、医学科学及与科技创新交叉学科领域的科技期刊资源，读者可通过 NSTL 一站式检索到理、工、农、医四大学科领域的科技印本、电子和 OA 期刊的相关信息。NSTL 收藏的国外学协会及出版机构等出版的会议录文献总量近 20 万册。外文会议录涉及学协会 15500 家，其中独家收藏会议文献 2119 套。重点学协会 208 个，涉及会议 54021 种。中文学位论文，收录 1984 年至今我国高校、科研院所授予的硕士、博士和博士后学位论文 220 多万篇，每年增加论文近 30 万篇。学科涉及自然科学各专业领域，涵盖全国 1400 所高校及科研机构。外文学位论文，收藏 PROQUEST 公司出版的 2001 年以来的电子版优秀硕博士论文 70 多万篇，涵盖 924 所国外高校及科研机构。NSTL 收藏的科技报告，按照出版科技报告机构的性质，分为“政府工作报告”“国际组织报告”“市场报告”“技术报告”四个部分。其中，包含美国国防部和三军系统（AD）、国家航天局（NASA）、能源部系统（DE）、商务部等政府部门（PB）四大科技报告。NSTL 收藏中外文专利包括中国大陆专利数据 1250 万余条、台湾专利 110 万余条；外国专利数据涵盖美国、英国、法国、德国、瑞士、日本、韩国、印度、以色列、俄罗斯、加拿大等国家七十年代以来的所有公开的发明和实用新型专利文摘，以及 1978 年以来的欧洲专利和世界知识产权组织专利文摘，共计 1400 万余条。NSTL 收藏中文标准 54 万余条，外文标准文献 200 万余条，主要涵盖国际组织标准、美国标准、欧洲标准、亚洲标准、大洋洲标准等数据库。计量检定规程 3600 余条。NSTL 馆藏图书主要是外文科技类图书，包括科技丛书、文集汇编、工具书、科技专著的印刷版和电子版图书，目前馆藏总量 11 万余册，占 NSTL 馆藏文献全量的 26%。出版物主要是大型商业出版机构和知名学协会、重点大学出版社，如 ELSEVIER、SPRINGER、WILEY、TAYLOR & FRANCIS、HIS、日本電気学会、AMERICAN CHEMICAL SOCIETY、CAMBRIDGE UNIVERSITY PRESS、OXFORD UNIVERSITY PRESS、FAO 等出版的图书。工具书多为字词典、行业年鉴、手册、百科全书、机构名录等二次文献的检索性工具书和参考性工具书。学科范围主要覆盖工业技术、生物科学、数理科学和化学、天文学、地球科学、农业科学、医药卫生等。

NSTL 通过网络服务系统、微信公众号和手机客户端 APP，面向用户提供 NSTL 收藏的各类型文献资源的检索发现，题录、摘要浏览和全文获取等服务。根据资源类型和收藏范围，NSTL 提供以下 3 种全文获取方式。

全文下载：对 NSTL 组织采集和揭示的国外开放获取资源，用户可以在检索到结果后通过“开放资源”按钮直接链接原网站下载全文，也可以通过 NSTL 资源导航——“开放获取资源”栏目进行检索、浏览或链接全文。同时，NSTL 在全国开通包括国外网络版现刊和回溯期刊数据库，用户所在的机构申请开通后可直接下载全文。

全文传递：NSTL 面向中国大陆地区注册用户提供原文传递服务，服务范围包括 NSTL 支持 9 家成员单位采购的印本文献资源。用户登录 HTTPS://WWW.NSTL.GOV.CN/（图 3－5）在检索框中输入检索词，点击“检索”，NSTL 检索结果页面如图 3－6 所示；点击“获取全文”，再点击“添加到‘申请单’”，服务馆会在 24 小时内为用户提供原文传递。用户可选择自助获取或电子邮件方式查收全文。

代查代借：NSTL 面向中国大陆地区注册用户提供各类型文献全文的委托复制服务。根据用户提供的文献线索，利用国内外检索工具和文献合作网络，获取和提供用户所需文献。

图 3－5　NSTL 主页

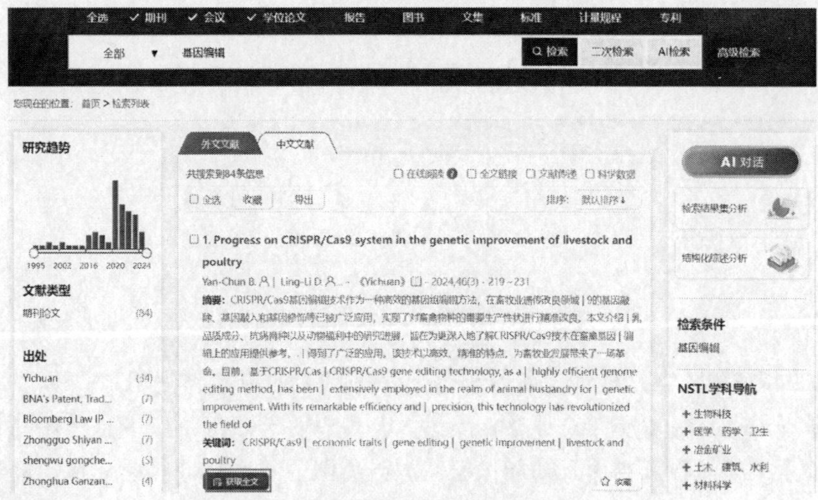

图 3－6　NSTL 检索结果页面

用户点击“代查代借”按钮登录后，在检索结果中填写“代查代借请求申请表”（图 3－7），确认信息和服务馆并完成提交后，服务馆将根据用户限定的地域、时间和费用要求，依次在 NSTL 成员单位、国内其他机构和国外机构查找用户所需文献。NSTL 成员单位馆藏范围内资源，原则上将在 2 个工作日内提供原文；如需到国内其他机构或国外机构查找文献时，发送原文的时间将视具体情况而定。

国家科技图书文献中心
National Science and Technology Library
首页 资源导航 特色服务 知识发现 关于我们
您现在的位置：首页 >代查代借

代查代借请求申请表

请选择文献种类并填写相关信息

文献类型：一般文献 专利
出版物名称（专利号、会议名）：
时间选择：出版年份 卷 期
页码选择：起始页 终止页
ISSN/ISBN:
文章标题/检索主题：
作者：
关键词（中英文）：
检索要求：

请选择查找范围、服务单位、投递方式等条件

查找范围：NSTL内 国内 国际
费用限制：没有限制
时间限制：不限时
服务单位：请选择 *（查看服务单位详细介绍）

图 3－7 NSTL 代查代借请求申请表

（四）生物医学文献传递数据库——本地 PubMed 检索平台

本地 PubMed 检索平台是济南泉方与华中科技大学同济医学院合作开发，在保证检索策略、检索界面及功能按钮基本与美国的 PubMed 官网一致，检索结果完全相同的基础上，新增部分统计、分析和原文传递功能。该平台为读者提供部分 PubMed 平台检索到的文献的原文复制件，是基于馆际互借的原文传递服务，仅用于读者个人学习、研究为目的。目前，本地 PubMed 可为读者提供的 PubMed 文献的全文保障率约为 90%。

本地 PubMed 除了主界面与 PubMed 官网稍有不同，检索语法、检索策略、检索途径与检索结果与 PubMed 官网基本一致（图 3－8）。如检索框中输入检索词“SYSTEMIC LUPUS ERYTHEMATOSUS”（系统性红斑狼疮），点击“检索”，检索结果页面如图 3－9 所示。虽然检索的文献与 PubMed 官网完全一致，但本地 PubMed 在结果页面添加了数据分析、统计、中国科学院分区、全文链接和申请全文功能。

图 3－8　本地 PubMed 主界面

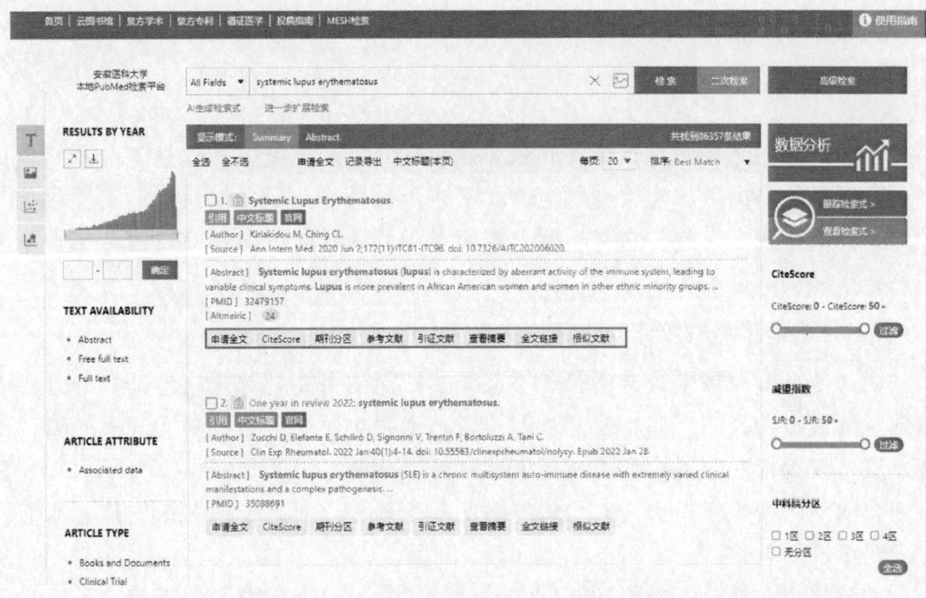

图 3－9　本地 PubMed 检索结果页面

本地 PubMed 提供了多个获取全文的渠道，用户可以点击“全文链接”按钮来查看并获取全文。如果用户直接点击“申请全文”，系统将优先跳转到可提供免费在线全文的链接上，其中部分可能来自SCI－HUB，点击链接后若能直接打开或者下载，说明全文获取成功。如果全文获取不成功，用户则需要申请全文。用户在云图书馆网站上申请全文，其所在单位图书馆负责馆际互借的馆员接收到用户的申请后，首先查询本单位图书馆有无用户所需要的文献，确定没有后，根据情况将向与之签署有馆际互借或文献传递服务相关协议的第三方图书馆发出文献申请；获取到用户所需要的全文后，将其发送到用户在云图书馆网站上的邮箱（即“我的文件夹”）中，此时，用户申请的全文的状态将由“全文处理中…”变为“打开全文”。如用户所在单位的图书馆没有及时处理，系统将自动在第三方文献互助平台上发求助帖；如有用户应助，系统将应助结果再发送到用户在云图书馆网站上的邮箱（即“我的文件夹”）中。

第三节　高校图书馆开展文献传递与馆际互借服务的实践与探索

一、积极的作用

近年来，各高校图书馆纷纷开展文献传递和馆际互借服务，在整合利用校内外信息资源的基础上，为校内师生教学科研及校外企业研发创新等活动提供信息保障。总的来说，文献传递和馆际互借服务的开展，对图书馆信息服务事业的发展产生了积极的影响。

（一）强化了图书馆作为学校信息资源中心的地位

由于信息资源数量快速增长、类型增多，而图书期刊的价格上涨，导致图书馆资源购置经费紧张；同时，高校既要重点发展特色学科，又要实现多学科的综合发展，仅仅依靠图书馆购买文献资源已经无法满足读者的需求。另一方面，随着用户的网络搜索意识和信息检索能力的不断提升，对高校图书馆的信息服务提出了更高的要求。

文献传递和馆际互借服务不仅实时弥补了图书馆自有资源的不足，还强化了图书馆在为用户提供信息服务方面的作用。此外，对于一些专业院校图书馆而言，借助文献传递服务可以进一步发挥其专业馆藏优势，向校外读者提供信息服务，提高图书馆的知名度和馆藏利用率。

（二）提高了读者获取文献资源的效率

快捷高效地满足用户的文献信息需求是图书馆开展文献传递服务的目标之一。在本馆资源不能满足需求的情况下，用户或是自己通过互联网获取，或者到校外信息机构有偿获取所需资源，既浪费时间又浪费金钱。文献传递服务的开展，不仅为用户提供了更专业、更全面的文献资源，而且能够使读者更快捷、更方便地获取所需信息。以 CALIS 原文传递系统为例。其不仅整合了大量的信息资源，而且为用户提供了易于操作的统一检索平台。用户进入原文传递系统后（首次登录需注册），经过检索、申请、审核等流程后，国内文献一般 1～2 个工作日即可获取，申请国外文献所需时间略长；并且，校内用户获取的文献服务大多是免费的。因此，作为图书馆的特色服务，文献传递能很好地发挥高校图书馆的创新信息服务作用。

（三）培养了用户独立获取信息的能力

原文传递服务的宣传推广和培训使图书馆的信息服务从“授之以鱼”转变为“授之以渔”，不仅加强了用户的信息意识，而且有效地培养了用户独立获取信息的能力。在原文传递服务未开通前，当用户在学习或科研任务过程中遇到馆藏资源不足的情况时，常常会求助于图书馆工作人员或校外信息机构，希望直接获取帮助；而原文传递服务开通后，大量的推广和培训使他们想到利用原文传递系统，通过检索去查看其他学校是否有自己所需的文献，并根据自己的需要去提交申请并获取相关文献。可见，文献传递服务的开展，不仅强化了用户的信息意识，而且培养了用户的信息检索意识和检索技能，同时也减轻了图书馆工作人员的工作量。

（四）积累了开展信息服务推广活动的经验

文献传递服务是应用户的需求产生的，如果没有用户需求，此项工作将难以开展和发挥它应有的作用。因此，必须通过宣传推广和培训使更多的用户能认识和认可文献传递服务。中国高等教育文献保障系统、国家科技图书文献中心原文传递系统和中国高校人文社会科学文献中心等建立之初，便对这些文献保障系统进行了大量的宣传推广，并且随着成员和用户的逐渐增多，推广活动也越来越深入，每年都会开展各种主题培训等。图书馆工作人员在进行培训和推广的实践中势必要进行创新思考和经验积累，为今后的资源推广、服务推介和用户培训等信息服务工作提供了重要的参考和借鉴。

（五）促进了高校图书馆馆与馆之间的交流

每年，CALIS 原文传递系统都会协助成员馆开展宣传和推广工作，并定期举办专业知识和操作技能方面的培训，以及分享经验和总结先进经验的会议。此外，CALIS 还提供 QQ 群，供成员馆的工作人员进行实时、及时的沟通，以解决实践中出现的问题。成员馆之间的紧密联系和经验交流为开展原文传递服务提供了便捷，同时也加强了馆际间的联系，为促进图书馆信息服务的发展提供了多方面的支持。

二、存在的问题

在文献传递和馆际互借工作的实践中，也存在着一些问题阻碍着文献传递和馆际互借服务的有效开展和可持续发展。

（一）用户层面的问题

1. 盲目提交申请

有些用户不清楚自己需要的文献，仅根据文献的题名等信息就盲目提交申请，造成文献资源的浪费。

2. 提交申请信息不全或有误

有些用户提交的申请信息不全甚至有误，需要工作人员花费大量的时间、精力来查证和补充文献信息，从而延长了文献处理的时间，降低了文献传递服务的效率。

（二）文献源层面的问题

1. 目前国内联合目录普遍存在馆藏信息更新不及时、揭示不全面、数据不准确的现象，给用户造成了一定的麻烦。

2. 文献检索是文献传递工作的重点和难点，因此实施科学化、功能人性化、操作简单化的联机查询系统对于文献传递服务是非常必要的，但现实情况是，目前的联机查询系统还需要进一步完善。

（三）服务层面的问题

1. 通常文献传递需求是由用户以申请的形式来提交的，因此这中间可能会涉及用户注册、提交申请、信息检索、填写申请表等环节，而收费方式、服务流程、传输模式等都需要用户花费精力去学习和熟悉，那么就需要图书馆通过大范围宣传和定期培训来帮助用户了解和使用文献传递系统。如果服务不到位，将会影响文献传递工作的效率。

2. 文献传递服务是资源共享背景下协作的产物，因此各协作点有很强的关联性。如果馆员经常发生变动，各个协作点的联系就会松动，整体服务效率也会降低。另外，文献传递工作中需要进行文献检索和使用检索系统，因此馆员能力不足也会影响文献查准率和传递效率。

三、大数据时代，高校图书馆文献传递与馆际互借服务探索

随着信息技术和网络化进程的到来，似乎人们获取文献的途径很多，获取方式也越来越简单，但事实上，随着大数据时代的到来，信息数量激增，人们容易面临信息过载的问题，需要花费更多精力筛选和评估信息，从而增加了文献阅读和搜索的复杂性。另外，文献资源还存在版权和付费问题，一些高质量的文献资源仍然需要付费获取，特别是一些权威性的出版商和数据库，这对于个人用户、学术机构和一些资源受限地区而言，可能会限制他们获取到全面的文献资源。文献传递和馆际互借作为图书馆的创新信息服务模式，应紧跟大数据时代，向多元化发展，探索新的服务内容和服务方式。

（一）数据化服务

随着大数据技术的发展，高校图书馆文献传递服务将更加注重对于读者的数据化服务。通过分析用户信息需求，高校图书馆可以为用户提供个性化、定制化的服务，如提供更有针对性的文献传递服务。同时，高校图书馆还可通过互联网技术和数据挖掘技术等手段，将海量的数字文献内容整合和清洗，提供更丰富和全面的个性化信息服务。

（二）自动化服务

高校图书馆在文献传递服务方面也将逐渐实现服务流程的自动化。如自动借阅、自动还书、自动提醒和自动归还等环节，可以大幅度提高服务效率、提高服务质量、缩短烦琐的借阅流程时长。高校图书馆还可以采用智能机器人等技术自动处理用户申请、查询相关电子文献并进行推荐等服务。

（三）开放式合作平台

未来高校图书馆将更加注重开放和合作，建立数字图书馆和信息资源共享平台，促进文献资源的共享、馆际互借等活动，建立起有效的公共信息服务平台和知识共享平台，为学术和科研工作者提供可持续和便捷的研究数据和文献资源。

（四）提高数字化服务能力

高校图书馆将在文献传递服务方面，加强数字化服务能力建设，加强与出版社、数据库和在线图书馆的合作，扩大数字化图书馆的规模和范围；还将加强对数字资源的收集、整理、共享和利用，提高数字资源的开放和利用率。这些实践和探索将推动高校图书馆文献传递服务的提升，提高服务质量、效率、开放共享，一方面可以提升用户体验；另一方面，也将大大增强高校图书馆在数字资源整合、文献检索和知识推广方面的实力，推动数字化资源服务的发展。

第四章　科技查新

科技查新是基于科技文献、专利等相关公开出版的信息进行的一项为科学研究项目评价服务的信息咨询服务，即由查新机构的查新工作人员根据查新委托人提供的需要查证其新颖性的科学技术要点和查新点，按照一定的操作规范，形成查新结论，并出具查新报告的信息咨询业务。

第一节　科技查新概述

一、科技查新的由来及发展

（一）科技查新的由来

1985 年之前，评价科技成果主要是依靠同行专家评议和生产实践效益来证明，而同行专家评议基本上属于“经验评价”范畴，有一定的局限性。随着科技的快速发展，专业细化，学科交叉、渗透和融合，同行专家很难全面认识和了解所有需要评审的课题和成果，评价的客观性和公正性也就无法得到保证。20 世纪 80 年代，国内的经济和文化发展刚刚起步，引进的外文文献有限，且文献检索系统基本上处于手工检索阶段，查找文献费时费力。评审专家由于时间和精力的限制，获取的国内外文献有限，客观上容易造成科研项目的重复立项和低水平研究。为了弥补专家们对科技信息掌握不足的缺陷，业界提出把“情报评价”引入成果管理，为专家评议提供全面准确的“鉴证性客观依据”。

（二）科技查新的发展

1985 年，国家卫生部把部级招标项目交由中国医学科学院情报所进行查新预审，开启了医药卫生专业查新的序幕。同年，《中华人民共和国专利法》实施，专利检索成为国家发明奖评审的必要条件。1990 年，国家科委从 20 多家申请机构中授权了 11 家机构为一级查新单位，标志着我国科技查新工作正式起步。2000 年 12 月科技部发布了《科技查新机构管理办法》和《科技查新规范》（国科发计字〔2000〕544 号），自 2001 年 1 月 1 日起施行，标志着我国科技查新工作逐步步入法制化的轨道。2003 年 2 月 27 日，国务院取消了部分行政审批项目，包括“科技查新机构业务资质认定”项目。此后，科技部停止了对科技查新机构的进一步规范管理和认定工作。

教育部为规范所属高校科技查新站的管理，制定了《教育部科技查新机构管理办法》，并于 2004 年 4 月 13 日发布了《关于进一步规范教育部科技查新机构工作的意见》（教技发厅〔2004〕1 号），对科技查新机构资质的认定和管理等方面的规则做了明确的规定。教育部科技发展中心于 2009 年 6 月 15 日出台了《教育部科技查新工作站查新报告撰写规范（试行）》，用于指导撰写教育部科技查新工作站出具的查新报告。在充分征求专家意见和建议的基础上，经认真研究和讨论于 2013 年 4 月 27 日发布了《关于规范教育部科技查新工作站查新报告撰写的通知》（教技发中心函〔2013〕44 号），明确规范了教育部查新站查新报告的撰写。为贯彻落实《国务院关于加快科技服务业发展的若干意见》（国发〔2014〕49 号），进一步加强对高校科技查新机构的业务监管与指导，规范查新机构的行为，保证科技查新工作的质量，促进高校科技查新机构健康发展，为科技创新工作提供有力支撑，更好地服务于国家创新驱动发展战略，教育部科技发展中心于 2015 年 12 月 8 日颁布了《关于规范高校科技查新工作的意见》（教技发中心函〔2015〕146 号），指出高校科技查新机构（查新站）的设置与日常管理由所在高校负责，所在高校负责制定相关管理办法。教育部科技发展中心具体负责高校科技查新工作及科技查新机构的整体监督、指导和协调。自此，教育部也不再审批新的查新机构，但还会继续对查新机构进行年检制度和抽查制度，不定期进行查新员和审核员培训。

（三）医药卫生科技查新的发展

医学科技查新是医学信息服务工作的一部分。1984 年，国家卫生部在课题招标时，要求各申报单位在提交材料的同时需提供查新证明。中国医学科学院医学情报研究所于 1985 年率先开展科技查新工作，随后各医学院校相继开展了医药卫生方面的科技查新工作。1990 年，卫生部成立医学信息管理委员会办公室。1991—1993 年，经过书面调查和实地考察，从全国 29 家申请单位中确立了 21 家单位作为卫生部医药卫生科技查新咨询单位，并修订了《卫生部医药卫生科技项目查新咨询工作暂行规定》及《实施细则》。1993—1996 年进行了三次全国性查新培训、一次全国性的查新研讨会，并于 1998 年成立了卫生部查新咨询专家委员会。我国的医药卫生科技查新工作从 20 世纪 80 年代开展至今，已经 30 多年，为医药卫生相关专业科研立项、成果鉴定、成果转化等提供了客观文献依据。

二、科技查新机构

我国的科技查新机构分属于不同的部门，这些部门各自在《科技查新规范》和《科技查新机构管理办法》框架下，制定适合本部门的科技查新管理细则。

（一）科技查新机构的分类

我国的查新机构按照查新内容和服务对象不同，分为综合性查新机构、专业性查新机构和高校系统查新机构。

1. 综合性查新机构

综合性查新机构包括国家级和省、市级图书情报机构。由于综合性科技查新机构多属于综合性的科技情报部门，其收藏的信息资源类型丰富、载体多样，信息资源丰富与否直接影响了科技查新范围和报告质量。因此，综合性查新机构受理的查新项目专业范围广、数量多，有较高的文献保障率。与其他类型查新站相比，综合性查新机构的查新员数量较多，查新员的专业范围更广。

2. 专业性查新机构

专业性查新机构主要由各部委的情报中心及审批的行业性的查新机构，也包括原国家科委批准的一些专业性国家一级查新机构。如最早授权的 11 家中有 6 家为专业查新机构；原卫生部批准授权的 32 家医学查新机构；国家中医药管理局批准的 18 家中医药类查新机构。

专业性查新机构多属于各部委设立的，拥有丰富的行业信息资源，且专业性查新机构的查新人员通常具有良好的专业素养。所以，专业性查新机构对于本专业的查新项目具有一定的优势。

3. 高校系统查新机构

高校系统查新机构包括教育部和各部委批准的所属高校图书馆。2003—2014 年，教育部共批准了 102 所教育部科技查新工作站。高校系统查新机构拥有本校进行教学科研所需的丰富的文献信息资源，包括国内外综合性数据库和专业数据库，联机检索系统及自建特色文献数据库等。

(二) 查新机构的认定

1. 国家一级查新站的认定

国家科委于1990年10月印发了《关于推荐第一批查新咨询科研立项及成果管理的情报检索单位的通知》(国科发情字〔1990〕800号),首批授权了11家。1994年,第二批15家。1997年,第三批12家。至此,全国共有38个科技信息机构获得了一级查新单位资格。自2000年后,科技部对科技查新不再进行资格认证,而是转为主要由行业所和教育部进行认证。

2. 教育部查新站的认定

教育部于1992年开始科技查新机构认定工作,1992年和1995年,分别在直属高校中设立了15所“高等学校科技项目咨询及成果查新中心工作站”。2003年,教育部对所属高校重新进行了科技查新资格认定,分别于2003年、2004年、2006年、2008年、2010年、2012年、2014年份七批设立了102所教育部科技查新工作站,详见表4-1所列。

表4-1 教育部科技查新工作站统计表

	2003年	2004年	2006年	2008年	2010年	2012年	2014年	总计
综合类	12	0	1	1	1	0	1	16
理工类	16	12	10	4	6	3	13	64
农学类	1	1	2	4	2	1	2	13
医学类	0	1	1	1	2	2	2	9
总计	29	14	14	10	11	6	18	102

按查新类别统计为:

综合类(19所)

北京大学(Z01);复旦大学(Z02);华中科技大学(Z03);吉林大学(Z04);四川大学(Z05);山东大学(Z06);武汉大学(Z07);西安交通大学(Z08);浙江大学(Z09);中山大学(Z10);中南大学(Z11);郑州大学(Z12);苏州大学(Z13);上海交通大学(Z14);暨南大学(Z15);河南大学(Z16);南京大学(Z17);兰州大学(Z18)、宁波大学(Z19)。

[注:2014年,南京大学(原L10)、兰州大学(原L09)、上海交通大学(原L12)由理工类查新站升级为综合类查新站;宁波大学(原GN01)由工学/

农学类查新站升级为综合类查新站。]

理工类（61 所）

北京科技大学（L01）、重庆大学（L02）、东北大学（L03）、东南大学（L04）、大连理工大学（L05）、华东理工大学（L06）、湖南大学（L07）、江南大学（L08）、清华大学（L11）、天津大学（L13）、同济大学（L14）、厦门大学（L15）、中国海洋大学（L16）、中国地质大学（武汉）（L17）、北京师范大学（L18）、华东师范大学（L19）、华南理工大学（L20）、南开大学（L21）、福州大学（L22）、内蒙古大学（L23）、东北师范大学（L24）、南昌大学（L25）、深圳大学城图书馆（L26）、北京理工大学（L27）、南京理工大学（L28）、西北工业大学（L29）、北京化工大学（L30）、合肥工业大学（L31）、昆明理工大学（L32）、北京工业大学（L33）、北京交通大学（L34）、北京体育大学（L35）、长沙理工大学（L36）、常州大学（L37）、广州大学（L38）、哈尔滨工业大学（L39）、河南科技大学（L40）、南京信息工程大学（L41）、太原理工大学（L42）、新疆大学（L43）、盐城工学院（L44）、浙江工业大学（L45）、长安大学（G01）、河海大学（G02）、华北电力大学（G03）、中国矿业大学（G04）、东华大学（G05）、江苏大学（G06）、南京航空航天大学（G07）、山东科技大学（G08）、武汉理工大学（G09）、西安电子科技大学（G10）、燕山大学（G11）、上海海事大学（G12）、广东工业大学（G13）、南京工业大学（G14）、陕西科技大学（G15）、西南交通大学（J01）、电子科技大学（D01）、石油大学（北京）（SH01）、石油大学（华东）（SH02）。

农学类（13 所）

中国农业大学（N01）、东北林业大学（N02）、南京农业大学（N03）、西北农林科技大学（N04）、福建农林大学（N05）、海南大学（N06）、华中农业大学（N07）、西南大学（N08）、华南农业大学（N09）、扬州大学（N10）、湖南农业大学（N11）、云南农业大学（N12）、广西大学（LN01）。

医学类（9 所）

北京中医药大学（YZH01）、广州中医药大学（YZH02）、南方医科大学（Y01）、天津医科大学（Y02）、遵义医学院（Y03）、广东医学院（Y04）、新疆医科大学（Y05）、安徽医科大学（Y06）、温州医科大学（Y07）。

[注：字母 Z 代表综合类；L 代表理学类；G 代表工学类；J 代表交通运输学科；D 代表电子信息学科；SH 代表石油石化学科；N 代表农学类；LN 代表理工农类；Y 代表医学类；YZH 代表中医学与中药学学科。]

3. 其他部门认定的查新机构

1988 年，国防科技发明奖评审委员会确定了第一批国家发明奖国防专用项目的查新单位（试行）。自 1992 年至 1997 年，各省市科委及国务院各部委陆续认定了自己的二级查新机构。据不完全统计，全国已认定的查新机构总数超过 300 家。在这些查新机构中，医药卫生领域的查新单位因其特殊的专业要求而与综合性查新机构有所区别。医药卫生科技项目的查新咨询不仅是医药卫生科技管理的关键环节，还具备政策导向、科学性和技术性的特征。

4. 原卫生部医药卫生科技查新单位的认定

1987 年，卫生部设立情报咨询委员会，呼吁建立全国医药卫生查新咨询体系。1990 年 12 月，卫生部信息工作委员会成立。1992—1993 年，医学情报专家对全国 6 大区 29 家机构实地调研后，提定点查新咨询单位建议。1992 年 7 月，卫生部发布医药卫生科技查新工作规定。1993 年 11 月，公布首批查新咨询单位，并培训查新人员。1993－1996 年，查新咨询工作发挥科研服务作用，但因业务素质参差，卫生部要求重新考核查新单位。1997 年，卫生部编制查新咨询工作细则，规定查新单位设施、资源、管理制度。1998 年增加第二批查新单位，成立专家委员会。1999 年又增第三批单位。至 2006 年底，卫生部查新单位共 32 家。

5. 科技查新咨询行业协会的推出

随着科技的不断进步，查新咨询的重要性日益凸显。但这一过程中涌现出多项挑战，如资质的认证、业务规范的监督以及查新质量的控制等，都成了行业的热点问题。为了有效应对这些挑战，2004 年底，科技部出台了《科技部关于全面推进科技管理依法行政的意见》，旨在明确科技管理改革的方向，特别是对科技查新机构的资质认证等方面，强调了行业协会的支持和组织作用，并指出制定行业服务标准和规范的重要性，这标志着我国查新咨询行业管理正向规范化、市场化方向发展。

第二节 科技查新的基本知识

一、科技查新的定义

科技查新在各个历史时期，基于不同角度和不同认知，曾给予其不同的定义。

2015年颁布的《科技查新技术规范》（GB/T 32003－2015）中对“科技查新”的定义为：以反映查新项目主题内容的查新点为依据，以计算机检索为主要手段，以获取密切相关文献为检索目标，运用综合分析和对比方法，对查新项目的新颖性作出文献评价的情报咨询服务。

二、科技查新的性质

科技查新是为科学研究与科技管理提供的信息咨询服务，主要服务于科研立项、成果鉴定、成果转化、报奖、新药报批和专利申请等方面。科技查新是科学研究与科技管理的重要组成部分，具有科学性、技术性和政策性。

（一）科技查新与查收查引的异同

查收查引是对具体文献的收录和引用情况进行描述，仅提供委托人需要查找的文献线索或具体文献，对检出的文献不进行分析和评价，其目的是为委托人提供文献依据。

科技查新是通过文献检索，将检出的文献与查新点进行对比分析，对项目的新颖性做出判断，并撰写查新报告，其目的是为科研单位、科研管理部门及相关的评审机构提供鉴证依据。

由此可见，科技查新属于信息咨询范畴，其相关的技术要求、操作规范、质量标准，以及具有情报研究性质的查新结论都有别于文献的收录与引用。此外，科技查新还具有一定的政策性和技术法律责任，这也是文献检索所不具备的。

（二）科技查新与专家评审的异同

科技查新是以检出文献来对项目的新颖性做出结论。科技查新可为评审专家提供文献分析及查新结论，是间接为科研立项、成果鉴定与评审、成果转化及其相关的科技活动提供信息咨询服务，不是评审结论。查新机构所具有的信息资源、查新人员所具备的文献检索能力和信息服务水平，是以主观判断为主的评审专家的重要客观补充，所以评审专家无法取代科技查新工作。

专家评审主要是依据专家本人的专业知识、实践经验及所了解的专业信息，对被评对象的创造性、先进性、新颖性、实用性等做出审查及评价，直接为科研立项、成果鉴定与评审、成果转化及其相关的科技活动提供鉴定意见。查新人员不具有评审专家对科研项目综合分析及判断的能力。

由于专家评审主观性较强，科技查新的结论可以作为专家评审的有益补充。评审专家与科技查新工作有机结合，互为补充，才能准确、客观地评价科技项目，为科技管理部门提供具有科学价值的参考依据。

（三）科技查新与论文查重的异同

科技查新常常在项目立项、成果鉴定、奖项申报等阶段使用，主要是为了帮助科研人员了解某一领域内已有的研究成果，避免重复研究，从而找到已有的知识空白，从而指导自己的研究方向和内容。而论文查重旨在检测一篇论文或专著中是否存在抄袭、剽窃或未经引用的情况，确保学术诚信和原创性。论文查重通常通过专门的查重软件或在线平台，如 Turnitin、知网、万方、维普等的学术不端检测系统，这些工具会对待检查的论文与已有的文献进行比对，标出相似度较高的部分。

（四）科技查新具有鉴证性

科技查新的鉴证性体现在科技查新报告是一种公正性的技术文件，它在科研立项、成果评定中起着把关的作用，独立、客观、公正是科技查新报告的生命。科技查新报告应客观反映查新课题的真实情况，充分体现鉴证性。

三、科技查新原则

（一）基本原则

1. 文献依据原则

科技查新的过程以公开发表的文献来评估待查项目的新颖性，不涵盖“已经公开使用”的情况和“通过其他途径公开”的情形。

2. 公正原则

在执行查新任务的过程中，查新机构应保持客观中立的立场，严格按照《科技查新机构管理办法》与《科技查新规范》的规定，公正处理每一项查新委托，不应该因为接受了查新服务费用或其他任何理由，而对委托方有所偏向或妥协。同时，参与查新咨询的专家也不应该因为获取咨询费而对查新机构做出让步。

3. 客观原则

查新机构有责任根据公开的文献资料，公正无私地完成委托方的查新任务。查新报告里所有的分析内容、对技术特征的描述、分析比较及得出的结论，都必须基于已公开的文献，并且要真实反映事实，绝不允许掺杂任何个人主观偏好。

4. 独立原则

查新活动应保持独立性，排除包括行政机关、社会组织、各类公司及个人，以及委托查新的主体的任何影响或干扰。查新实施主体，包括查新机构、查新员、审核员和查新咨询专家，都应是与查新项目无任何利益冲突的第三方；他们必须遵照相关的法律法规和标准，独立进行查新工作且应提供独立的查新咨询意见。

（二）单一性原则

一项查新工作应专注于单一主题。仅当多个主题紧密联结，且共享一个无法分割的特定技术属性时，方可在同一项查新工作中一同考虑。

（三）新颖性判断原则

科技查新的新颖性是指在查新委托日期之前，查新项目所涉及的全部或部分内容尚未在国内外出版物中公开。因此，确定查新项目是否新颖的依据，是其信息是否已经通过“出版物公开”渠道被披露。“出版物公开”是指将科学技术内容刊载在出版物上并将其公开。这里的出版物包括传统出版物、电子和数字化出版物。

科技查新的“新颖性”的判断原则如下。

1. 相同排斥原则

在查新中，对“同样的项目”采取“相同排斥原则”。查新项目的科学技术领域和目的相同，技术解决手段实质上相同，预期效果均与现有科学技术相同，那么，该项目缺乏新颖性；反之，则新颖性成立。

2. 具体（下位）概念否定一般（上位）概念原则

在科学技术领域的特定主题下，若较为具体（细分）的概念已被公开，则可导致更一般性（宽泛）的相关查新项目失去新颖性。例如，如果已有的文献公开了某种产品是“由铜制造”的，那么关于“由金属制造的同款产品”的查新项目便不再具备新颖性。然而，如果公开的情况是反过来，即公开的信息只涉及一般性概念，如产品是“由金属制造”的，这并不足以影响那些关于“由铜制造的同款产品”的查新项目的新颖性。

2. 突破传统原则

“突破传统原则”通常用于数值范围的判断，主要是指若在现有技术中公开的某个数值范围是为了告诫所属技术领域的技术人员不应当选用该数值范围，而查新项目却正是突破这种传统而确立该数值范围。那么，该项目具有新颖性。

3. 单独对比原则

所谓的“单独对比”方法是指在进行查新分析时，将查新点仅与单一已公开的文献中相应的信息进行比较。不允许将一个查新点与多篇文献中的信息混合对照，也不要求单一文献必须全部涵盖所有查新点才能进行对比。

通常情况下，由委托项目成员发表的文献不会轻易质疑项目的新颖性。因此，在报告中可以这样阐述：除了来自委托项目成员的文献之外，未见其他任何发表的文献与该项目的查新点内容相同。

4. 惯用手段的直接置换否定原则

在判断查新项目的新颖性时，如果项目与对比文献的不同之处只是将技术领域中常规方法直接替换为另一种，则不具有新颖性。

（四）回避与保密原则

1. 回避原则

从事查新工作时，查新机构必须严格遵守以下工作要求，避免利益冲突。

（1）查新机构及其查新人员和审核人员均应该与要查新的项目保持独立，避免任何可能的利益冲突。

（2）查新机构在接受内部查新任务时，不应对外提供查新报告。

（3）在指定查新人员和审核人员参与相关工作时，查新机构应遵循如下原则，以避免利益冲突。

① 不应指派那些在查新委托单位、成果完成单位、成果使用单位或负责科研项目的单位中的工作人员，或离职不超过两年的人员来进行查新工作；

② 不应指派那些拥有查新任务的委托单位、成果完成单位、成果使用单位或科研项目主管单位的股份、债券或在这些单位拥有其他经济利益的人员来进行查新工作；

③ 不应指派与查新项目可能存在利害关系的其他相关人员参与查新工作。

2. 保密原则

保护查新委托人的知识产权，禁止非法获取、使用，或者对外泄露、转让查新委托人的科研成果。除了经查新委托人授权的个人（或机构）及法律和规章允许的第三方外，查新机构和工作人员不应向其他任何人透露查新项目中的技术机密和查新的结果。

四、科技查新质量的影响因素

（一）查新人员的素质和业务水平

查新员是指具有中级（含）以上专业技术职称和查新资质，负责查新全部过程的查新人员。查新人员的综合素质和专业水平对查新质量起着至关重要的作用。因此，查新员除应具有基本条件外，还需具备信息检索能力和检索技巧，了解和熟悉查新所用的各种检索系统的特性、功能、数据库标引规则及词表结构；具备较强的分析、综合、归纳能力；具备较强的知识交流和启发能力，能与委托人就查新事宜进行充分而有效的交流和沟通；具备较强的文字组织能力和写作能力，能独立撰写符合规范要求的科技查新报告；查新员还需要有学习新知识的能力。

审核员是查新审核员的简称，是指具有高级专业技术职称和查新资质，负责审核查新员所做的查新工作是否规范，并向查新员提出审核意见的查新人员。审核员是查新质量的最后把关人，除了应具备基本条件外，还应有更高的素质要求。首先，审核员接触的查新项目比查新员更多，除了具备查新员的素质外，还应具备更宽广的专业基础知识面、快速学习能力和情报分析能力，这样才能起到真正的把关作用。其次，审核员应具备更强的沟通能力、组织管理能力及亲和力，实现与委托人及查新员的有效沟通。当查新员与委托人意见不一致时，需要审核员出面协调。

另外，合格的查新员和审核员还应具备以下素质。

1. 合格的查新员和审核员应具备较好的道德修养

道德是人类在社会生活中为了调整人们之间、个人与社会之间的关系，依靠社会舆论和传统习惯、内心信念所维系的行为规范；是区分善恶、荣辱、是非的评价标准；是人们在长期社会发展实践中逐渐形成和发展起来的。

2. 合格的查新员和审核员应具备较好的文化修养

人的基本素质包括思想道德素质、文化素质、专业素质和身体心理素质，其中文化素质是基础。文化是指人类在社会发展中所创造的精神财富的总和，文化知识是人类认识世界和改造世界的重要工具。

3. 合格的查新员和审核员应具备一定的法律知识

查新员在科技查新活动中必须掌握有关的国家法律、法规和规章等方面的知识。

4. 合格的查新员和审核员应具备较高的查新业务水平

如积极参加培训班学习，多学习一些新的检索技巧和方法；向同行学习和请教，多进行技术交流；加强与查新委托人和查新咨询专家的交流；注意提高和拓宽知识面。

5. 合格的查新员和审核员应不断提高自己的查新水平

如查新过程中做好记录，与委托人进行有效的沟通和正确的表达，经常参加有关部门组织的业务培训等。

总之，合格的查新员和审核员必须在职业道德、文化修养、法律知识及业务水平等多个方面苦练内功、提升能力，必须始终将查新质量放在首位；出具的查新报告要体现报告的完整性、关键词的涵盖性、检索策略的合理性、文献资源的权威性、相关文献的充实性及结论的客观公正性，以专业获得尊重，打造科技查新的“工匠精神”。

（二）文献资源的保障程度

文献是指记录有知识的一切载体。查新所需的文献资源包括纸质资源（图书、期刊、工具书等）、电子资源、数字资源（中文数据库、外文数据库、自建特色数据库等）、网络资源等。

在科技查新中，文献资源是基础。如果没有充分的文献资源做保障，科技查新将是无源之水、无本之木。查新的基本要求是在查全的基础上查准，而查全的保障是要有足够的文献资源。对各种类别和研究领域的查新项目一般都需要查询10～15年时间跨度内的文献。丰富全面的文献资源保障能力是查新机构高质量完成查新任务的重要保障。数字型文献具有收录范围广、更新及时、检索快捷等优势，已成为文献资源的首要形式。因此，查新机构必须具有具备开展所属专业范围内查新业务所必需的国内外网络资源数据库、光盘数据库和网络搜索引擎等数字文献资源，且文献资源收录时间范围达到至今15年以上。查新检索除利用检索工具书和数据库外，必要时还需补充查找与查新项目相关现刊及工具书，如手册、产品目录、年鉴等。

（三）科技查新机构的管理水平和规章制度

科技查新机构承载着科技查新业务，其管理水平的高低直接决定了科技查新质量的好坏。因此，对查新机构的规范管理是提高查新质量的主要途径。

首先是对查新相关人员的管理。科技查新工作中起重要作用的是查新员，因此要重视查新人员的选拔、培养。一般情况下，一个查新站起码要有3名以上（含3名）专职查新人员，其中具备高级专业技术职称人员不少于1名，还要设置与查新业务相适应的专兼职查新员若干，并配备查新咨询专家。

其次，建立健全严格的管理制度是科技查新工作站各项工作顺利开展的根本保证，包括查新委托制度、收费管理制度、科技查新工作流程、查新工作实施细则、查新人员岗位职责、查新工作保密制度、查新档案管理制度、查新员互审制度、咨询专家问询制度、查新激励机制、用户反馈制度等。

最后，使用科技查新管理服务平台，提高查新站的服务质量和管理水平。

（四）科技查新报告的质量控制

科技查新报告的质量控制涉及科技查新工作中的每一个环节，将在后面章节具体介绍。

（五）科技查新审核制度

审核机制是确保查新工作质量的关键环节，它在提升查新报告质量方面发挥着至关重要的作用。因此，对科技查新报告进行严格审查是保障查新质量的关键步骤。负责审查查新报告的人员承担着最终权威性的质量把关角色，他们的责任是确保每一份查新报告都符合最高的质量标准。审核人员必须具备极强的责任心、职业精神和科学的工作态度。为此，需要加强审核体系的建设，严格执行查新质量的审查程序。审核人员应当自查新流程启动之初即参与到整个查新活动中，综合全局掌控查新流程，并严格审视报告的格式和结论的严谨性、客观性；还需确切理解查新的关键点和查新人员所呈现的结论思路，准确评估文献检索和查新结论的正确性与信赖度，以减少在报告最终审查阶段与查新人员之间的意见差异和修订次数，从而确保科技查新报告质量。

五、科技查新的作用

（一）为科研课题选择和立项提供客观依据，避免重复研究

研究人员在项目立项前通过查新，可以了解国内外相关科学技术的发展水平、研究开发方向；是否已研究开发或正在研究开发；研究开发的深度及广度；已解决和尚未解决的问题等，为所选课题是否具有新颖性进行判断提供客观依据。防止重复研究开发而造成人力、物力、财力的浪费和损失。

（二）为科研人员进行研发提供可靠信息

研究显示，科研工作者在查阅文献上的时间投入大约占据了他们工作量的一半。借助专业查新员进行的查新活动能显著减少科研工作者在检索文献方面的时间消耗。查新服务机构拥有广泛的信息资源和高效的检索系统，以及掌握了精湛检索技巧的人员，这使得机构能够提供全面的、从初步文献到深度文献的服务。科技查新作为一项基于文献检索的信息咨询活动，它不仅能为科研项目提供关于新颖性的评判，还能够供给科研人员海量的文献资料。

（三）为科技成果的鉴定、评估、验收、转化、奖励等提供客观依据

科技查新为科技成果的鉴定、评估、验收、转化、奖励等提供客观的文献依

据。科技查新报告作为专家评审的有益补充，已经成为我国各部门进行科技成果鉴定等工作的审核材料之一。

六、现阶段科技查新的环境变化及带来的挑战

（一）科技查新环境的变化

1. 信息传播渠道趋于多样化。
2. 学科之间的交叉融合逐渐增多。
3. 科技和产品的更新周期不断缩短。
4. 用户情报能力越来越强。
5. 用户查新需求多样化。
6. 信息资源垄断与反垄断的博弈加剧。

（二）科技查新面临的挑战

1. “出版物公开”含义的扩展

网络具有信息发布成本低、用户面广、传播及时、互动反馈等特性，而这些特性使它成了科技信息传播的重要渠道，Springer、Elsivier、CNKI、维普等网络数据库就是在这种背景下发展起来的。除了传统数据库通过网络提供服务之外，纯网络出版，特别是信息资源垄断与反垄断的博弈所引导的开放获取运动发展，使网络正在成为科技信息的第一发布渠道。网络出版的发展极大地扩展了“出版物公开”的含义。

“出版物公开”是科技查新确定其查新检索范围的重要依据。随着“出版物公开”含义的不断扩展，科技查新的思路需要进行及时调整。

2. 科技信息资源建设成本增加

科技信息资源建设的完备性是保证查新结论的客观性的前提。但是，科技信息资源垄断的加剧导致了查新机构资源建设成本的增加。集团化经营正在成为科技信息出版机构的一个重要发展方向。如美国 20 世纪 60 年代大部分出版社是小公司，到 70 年代中后期，这些小公司被大企业集团兼并，从 1983 年的十大集团到如今已合并为 6 家。集团化的发展导致了企业对科技信息的垄断，而垄断直接导致了科技数据库价格的上涨。

3. 查新咨询人员的知识结构和检索技能面临挑战

跨学科的科学研究将成为 21 世纪科技创新的重要内容。对于查新咨询人员来说，服务于交叉学科的科技查新，需要复合型人才；同时，也需要他们制定出

合理的检索策略，以全面地覆盖查新项目的创新内容。

查新用户的信息检索能力、情报获取能力越来越强，需要查新咨询人员不断提升情报素养和情报获取、分析、处理能力，以满足科研人员更深层次的情报需求，更好的为科研开发提供可靠信息、为课题选择和立项提供客观依据。

4. 查新咨询人员的应变能力面临挑战

随着科技创新的飞速进展，科学技术及其产品的迭代更新速度愈发加快。这样的快节奏创新向查新咨询人员提出了新的挑战，涌现的新术语和新原则层出不穷，咨询人员在制订有效的查新方案之前必须先对这些新概念进行充分理解和掌握，以确保查新结果的中立性与准确性。在近年来，从国家层面到地方，对科技创新的扶持力度持续增强，资助科研项目和科技成果的方式变得更加多元，这导致了科技查新的客户需求变得更加多样和复杂。

第三节　科技查新的类型与特点

一、科研立项查新

科学研究的成功很大程度上依赖于科研项目的立项质量。在立项阶段，通过对项目的前沿性、创新性和实际应用价值进行深入分析评估，是实现科研资源高效配置、确保国家科技发展战略顺利推进的关键一步。科研立项的目标在于争取政府和相关部门的资金支持，此过程通常涉及科研管理机构组织专家对项目进行审查。尽管这些专家在各自领域内具备丰富知识，但面对日益细化和交叉的学科领域，挑战仍然存在，特别是在全面掌握各个研究主题的详细情况方面。由于时间和能力的限制，专家不可能全面审阅过去十到十五年间发布的所有相关期刊文章、研究报告和专利文献。在这种情境下，立项查新服务为科研立项的负责人员和评审专家提供了一种客观的文献评估手段，有效地展示了项目在国内外的研究现状，帮助避免资源浪费和研究上的重复。科研立项查新覆盖了从博士、硕士开题到各类基金和计划申报的广泛需求。

（一）科研立项查新的特点

1. 背景资料掌握不够充分

科研立项查新是探究较为前沿的研究议题的关键环节。尽管科研人员对其领域拥有基本的认识，但这种认识往往不够全面。他们依靠有限的文献资源和个人理解来规划研究计划，导致对项目背景的理解可能并不深入，所提供的关键词和科学技术内容可能不够精确。在查新过程中，申请人可能需要根据初步的查新结果调整项目的名称、研究内容或查新点，这要求查新人员不仅需具备专业知识，还应具有良好的沟通能力，最好是由经验丰富的查新专家与申请人沟通，并基于文献检索结果，为确定项目的研究方向提供指导，确保查新工作的顺利进行。

2. 研究目的不太明确

在某些情况下，申请人对其项目的目标设定较为宏大，希望在多个领域实现科研突破，结果却是创新点过于分散，这对查新过程及查新报告的编写极为不利。这一问题特别常见于科研机构申请国家级重点科研基金项目的场景中。在这种情形下，查新人员需要与申请人紧密合作，共同识别项目的主要和次要创新点，以便明确项目的查新点。

3. 研究内容不够具体

科研立项是一项准备开展的科研工作，科学技术要点和技术路线图都是委托人设想的、拟完成的技术指标和路线，与科研成果是已经或部分完成的科研项目，其并不具有特定的技术指标、技术路线。这种研究内容的不确定性也给查新人员理解查新项目带来一定的困惑。

（二）科研立项查新注意事项

1. 熟悉国家、部委及省市各相关基金立项工作的特征

随着国家对科技工作的重视，科研经费和资助项目日益增多。不同的科研经费用途不同，而且对查新项目的要求侧重点也有所不同。掌握立项申报情况不仅可以同委托人更好地进行沟通，而且可以根据基金申报时段合理安排好查新业务。现行大多数基金申报时都不强制要求科技查新，而由委托人自己选择是否进行科技查新。

2. 按照学科分类指定查新员

现代自然科学分类越来越细，根据查新员的学科专业背景分配查新任务有利于保证查新质量，节省查新时间。

3. 与委托人建立沟通机制

查新员在初步预检索后，往往发现部分立项项目已有他人从某个侧面进行了某种程度的相关研究，或取得了科研成果，这时候有必要将这些信息反馈给查新委托人，以便查新委托人采取措施，如变更研究内容等。此外，与查新委托人的

适当交流也有利于查新员把握项目内容，从而保证查新结果的有效性。

4. 适当放宽检索年限

在科技发展史上，某项技术从发现、成熟到应用几经沉浮的现象非常多见。尤其是对于我国有些科技领域还处于发展跟踪阶段，甚至在某些领域国外 20 世纪 60～70 年代的科学技术文献仍具有价值，这时就需要放宽检索时限，才能获得较好的检索结果。

5. 检索已立项的科研基金项目库

国家自然科学基金已建立历年申报的科研项目库，通过检索，查新员可判断委托项目是否与已立项的项目类似，为委托人和科研决策机构把好关。

6. 正确评价查新在科研立项决策中的作用

科研立项包含课题申请、查新委托、专家评审、管理部门决策等环节，受到多种因素的影响。因此，了解申报课题的国内外研究现状，对申报课题在该领域的地位做出评判，是科研立项决策的基础。

查新委托人申请查新时，需要提供研究项目的内容要点、关键技术和主要指标，特别是关于项目的创新点，需简要地阐明国内外该领域的研究现状。查新人员应尽量提供全面、客观的文献信息，通过对比分析进行新颖性评价；评审专家根据基金申报书内容、查新报告、个人专业知识等多角度进行综合评判。因此，查新工作在科研立项决策中虽然只是一项基础性的文献调研工作，但其具有一定的决策作用。

（三）查新报告结论

进行立项科技查新，其重点在于对比拟进行的科研课题思路是否已有研究，相关研究涉及哪些方面的研究。查新报告结论不仅要进行对比分析，而且对比分析之前，如能依据文献检出情况以最简明扼要的文字说明相关内容的研究现状与趋势，则有利于评审专家把握课题水平。

二、科技成果查新

成果查新包括成果鉴定和申报奖励等要求的查新。

（一）科技成果查新的特点

一般申报科技成果查新时，由于其研究工作已经完成，因此较科研立项查新具有研究背景材料翔实，研究目标明确、研究内容确切等特点，查新委托人能全面提供检索词和创新点。但也存在查新委托人因惧怕查新员查出与该项目重复的成果，丧失其新颖性，而有意不提供或改换主要项目关键词的情况。

（二）科技成果查新注意事项

数据库选择时注意要选择相应范围的成果数据库。检索成果数据库，可以避免成果重复申报，保证科技成果的客观公正性、科学性和严肃性。目前，国家不同成果鉴定部门大多已提供相应的成果数据库和出版相应的成果索引。查新员在科技成果查新过程中，要注意检索和查询，同时要检索国家成果数据库和商业性的成果数据库。

（三）科技成果查新结论

科技成果查新既要对查新课题研究成果和国内外研究成果进行对比分析，也要反映出该领域科学研究的布局和查新课题研究的地位和作用。但科技查新不能做出像评审专家一样基于经验和研究现状的评述，只能用是否有相关文献报道进行客观描述。

三、专利查新

专利查新的关键是评估专利申请描述的发明或创新是否满足法律对新颖性、创造性和实用性的标准。根据《中华人民共和国专利法》，新颖性被定义为：是指该发明或者实用新型不属于现有技术；也没有任何单位或者个人就同样的发明或者实用新型在申请日前向国务院专利行政部门提出过申请，并记载在申请日以后公布的专利申请文件或者公告的专利文件中。进行专利预查新的目的不只是为了鉴别真伪，更重要的是减少申请人和审查机构在人力、财力及时间上的不必要花费。此外，专利查新过程能显著提升学校师生的专利意识和检索技巧。

（一）新颖性判断的时间标准

新颖性的判断以申请日为准，标志着对发明新颖性的时间界限。若申请日之前已有相同技术的公开记录，则该发明不再具有新颖性；相反，申请日之后的公开不会影响其新颖性。对于拥有优先权的申请，应考虑优先日。因此，在提交专利申请前，保护资料和技术的保密至关重要。

（二）新颖性判断的文献检索范围

在执行专利审查时，根据世界知识产权组织（WIPO）旗下的专利合作条约（PCT）规定，必须检索的“最低限度文献”既包括专利文献也包括非专利文献。专利文献包含自 1920 年起由英、法、美、德、俄罗斯、日本、瑞士以及 PCT 和欧洲专利局（EPO）发布的专利公告；非专利文献则涵盖科技期刊、技术标准、会议论文等，其检索时间跨度为5年。这表明，专利审查的文献检索需广泛覆盖国内外资料，以确保全面性的查新工作。

（三）新颖性判断的基础

专利新颖性受到多种公开形式的影响，其中不仅包括出版物的公开，还涉及通过使用或其他方式的公开以及抵触申请的情形。出版物公开视为“现有科技”，其公开性不受地理位置、语言、年代或获取方式等因素的限制。

出版物是否被广泛阅读或是否为查新人员所知均不影响其作为公开资料的性质。公开日期通常以首次印刷日期为准，如果仅标注年份或月份，则以该年的最后一天或该月的最后一天计算。某些特定情况下的内部出版物也被视为公开资料；而尚处于保密阶段的研究成果则不被视为公开资料。

使用公开涉及制造、使用、销售、出口或模型演示等行为，这些行为使公众能够了解到相关技术内容。此外，其他公众可知的公开方式主要包括口头传播、书面记录、展示会演示等。

抵触申请指的是在某一申请的申请日或（对于拥有优先权的申请）优先权日之前，由他人向知识产权局提交的，且在该申请日后（包括申请日当天）公布的相同发明或实用新型申请。

（四）新颖性判断原则

1. 在专利申请过程中，发明或创造的新颖性主要体现于权利要求书的新颖

因此，申请人所陈述的权利要求成为专利查新过程中的检索要点，并且是与对比文献进行比较分析的直接对象。在此基础上，应当采用基于权利要求的检索和单一文献对比原则，即只可将一项对比文献中披露的技术内容与专利申请的权利要求相对比，而不允许混合多个对比文献的信息进行比较。此外，判断一项专利申请的技术方案与对比文献中披露的技术方案是否为相同技术方案，需考虑它们是否属于同一技术领域、是否追求相同的发明目标、技术解决方案的实质是否相同，以及是否预期获得相同的效果。

2. 提交专利申请时，权利要求书是核心文件，界定专利保护范围

权利要求书反映特定技术解决方案，其新颖性基于权利要求书评估。查新时，需整体考虑独立权利要求书的技术特性，理解其技术范围；同时，须深入阅读说明书，全面理解技术方案的各个方面。在进行新颖性判断时，并不是要求参照的技术特性与权利要求中的技术特性“完全一致”，而是这些参照的技术特性必须“涵盖”权利要求所列出的所有技术特性。

3. 新颖性判断常见的几种情形

(1) 相同内容的发明或实用新型。如果要求保护的发明或者实用新型与对比文件所公开的技术内容完全相同，或者仅仅是简单的文字变换，则该发明或者实用新型不具备新颖性。另外，上述相同的内容应该理解为包括可以从对比文件中直接地、毫无疑义地确定的技术内容。

(2) 具体（下位）概念与一般（上位）概念。如果要求保护的发明或者实用新型与对比文件相比，其区别仅在于前者采用一般（上位）概念，而后者采用具体（下位）概念限定同类性质的技术特征，则具体（下位）概念的公开使采用一般（上位）概念限定的发明或者实用新型丧失新颖性。

(3) 惯用手段的置换。如果要求保护的发明或者实用新型与对比文件的区别仅仅是所属技术领域的惯用手段的直接置换，则该发明或者实用新型不具备新颖性。

(4) 数值和数值范围。①对比文件公开的数值或者数值范围落在上述限定的技术特征的数值范围内，将破坏要求保护的发明或者实用新型的新颖性。②对比文件公开的数值范围与上述限定的技术特征的数值范围部分重叠或者有一个共同的端点，将破坏要求保护的发明或者实用新型的新颖性。③对比文件公开的数值范围的两个端点将破坏上述限定的技术特征为离散数值并且具有该两端点中任一个的发明或者实用新型的新颖性，但不破坏上述限定的技术特征为该两端点之间任一数值的发明或者实用新型的新颖性。④上述限定的技术特征的数值或者数值范围落在对比文件公开的数值范围内，并且与对比文件公开的数值范围没有共同的端点，则对比文件不破坏要求保护的发明或者实用新型的新颖性。

4. 新颖性的例外

新颖性的例外主要是为了保护本国发明人的权益（欧盟国家没有新颖性例外）。根据《中华人民共和国专利法》的第二十四条规定，申请专利的发明创造在申请日以前六个月内，有下列情形之一的，不丧失新颖性：

(1) 在国家出现紧急状态或者非常情况时，为公共利益目的首次公开的；

(2) 在中国政府主办或者承认的国际展览会上首次展出的；

(3) 在规定的学术会议或者技术会议上首次发表的；

(4) 他人未经申请人同意而泄露其内容的。

（六）专利查新（检索）报告的作用

尽管各查新机构可以在对专利申请人的发明技术进行检索之后，提供专利检索报告，报告主要供发明人在编写专利申请文件时参考，并可作为专利局审查专利申请时的辅助材料。此外，一些单位在内部初审专利技术时，也可能要求提供此类查新报告。然而，决定专利是否具有新颖性的权威机构仍然是专利局。

四、新药申报查新

新药申报查新是为新药审批服务的，因此查新报告的重点要放在国内外是否有相应的新药已经上市或者报批，同时对国内外此种药物先进性、药物的研究状况、药物的安全性等内容进行评价。查新员在检索时，不仅要检索医药文献数据库，还要检索各国药监局已经批准的药品数据库，以及专利数据库。

（一）新药审批阶段、分类与查新

药品研究的多个阶段均需向国家药品监督管理局提交申请，获得审批。根据研究阶段可分为药物的临床前研究、药物的临床研究、药物产业化阶段，新药的申报与审批等阶段，临床研究包括临床试验和生物等效性试验，分为Ⅰ、Ⅱ、Ⅲ、Ⅳ期。

在不同研究阶段，其查新目的有所不同。在研究阶段，查新多为检索国内外是否有同类研究进行，是否会触犯同类药物或化学分子的专利。由于药品申报具有同种唯一性，因此若有同类研究可能会影响到药品的申报。在药品中试与产业化阶段，由于要突破实验室小量生产，向工业化大量生产转化，会涉及一些工业技术领域的问题，此时要注意检索一些生产技术领域的文献与专利。

此外，药品注册分类不同，其查新的特点与结论也不同。国家对于化学药物、中药天然药物、生物制品等的注册分类均有不同。查新时应根据查新委托人申报药品的类别选择相关数据库，如生物制品类药物不能缺少生物技术类数据库的检索。

（二）重视药监局和专利数据库的检索

随着目前信息化程度的提高，各国药监部门均有相应药品数据库供检索使用。药品是特殊产品。由于商业原因，有些药品在研究过程中并不发表研究文献，因此有时此类查新仅凭文献数据库很难获得全面信息，但所有的药品均需经药监局注册才能上市，因此药监局数据库不失为药物查新的重要数据源。

专利数据库是另外一个不能忽视的数据源。随着国家创新药物战略的推进和生物制药领域的进步，我国药物也越来越重视专利申报。专利数据库为药物查新的必检数据库。

五、医学科技查新的创新评价

在科技查新的业务实践中，需要针对不同医学项目创新类型，进行文献检索和创新点对比。医学科学研究的创新存在不同层次的创新类型，可以将创新分为两个主要类型：首先是原创性创新，这主要关注于基础研究领域，重点在于对研究领域内的根本观念进行创新或实现重大突破，建立新的方法，或是开辟新的研究领域等；其次是应用型创新，这通常涉及应用基础研究以及大量的应用研究工作，主要体现在对现有的概念、理论和方法进行补充、完善和发展，以进行应用研究。大量医学创新研究属于此类创新。医学科技项目的常见创新类型见表 4－2 所列。

表 4－2 医学科技项目中常见创新类型

创新分类	创新内容与对比点
原始创新	该研究项目在其学科和专业领域内是首创，之前没有相关的研究活动或文献报道；其研究主题、目标、方法及成果均为首次呈现
研究对象创新	研究调查的目标特性；基础实验中所用动物模型；临床研究涉及的病人特点，涵盖了参与者的筛选标准与样本量等方面
研究方法创新	调查和实验方法；观察指标；处理手段；统计学方法等创新；包括研究的技术路线与方法
新技术与新工艺的创新	创造或构思一种前所未有的技术和方法，这包括其核心技术、生产过程、和配方的原创性；新材料和设备的开发，通过物理、化学、生物技术的应用来研发创新材料和设备；涵盖了手术技术、诊断或治疗手段、药品生产工艺或其配方的创新
改进创新	对已有技术或方法在特定环节进行优化和提升，以更好地满足医疗需求，同时能够实现更显著的经济、社会和环境效益
技术引进创新	引入国外或本地区尚未拥有的成熟技术到本地区，以进行应用性研究
技术推广创新	在医疗实践中推广并应用成熟的新技术和方法，从而实现显著的经济和社会效益

第四节　科技查新报告质量控制

一、查新项目委托与沟通

（一）项目委托

查新委托人在申请项目立项、成果鉴定或申报奖项之前，应根据上述项目申报时主管部门的文件要求或自身需要，自行判断此项目是否需要进行科技查新；根据待查新项目的专业、学科特点、查新目的、查新要求、查新点，以及需要查证其新颖性的科学技术内容，自主选择查新机构；填写查新委托单，签订查新合同，并向查新机构提交在处理查新时需要的项目申报书等资料。

为保证查新委托顺利进行，查新委托人应熟悉所委托的查新项目，或是查新项目组成员应明确查新项目的查新点即项目新颖性所在，并能够向查新人员详细介绍查新项目的技术特征。

查新委托人必须认真逐项填写查新项目委托书，简明扼要地阐述查新项目的科学技术要点及技术性能指标参数，逐项列出查新点，并用 1、2、3 标出。查新委托人尽可能据实、完整、准确地向查新机构提供如下资料。

1. 与查新项目相关的材料

如立项申请书、项目研制报告、奖项申报书及有关报奖材料等。

2. 课题组成员发表的论文或申请的专利

如文献过多，查新人员可要求委托人标注查新点与文献之间的对应关系。

3. 参考检索词

包括中英文对照的关键词（含主题词、同义词、缩写词、近义词等）、分类号、化学物质登记号等。

4. 与查新项目密切相关的国内外参考文献或背景知识

（二）与委托人沟通

查新委托如果沟通不畅，通常会影响查新工作的质量。

例如，委托人不了解查新工作的流程和意义，导致查新委托技术资料准备不全；忽视查新需要一定的时间；对查新结果期望过高或将查新等同于文献检索等。

查新委托书填写不规范也是影响查新工作质量的重要因素。

而查新委托书填写不规范的主要原因包括：不重视委托书的填写或者不如实填写，委托人对项目内容不了解，或者项目本身准备不足，无完整的技术路线甚至研究内容等；由于担心泄露课题内容或对课题新颖性信心不足导致科学技术要点和查新点不详或不真实。主要表现如下。

一是查新点提炼不当。查新点不明确：对研究目的、研究方法不清楚，不能正确表达预期结果、预期研究的创新点；不能很好地突出科研特色并表达查新要求。重点不突出：未准确反映与查新项目新颖性有关的关键技术指标和内容；查新点的描述宽泛笼统，多个问题一概而论；查新点不分主次，罗列过多；查新要点过于简单，未表明创新之处。

二是关键词选取不当。选用的关键词不能反映课题内容；关键词书写不规范，如只写缩写而不用全称，出现错别字、歧义词；关键词代表性差，采用生僻词、自造词；等等。

三是参考文献罗列不当。所列文献相关性差，或有意回避密切相关文献；仅罗列课题组的文献；参考文献罗列过多；等等。

因此，查新人员除了应具备相关的检索技能和认真分析相关材料外，还需与委托人进行及时、深入的交流，以免被委托人误导，影响查新的客观性。查新人员与委托人的交流程度是影响查新质量的关键因素之一。具体而言，查新人员与委托人的沟通交流应注意以下几个方面的问题：一是引导委托人正确表达需求，避免由查新委托书填写不当引起的各种问题；二是注意沟通的目的，即帮助查新人员及时、准确理解查新项目的主要内容和创新点，确保双方对课题的理解一致，避免由于知识结构差异引起的片面甚至错误理解，弥补课题组提供的研究报告和背景资料的不足，帮助制定恰当的检索策略；三是与委托人的沟通应贯穿于查新全过程，随时解决检索及文献对比分析过程中的问题，并帮助委托人确立、调整研究方向。

二、文献检索范围的选择

根据查新项目涉及的学科专业选定检索工具，如数据库、网络资源、工具书、期刊、专利、新闻等文献类型。文献检索范围的确定应当根据查新委托人对检索的要求、查新项目的查新点和科学技术要点，以及所属学科特点、查新机构自身的检索条件等。为了提高查全率，检索范围可适当放宽。建立科学有效的选库标准和原则，是提高科技查新质量基础。但学科的交叉发展又很难用条款形式进行规定，按大学科建立数据库选择配置标准有助于查新范围的规范。

（一）数据库的选择标准和原则

数据库的选择应考虑全面性、专业性、权威性、时效性、互补性及经济性。以综合性文摘数据库为主线，专业数据库为主体，全文数据库为辅，ProQuest Dialog 系统作保障、网络资源作拾遗的选库原则，未检索的数据库不得列入查新报告。

1. 全面性

综合性文摘数据库信息覆盖学科面比较全，收录着多学科交叉的科研文献且收录的文献类型也比较全。全文数据库在密切相关文献的判定以及文献的对比分析上是必不可少的，从而对课题作出最准确的分析，判断课题的新颖性。ProQuest Dialog 数据库的前身是著名的 DIALOG 国际联机系统，是综合类数据库，收录了工学、农学、医学、管理学等学科资源。ProQuest Dialog 作为查新资源的保障，为查新的质量提供了足够的支撑。其网络数据库更新及时，拥有更强大的检索功能和超链接功能。上述资源的合理选择和搭配，是查新质量的根本保证。

2. 权威性与专业性

从信息资源的质量上看，有偿信息源数据来源经过严格的挑选，并由专业人员筛选和标引，其数据内容可靠、专业性和学术性高，具有一定的权威性；而且数据定期更新，检索界面友好。国内外收费数据库有 Web of Science、Ei Village、SciFinder Scholar、INSPEC、NTIS、PQDT、ISTP、日本科技速报、SinoMed、中国知网等。

3. 时效性

由于不同数据库更新周期不同，存在一定的时差，而查新对数据库报道范围的时效性要求高。因此，在查新时需要选择更新速度快的数据库，以保证文献查全。文摘数据库由于需要对原文进行摘编和标引，较之全文数据库存在一定的时差。在查新时，为解决时差问题，应同时检索文摘数据库、全文数据库、期刊现刊及网络资源等。

4. 互补性

不同数据库系统标引体系不同，采用的检索技术也不同，会使检索结果有差异。联机版数据库与网络版数据库收录内容有差异，网络版则在资源上有一定的扩展，如 Ei Compendex 与 Ei Village、SCI 与 Web of Science、CA 与 Scifinder

Scholar、Medline 与 PubMed，后者的收录资源要比前者多。查新选择扩展版数据库更有利于查全。

查新人员在利用文摘数据库保证查全率的同时，应重视对全文期刊数据库的检索，这不仅因为文摘数据库对全文期刊数据库收录不全面，而且全文期刊数据库在更新速度和全文检索阅读上具有明显优势。如检索化工方面的课题，外文数据库除检索 Web of Science、EI Compendex、INSPEC、NTIS、SciFinder、PQDT 等文摘型数据库之外，还应在 ACS、John Wiley、ELSEVIER、Nature、Science 等全文数据库中进行全面检索，进一步提高文献的查全率。

合理利用综合性数据库与专业性数据库进行互补。文献检索范围是在通用基本数据库的基础上，根据学科范围选择相应的专业数据库。如查新的学科范围为医学，一定要增加医学类的数据库；如查新的学科范围涉及农业，农业方面的数据库必查不可。

5. 经济性

科技查新需要大量数据库资源支撑。但各查新机构数据库采购资金有限，各学校为保障学校教育科研需要，一般采取"以文摘数据库为主辐射学校的各个学科，以全文数据库为辅保障重点学科需求"的采购原则。

《教育部科技查新撰写规范》中指出："网络数据库资源十分丰富的查新机构，在国际联机索引库搜索的基础上，可基于自有的网络数据库开展查新。"这样不仅可提高检索查准率和查全率，还可降低检索费用。在实施"网络数据库＋国际联机检索"的前提下，还可充分利用网络的免费资源作为补充，不但是对科技查新的有效补充，而且可提高查新的时效性，降低查新成本。

网络版数据库的优势如下。

(1) 检索界面简单直观，检索系统简单易用。

(2) 检索功能已趋于相对一致，检索方式一般包括简单检索、高级检索和专家检索；支持 AND、OR 和 NOT 等逻辑运算，以及模糊、精确和前方一致匹配检索；设计了分面检索，方便到只需点击鼠标即可优化检索结果。

(3) 数据库平台的发展重点开始转向内容扩增，数据库作为文献信息的动态集合体，扩增其收录范围，如 EI、SCI 扩展版，收录内容更全面；开发跨库检索平台，使各种类型的单一数据库形成了一个相对完整的资源系统，如 Web of Science 平台；网络资源的整合，国外很多出版商也出版 OA 刊，在数据库中也会体现，这部分是免费的，如 Nature、Elsevier 等。

(4) 面向用户提供了强大的服务功能。服务拓展功能的开发与利用，更具人性化和多样化等；二次文献和一次文献的无缝链接，二次文献库为用户提供获取一次文献即全文资源链接，以及对检索结果的统计分析功能。

（5）数据更新及时。网络数据库一般是实时更新。

（二）国内外查新数据库的选择

文献检索范围分中文数据库和外文数据库两部分，《教育部科技查新撰写规范》要求中文必查数据库应不少于10个，外文数据库检索必查数据库应不少于10个，须按先中文数据库后外文数据库顺序排列、分开撰写。每部分都要列出检索使用的综合数据库（通用基本数据库）和专业数据库，并写出数据库的名称、起止日期，必要时列出数据库的更新周期。凡检索中涉及的与查新项目学科领域相关的国内外数据库均应列入文献检索范围，未检索的数据库不得列入报告。

（三）查新文献数据库追溯年限

查新时，检索文献的年限根据不同的委托查新项目类别、相关研究领域的发展情况而定。一般为查新之日前推10～15年。

（四）医药卫生类查新数据库的选择

一般而言，医药卫生类查新，国内查新选择的数据库应包括中文通用数据库和医学专业数据库。中文通用数据库主要包括中国知网（CNKI）、万方数据知识服务平台、维普中文期刊服务平台；医学专业数据库主要指中国生物医学文献服务系统（SinoMed）和万方医学网等。国内外查新选择的数据库是除了上述中文数据库以外，还应选择由美国国家生物技术信息中心（NCBI）开发的生物医学信息检索系统PubMed和国际联机检索平台ProQuest Dialog，并根据查新课题的专业方向选择相关数据库进行补充，尽量做到查全。具体如下。

1. 基础医学类

基础医学类查新应补查Biosis Previews、Web of Science和中国生命科学文献数据库（CBA），有条件的可检索德温特生物技术文摘数据库，以及剑桥科学文摘数据库CSA等。另外，一些事实性的数据库如NCBI的genbank、欧洲生物信息学研究所（EBI）、日本的DNA数据库（DDBJ）、人类基因组数据库（GDB）、蛋白质结构数据库（PDB）等，在必要时也可补查。基础医学类项目中，很多也涉及知识产权问题，因此还应检索中外专利数据库。

2. 临床医学类

临床医学类查新项目可补查科技成果类检索工具，如中国医药科技成果数据库、国家科技成果网、卫健委医药卫生科技成果库、万方科技成果数据库。有条件的也可增加日本《医学中央杂志》和俄罗斯的《文摘杂志》等。

3. 药学类

药学类查新应补查《中国药学文摘》、国际药学文摘（IPA）、《化学文摘》、DIF（Drug Information Fulltext）、以及中外专利数据库。有条件的可检索德温特药学文档、药理毒理学数据库 Toxline Plus。另外，一些药学工具书可提供参考，如《中华人民共和国药典》《美国药典》《英国药典》《欧洲药典》《国际药典》《默克索引》《马丁代尔大药典》等。

4. 中医药类

中医药类查新项目以检索国内文献为主，应补查《中国药学文摘》、中国中医药数据库检索系统、中国中医药期刊文献数据库。另外，一些字典、词典和书籍可提供参考，如《中华人民共和国药典》《中国中医药年鉴》《中国针灸学》《中华名医方剂大全》《中国医学大辞典》《历代名医良方注释》《中药制剂汇编》《中药大辞典》《中国医学百科全书》（中医中药各相关分册）等。国外注重检索相关日本文献，如《医学中央杂志》等。

5. 特种医学类

关于放射医学、军事医学、航海医学、运动医学和法医学等特种医学类查新项目，需补查美国政府报告数据库 NTIS（AD，PB，DE，NAS 报告）、国家科技成果网、军队医药卫生科技成果列表等。放射医学类可补查国际核信息系统（INIS）数据库和中国核科技文献库等。

6. 医疗器械类生物医学工程类

医疗器械类生物医学工程类查新项目必须检索相关中外专利文献，包括中国国家知识产权局专利数据库、美国专利、欧洲专利、世界知识产权组织和日本特许厅，有条件时可检索德温特专利数据库、SCI 和 EI。对于军队医疗卫生装备方面的项目，还应检索美国政府报告数据库（NTIS）和军队医药卫生科技成果数据库等。

近年来大量国内研究论文在国外出版物上发表，使国内的数据库无法完全反映出我国科学技术研究的整体水平。国内查新仅查国内数据库，势必遗漏大量国内研究课题在国外发表的论文，科技查新的科学性与新颖性也就失去了依据，很容易引起科研的重复投入和重复研究，查新服务为科研管理把好第一道关也就毫无意义。因此，国内查新时也需要检索发表在国外数据库中的国内研究论文。

三、检索策略的制定

检索策略决定了检索的查全率和查准率，是体现查新报告质量的主要因素之一。制定检索策略主要包括数据库的选择和检索式的编制，在选择好数据库的基础上，主要是检索式的制定。检索式即检索提问式，是指计算机检索中表达检索提问的逻辑表达式，由检索词和各种布尔逻辑运算符、位置算符及数据库系统特殊的各种运算或连接符等组成。

（一）编制检索式

检索式的编写要依据查新项目内容和数据库系统选择合适的检索词、检索途径、运算符、检索式的列举要符合项目内容。

编制检索式的基本方法如下。

1. 分析课题的实质内容

以课题核心概念为主，排除无关概念，理清概念之间的语义关系，确定体现课题创新点的一个或几个关键概念。

2. 选择检索词

注意所选检索词的全面性、专指性和一致性。在所检数据库中，主题词与自由词并用时，应优先选择相应的主题词。必要时，主题词与自由词可配合使用，以提高查全率。在使用自由词时，可从专业辞典、手册、分类表及现有文献中，选择国际通用的、文献常用的术语，避免生僻词和自选词。无法准确确定检索词的情况下，可在初步检索后，从检索结果中重新选择检索词。

3. 选择正确的检索途径

如主题途径、自由词途径、作者途径、期刊途径、分类途径等，通常可将几种途径联合使用。

4. 合理运用逻辑运算符

符号的使用一定要正确，并力求简洁、优化，还应注意运算符的优先级和括号的使用。

（二）检索策略的调整

在实际工作中，检索策略通常需要进行检验并多次调整，直到检索结果符合查新要求。调整的主要依据是检索结果数量的多少和相关性的高低。当检出的记录文献太少时，应扩大检索范围；当检出的记录文献过多时，应缩小检索范围，以提高检出文献的相关性。

三、文献判读

文献判读是指查新人员针对查新要点，将检出文献逐篇筛选，归纳整理的过程。通过文献判读过程，查新人员应对查新项目的研究现状、研究水平及各查新点的新颖程度形成整体认识，对查新结论的结构形成初步构思。因此，文献判读过程是撰写准确、客观的查新结论的基础，是查新程序中的重要环节。

（一）文献判读的内容

文献判读的重要内容是将检出文献进行阅读、分类、整理，去除与查新项目或查新点无关的文献，重点保留密切相关文献来用于对比分析引用，选取有代表性的一般相关文献。

首先，查新员需将检出文献逐篇阅读，按照查新点将检出文献进行分类。检索多种类型数据库时，再按照文献类型将检出文献进行分类整理。

其次，查新员应将各查新点检出文献进行相关度分析。按照文献内容与查新点的相关程度分为密切相关文献、一般相关文献和无关文献。密切相关文献是指文献公开的主题，在实质方面与查新项目的主题最为近似。在查新实际工作中，衡量一个项目的新颖性是以查新点作为基准的，而不是针对查新项目的全部内容，通过公开报道的文献与查新点进行对比分析，得出是否具有新颖性的结论。因此，认定相关文献应围绕查新点进行，衡量的标准是看检出文献中的技术内容与查新点是否一致，判断密切相关文献的根据是判断检出文献的技术内容是否足以使项目查新点部分或全部失去新颖性。全面深刻地理解查新课题的内容及其背景资料是文献判读的基础，而全面的检索范围和正确的检索策略是文献判读的保障。通过文献判读，去除与查新项目或查新点无关的文献，重点保留密切相关文献，选取有代表性的一般相关文献。

（二）文献甄选的原则

当密切相关文献和一般相关文献较多，在检索结果中无法一一列出时，应按照以下原则进行甄选。

首先，查新员应根据文献内容与查新点的相关度进行分析，选取有代表性、有说服力的文献，确保其能充分服务于查新结论。

其次，查新员要按照循证医学的方法评价文献质量，优先选取质量好、证据级别高的文献，可以从文献类型（如 Meta 分析）、研究设计方法（如随机对照试验）、研究对象样本量（如大样本）、作者单位（如三甲医院）、主题词等多方面考虑。

再次，查新员应将选取的密切相关文献和一般相关文献做充分的标注，为撰写查新结论做准备。密切相关文献必须调阅全文，如该文献足以使查新项目或查新点全部失去新颖性，该文献全文应作为附录附在查新报告后。一般相关文献应抽取摘要或全文中与查新点相关的内容作为附件。

最后，查新员应将选取的密切相关文献和一般相关文献按照查新点顺序进行编号，以备查新结论中对比分析时引用。

（三）文献判读注意事项

1. 密切相关文献必须查看全文，一般相关文献选择性查看全文

涉及某些研究对象年龄、具体技术指标、中药配方等技术细节问题的查新点，其内容往往在文摘中无法体现，因此检出文献均应尽可能查看全文，以保证检出文献信息量的准确和完整。

2. 应将查新点与每篇相关文献进行对比分析

如查新点与几份或几部分文献组合时内容相关度较高，应明确上述几份或几部分文献是否出自同一单位或明确的合作关系单位，否则，在查新结论中不能据此做出否定性结论。

3. 重视综述文献和译文的使用

综述文献是围绕某个专题或课题，对大量原始文献进行比较、分析、综合、归纳、提炼而成的三次文献。在文献判读过程中，查新员可以考虑优先阅读综述文献，以迅速掌握查新项目或查新点的国内外研究现状。译文通常是对国外先进技术的介绍，因此，最新发表的译文对查新员掌握国外新技术也有一定的帮助。如有需要，查新员可通过综述和译文的参考文献回溯检索所需原始文献。值得注意的是，综述文献和译文均非一次文献，一般仅在未检索出密切相关文献的情况下选择保留。

4. 查新委托课题组成员发表的与查新点相关文献的使用

检出文献中包含本课题组成员与查新点相关文献时，应将其保留，列于所有文献的前面，并在查新结论中明确该文献是查新委托课题组成员发表。本课题组成员发表的密切相关文献不影响该查新点的新颖性判断。

5. 通过文献阅读，明确查新点和查新要求

在文献阅读过程中，遇到不理解、不清楚或与查新点无法进行对比分析时，应及时与行业专家和查新委托人沟通，对不准确、不明确的查新点和查新要求应

进一步准确化、明确化，以帮助对文献进行对比分析。如果必要，应调整检索策略，或要求委托人修改查新点，重新进入查新程序。

6. 文献判读过程也应是文献检索结果评价的过程

查新的文献检索要求应在查全的基础上查准，查新员应拟定以查全为目的的检索策略。对检索结果的评价主要是分析检索结果是否覆盖了足以判断查新项目和各查新点新颖性的所有文献。在文献判读过程中，如分析有可能出现结果遗漏，查新员应及时调整检索策略进行补查。

五、查新结论的撰写

查新结论是查新人员根据查新项目中的查新点与检索出的文献结果进行对比分析和综合判断，并由此做出的新颖性情报评价。查新结论是查新报告中最重要的部分，也是委托人、行业专家及管理机构最关心的部分。查新结论也最能体现查新人员的水平和价值，因此，查新人员应具有较高的文献判读能力、综合分析能力和逻辑表达能力，以撰写出客观、准确、公正的查新结论，为科研立项、成果鉴定提供客观依据。

（一）查新结论撰写原则

查新结论原则上应是查新人员根据查新点，对比分析密切相关文献和一般相关文献，就查新项目新颖性进行评价的综述性短文。查新结论应该为行业专家和查新申请人员提供以下信息：查新项目在国内外的研究现状、各查新点在国内外研究现状、各查新点与检出文献结果的对比分析情况，明确得出各查新点的新颖性结论，为专家和主管部门提供客观依据。因此查新结论必须坚持客观原则，即查新报告中的任何分析、技术特点描述、每一个结论，都应当以文献为依据，符合实际，不包含任何个人偏见。公共原则是指查新机构、查新员、审核员不可因收取查新费用而偏袒或者迁就查新委托人。准确原则是指报告要完全符合真实情况，查新结论的论点与论据表述准确、清晰、无歧义。

（二）查新结论的基本内容

1. 对文献检出情况进行综述

此部分应对检索数据库、检索年限、检出文献数量进行概括，可标出检出密切相关文献数量、一般相关文献数量，即利用量化指标提供查新项目的国内外文献发布情况、密切相关文献和一般相关文献分布情况、不同类型数据资源分布情况等。

2. 检索结果与查新项目的科学技术要点的比较分析

检索结果与查新项目的科学技术要点的比较分析部分应是综述性小短文，可采取“总－分两段式”或“总－分－总三段式”。首先依据检出文献对查新项目研究领域进行概括总结，明确表述国内外研究现状和研究水平；然后引用密切相关文献及一般相关文献进行详细论证，重点比较查新点中的具体技术问题与相关文献中论述是否相同、类似、部分相同或完全不同；最后以总结性语句，表明查新项目或各查新点的新颖性程度。多个查新点要逐条进行对比分析。

3. 对查新项目新颖性的判断结论

查新结论对具有新颖性的查新点，应说明其与相关文献的区别；对不具有新颖性的查新点，应说明其与相关文献相似或相同的理由；对未能检出相关文献的查新点，可使用“未见报道”加以表述。未见报道可以是国内外未见报道、国内未见报道、省内未见报道甚至是某一城市未见报道。

查新结论中所有表述均应以检索结果中的相关文献内容为依据，不得带有倾向性的描述、赞誉之词和广告性用语，不作水平评价。

总之，科技查新报告的每一部分都很重要。而基本信息获取、相关信息采集（检索）、相关信息加工（检索结果）和新颖性判断（查新结论）是保证查新质量的关键环节。在实际工作中，查新员一定要认真把握。

第五节　科技查新审核

审核员，是指具有高级专业技术职称和查新审核资质，负责审核查新员所做的查新工作是否规范，并向查新员提出审核意见的查新人员。审核员应具有较高的外语和计算机水平，具有良好的职业道德，从事查新工作五年以上。

一、科技查新审核的必要性

查新报告是查新机构面向社会出具的公证性的技术文件。查新员负责查新的全部过程、处理查新受托等事宜，并与查新审核员协商后，撰写查新报告。由于查新员独自完成的查新报告初稿很难考虑周全，因此查新报告的审核十分必要，是对查新报告质量的最后把关，也是科技查新工作的一个重要环节。

科技查新可以避免重复研究，促进科技资源的优化配置，且在充分利用现有研究成果、客观评价科研成果的新颖性方面具有重要作用。

科技查新工作对查新员的沟通能力、检索和分析技能、专业知识及文字表达能力等也提出了很高的要求。查新员需要通过与委托人的沟通，结合对查新委托书的分析，准确发现和把握查新要点，这对沟通能力要求很高；查新员需要通过文献分析来判断项目的新颖性，这对检全率和检准率、文献对比分析深度等的要求很高；查新项目来源广泛，查新人员接触很多非本专业的查新项目，这对查新人员对专业知识把握的广度和深度要求很高；查新的结果需要通过对比分析表达出来，并需要用简短的语句对查新结论进行描述，这对文字表达能力要求很高。查新员的个人能力不同，完成的查新报告质量也不尽相同，需要审核员以资深查新专家的身份，对查新报告的质量进行把关。

二、审核的基本内容

查新审核包括对查新过程审核、查新报告形式审核、查新报告内容把关和结论把关四个方面。过程审核中，审核员要参与到查新委托、检索分析和报告撰写的整个过程中，提高查新效率；形式审核中，审核员要对查新项目资料的获取、查新报告的撰写格式、用词等进行把关；内容把关指对检索词和信息源的选择、检索策略的编制、文献的对比分析等进行把关；结论把关是对查新结论表达的准确性、客观性和公正性进行把关。

三、科技查新审核流程及关键要点

查新审核流程的基本原则是遵循科技查新流程，并依据科技查新报告的基本内容进行审核。科技查新包含很多环节，科技查新流程图如图 4 - 1 所示。

审核员一般按照查新报告基本内容进行逐项审核。其中，查新目的、查新要求、查新员与审核员声明、附件清单、备注等几部分属客观填写内容，对它们的评定主要考察文字是否简洁、通达、有无错别字等；用户委托、检索策略、文献资源、对比分析和查新结论是影响查新报告质量的关键内容，需要重点审核。

查新审核关键步骤：第一步查新点；第二步查新结论；第三步报告外观。

（一）查新委托和受理环节

查新委托和受理环节是审核工作的重要环节之一。查新委托和受理可以称为查新项目基本信息的获取，这是开展科技查新活动的第一步，审核员最好能和查新员一起参与。首先，要看委托项目与查新专业范围是否相关，委托人提供的查新项目相关技术资料是否完备；其次，需要跟委托方就查新项目进行充分、有效

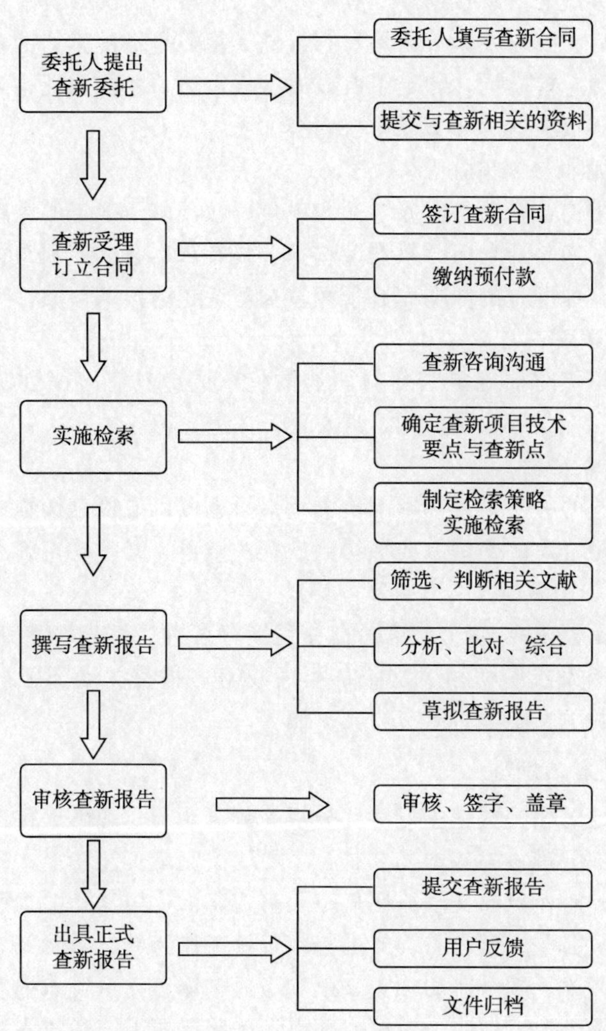

图 4－1　科技查新流程图

的沟通，全面准确地把握查新目的、查新项目的科学技术内容和查新点。

（二）查新检索环节

查新检索环节主要是指确定文献检索范围及检索策略。首先，查新范围要体现专业范围、地域范围和时间范围。而信息源的选择是先决条件，这是科技查新活动中最重要的环节，也是保证检索成功的基础。信息源选择要求全面，尽量能覆盖查新项目涉及的所有数据库。其次，要求检索词的选择具有全面性、专指性和一致性。最后，要求检索策略具有有效性，主要是指检索式的构造。只有选择了恰当的信息源、检索词，制定了有效的检索策略，才能保证检索结果的覆盖率和相关性，审核员在这一环节的审核内容如下。

1. 审核选择的数据库

审核员应根据查新项目所属专业和项目属性，以及确定的主题范围来审核查新员选择的数据库是否合适。数据库选择上要有基本数据库和与被检索课题相关的专业数据库，即所选的数据库必须涵盖查新课题的技术领域。

2. 审核关键词

审核员在审核时要确定查新员所选的检索词应具有全面性、专指性和一致性，同时要关注检索词的同义词、近义词、主题词等。

3. 审核检索策略

检索策略式的编制，直接影响检索效果，也可以说检索策略式是灵魂，对检索结果起着举足轻重的作用。要想得到满意的结果，必须有正确的检索策略。

4. 审核检出文献情况

主要审核是否依据检出文献的相关程度分国内、国外两种情况分别依次列出；是否遗漏相关或密切相关文献；相关或密切相关文献是否按规范化格式著录；主要密切相关文献是否附有原文（摘要）。

（三）文献对比分析

能否正确地对相关文献进行对比分析是能否顺利、准确地得出查新结论的重要前提。这一部分审核的基本要求是：主要相关文献不能遗漏；密切相关文献要求能获取原文；对检出的文献按照规范化格式著录，根据相关度分国内、国外依次列出。审核员需要凭借自己多年的查新审核工作经验，花费一定的精力，带领查新员在认真阅读、领会密切相关文献和把握整体、突出要点的基础上，深刻理解相关文献的核心技术内容，对照查新点，按照课题内容和技术要素，逐项分别进行对比分析；而且，每一个判断和结论都要基于检索所得的文献和事实，对比分析也要始终以查新点为核心进行。

（四）查新结论表达

查新结论是基于文献对比分析得出的结果，需要客观、公正、清晰、准确，要能准确表达查新项目的新颖性，不能偏离项目的查新点，不能代替学科专家做出项目水平的评价，不允许出现修饰性、称赞性词语，更不允许出现“国际领先”“国内领先”的字样。而且，查新目的不同的科技查新报告，其结论侧重点的表达也会有所不同，新颖性判断不能偏离项目的中心。查新结论中对立项查新或成果鉴定查新的相关表述应注意措辞。

总之，一份好的查新报告要体现出查新报告的完整性、关键词的涵盖性、检索策略的合理性、文献资源的权威性、相关文献的充实性、查新结论的客观和公正性等。

四、科技查新审核工作的实施细节

（一）形式审核

主要审核查新报告的格式是否规范。作为审核员首先应从总体上对查新报告进行审核，确认查新报告是否采用统一格式；字体字距是否统一；报告编号、项目名称、委托人名称是否与合同或委托单内容一致；报告上是否有查新员和审核员的签字；查新机构的科技是否加盖查新专用章和骑缝章；查新委托日期、查新完成日期、查新员与审核员的签字日期等部分是否完整。

（二）内容审核

内容审核也是最重要、最困难、最容易忽略的部分，涉及查新工作的很多关键环节，也是保证科技查新报告质量的关键环节。

1. 用户委托情况审核

（1）委托人、委托单位。《科技查新规范》指出：委托人指提出查新需求的自然人、法人或者其他组织；以单位名义委托的查新项目“委托人”填写单位名称。

（2）查新项目名称：应与课题申报名称一致。

（3）查新目的：一般包括科研立项、成果鉴定、申请专利、申报奖励、技术引进等。具体查新的目可依据查新站年检要求填写：科研立项/鉴定、验收、评价/奖励申报/专利申请/博硕开题/其他（申请省、市科技计划、攻关项目、高新技术企业、高新产品认定、高新技术成果转化等）。

2. 查新项目的科学技术内容及其描述审核

由于查新委托人对科技查新工作的性质不是很了解，他们提交的查新委托书中，对项目的科学技术内容描述方面存在问题。面对这样的状况，审核员就要第一时间参与到查新委托交流的过程中，协助查新员向查新委托人详细介绍查新工作的实质，正确描述科学技术要点的重要性。

查新项目的科学技术内容主要填写查新项目的科学技术要点和创新点。其中，科学技术要点包括研究方法、技术特征、成果结构、工艺路线、配方组成、应用范围，以及技术指标和参数。创新点主要是指研究课题在哪些方面具有创新和发明。

科技创新类型包括如下内容。

（1）开发（原创）创新：创造性地运用已知的一切知识与信息产生出某种具有独到见解的、新颖的、具有开拓性的、有价值的产品。

（2）理论创新：在基础性研究中提出有较大学术价值的新观点或新的研究方法。

（3）技术创新：设计出新的技术、工艺或对原有技术、工艺有较大的改进。

（4）集成型创新：通过不同学科的融合或不同技术的组合，几种技术集成在一起，形成新的技术，并产生规模效应（效果）。

3. 查新点提炼审核

准确提炼查新点是查新成功的关键。很多委托方负责与查新员联系的人员都不是项目负责人，对项目的技术内容不是很了解，提交的查新点不能概括项目的创新点。针对这些情况，审核员要出面协调，尽量与项目负责人或技术人员沟通，要求控制查新点的数量，将一般性研究从查新点中剔除，要求尽量采用精简的语言对核心技术内容和技术参数进行描述。

查新点描述中禁用以下词语：

大、小、长、短、高、超……

厚、薄、强、弱、宽、窄……

很多、较多、一些、较少、很少……

例如，原查新点：痔上黏膜环切除术（PPH）具有安全有效、手术时间短、住院时间少、复发少、恢复快等优点，有望取代传统手术治疗方法。

改：痔上黏膜环切除术（PPH）与传统外剥内扎术两种术式治疗重度痔，有关治愈率、术后出血、尿潴留、肛管狭窄、肛门完全失禁、肛门水肿发生率，肛门坠胀发生率、切口愈合时间、疼痛程度等方面综合比较的研究报道。

4. 信息源选择审核

信息源的恰当选择是查新质量的重要保证。查新员要在熟悉各类信息源的基础上，根据查新项目所属专业和项目性质、技术内容及查新目的，考虑学科交叉与相关性，确定的主题范围，有针对性地选择恰当的信息源，保证全面性和准确性的统一。审核员要审核数据库选择是否适当，具体包括：通用基本数据库（综合数据库）是否覆盖查新需要；与查新项目、研究课题相关的专业数据库是否满足查新需求；中文数据库与外文数据库的名称（全称）、起止时间，以及数据库的更新周期是否准确无误。审核员还要审核查新员检索的文献类型是否多样，如期刊、会议、学位论文、专利、成果、标准等；特别对产品类查新，是否进行互联网的补充检索。

5. 检索词筛选审核

检索词选择恰当与否直接影响检索效果。审核员对照项目查新要点，审核选择的检索词是否恰当，是否能够全面反映技术要点或查新点，是否选择了规范词、同义词、关键词、自由词、缩写词等，检索词选择是否满足全面性、专指性和一致性。

检索词一般不建议使用：

“展望”——趋势、现状、近况、动态……

“应用”——作用、利用、用途、用法……

“开发”“研究”“方法”“影响”“效率”

6. 检索策略的制定审核

审核员对照项目查新要点，审核检索式是否反映了查新项目的实质内容；是否能够全面反映技术要点或查新点；检索式逻辑组配的可行性、合理性、包容性、有效性，以及算符使用是否满足等。

检索式不单独使用：

“制造”——制备、生产、加工、工艺……

“提炼”——精炼、提取、萃取、回收、利用……

例如，查新点：新型智能化气力式精密排种器设计，采用吸种检测开关检测吸、排种过程，并智能判断堵塞与漏吸情况，进行二次吸种，实现无漏播与堵塞的精密播种。

原检索式：气力式 and 排种器 and 检测开关 and 精密播种

修改后检索式：（气力式 or 气吸式 or 气吹式）and（排种器 or 播种机 or 播种装置）and 吸种检测

7. 检索结果审核

检索结果有两个问题：一个是查全率，一个是查准率。如果要查全，要适当地选择关键词，以免漏查；如果要查准，要准确地选择合适的关键词，以免有误导的检索结果出现。审核员主要审核如下内容。

（1）查新员检出的文献是否为同类研究文献。

（2）查新员对检出文献是否进行了综合归纳。

（3）查新员是否按查新点可比性原则全面筛选并列出主要相关文献。

(4) 查新员是否对所列的相关文献内容与查新项目的相关程度采取逐篇或综合对比分析。

(5) 相关文献数量方面：如果相关文献太多，需调整检索策略，精选检索词，增加细节性词语；如果相关文献太少，需扩展检索范围，增加同义词语；充分利用相关文献的类号、主题词等。

(6) 是否杜绝选择不相关文献。

8. 文献对比分析审核

能否正确地对相关文献进行对比分析是能否顺利、准确得出查新结论的重要前提。

面对这些问题，审核员需要凭借自己多年的查新审核工作经验，花费一定的精力，带领查新员在认真阅读、领会密切相关文献和把握整体、突出要点的基础上，深刻理解相关文献的核心技术内容，对照查新点，按照各种内容和技术要素，逐项分别进行对比分析，不能模糊比较，也不能简单概述。对比分析要始终以查新点为核心进行。

9. 结论审核

结论审核就是对查新结论表达的准确性、客观性和公正性进行把关。首先要综述检索范围和文献检出情况。查新结论表达的常见问题包括：没有以相关文献为依据进行对比分析分析，只给出“无相关文献报道”；结论写得太长，重点不突出，直观性差；直接引用查新委托人提出的创新点，给出结论；主观语言多，客观评价少；等等。查新结论中不得有水平性评价，更不允许出现“国际领先”“国内领先”的字样。审核查新结论是否偏离查新的任务，代替学科专家做出了项目水平的评价。

(三) 审核工作中的注意事项

审核环节是把握查新质量和查新报告质量的最后一关。因此，在查新审核的过程中，审核员也需要注意一系列的问题。

第一，从项目接手之初，审核人员就应参与其中，以倾听为主，当遇到交流障碍时，可以指导参与查新的人员或客户转变对话方式，开展有效沟通。在技术关键点出现理解差异时，查新人员应向客户展示自己的观点。

第二，审核员应持续提升沟通技巧和表述能力，提出建议应采用协商方式，态度应避免刚硬，并防止以命令的口吻提出要求。如在审核过程中发现问题，需与查新人员及客户即时确认达成一致，解决分歧，以预防审核结束时出现争议，影响审核流程。审核员对任何不同观点的提出，应慎之又慎，需有充分的根据。

第三，审核人员不应仅依靠与客户的对话来收集基础信息，而应深入阅读技术文档，运用自己的知识、经验进行判断。审核要严肃、细致又聚焦，注意报告的每一细节，例如，编号、委托和完成日期、数据库查询时间范围、参考文献格式，并对文本和标点等进行校核；同时，关键环节如查新依据是否成立、查询策略的合理性、搜索结果的相关性、对比分析的准确度等都不容忽视。

第四，由于一些查新机构并无全职审核人员，通常由担负其他行政职责的领导来兼任，这往往使审核员因行政工作量大无法专注于查新审核。因此，应推荐由专门人员担任审核工作，而非忙于行政事务的工作人员。

总体来看，科技查新服务的核心在于其工作质量。查新机构必须严肃看待审核环节，绝不能草率了事；应重视审核人员的选择和培养，鼓励其不断学习和自我完善，强化学习意识，紧跟学科发展和热点，逐步提高个人综合素质，以快速掌握查新项目的核心和结构，提高关键环节的审核质量，确保查新报告的权威性及科技查新工作的活力。

第五章　学科服务

随着互联网技术、数字技术、人工智能技术的不断深入发展，图书馆用户信息需求不断向网络化、数字化、移动化发展，图书馆业务工作面临着前所未有的机遇和挑战。高校图书馆利用馆员学历和资源优势培养了一批不仅具有较高检索能力，还熟悉某些学科专业知识的图书馆馆员，开展更深入的知识服务，由此产生了学科馆员。学科馆员的产生推动着图书馆知识服务的不断发展，进而产生了学科服务。学科服务是图书馆从重藏书向重服务转型的产物，提供学科服务的主体以高校图书馆居多。

第一节　高校图书馆学科服务现状

一、学科服务的概念

图书馆长期以来一直承担着收集、整理和提供文献资源三项基本职能。而高校图书馆是依附大学设立的，这就决定了高校图书馆的服务要基于高等学校的基本职能，必须为教学和科研而服务，承担着为社会主义现代化建设培养高素质人才的基本任务。所以高校图书馆有别于公共图书馆，具有教育、专业信息情报整合与传递、协助高校学科建设与发展等公共图书馆不具备的职能，并在职能延伸与发展过程中，逐渐形成了特有的“学科服务”项目和“学科馆员”制度。

学科服务是伴随着“学科馆员”制度而产生的。1998 年，我国图书馆界出现“学科馆员”制度，初期的学科馆员是针对某一领域、某一特定师生开展一系列服务工作的人员。多年来，学者们试图从不同角度、不同领域、不同维度等方面对学科服务进行全面而科学的定义。2003 年，学者张晓林指出：学科服务使信息服务“学科化”，使得服务内容知识化，不是简单的文献检索与传递。中国科学院国家科学图书馆的李春旺教授在《学科化服务模式研究》中也论述了学科化服务是高校图书馆服务于教学和科研的主要手段，首次明确了“学科化服务”是高校图书馆业务工作的核心。而学者唐淑香认为：高校图书馆以用户需求为中心，以学科馆员为实践主体，以个性化、专业化、知识化服务为手段，以提升用户信息获取与利用能力为目标，按照院系、学科、专业、项目、课程等来组织人力和物质资源，为广大师生教学及科研的自主创新提供有力的信息保障。2005年，清华大学将学科馆员组改名为学科服务组，随后，复旦大学、东南大学、上海交通大学等高校陆续推出“学科服务”，加深和强化了学科服务的职责，引发了高校图书馆传统信息服务模式与服务质量的重大变革。经过业内专家多年的研究与探讨，在2008年“学科服务创新与深化”高级论坛中，初景利教授将“学科服务”定义为从理想的模式与机制的角度而言，学科馆员的服务不仅仅是一种服务，也不仅仅是用户联络、参考咨询、用户培训、学科资源建设，它不是图书馆众多服务中的一种，而是站在用户的角度，从用户的利益出发，顺应用户的行为，调动全馆以及所有可能的人力、物力、财力资源，融入用户物理或虚拟社区，以知识服务为手段，为用户构建一个适应其个性化信息需要，适应其学术交流需要的信息保障环境。

二、国内学科服务现状及存在的问题

（一）国内学科服务现状

目前，国内高校图书馆在学科服务实践方面做得比较好的主要在“985工程”和“211工程”院校，如清华大学、华中科技大学、电子科技大学等已建立学科服务的相应管理协调机制，并且有较为成熟的学科服务团队。清华大学图书馆、华中科技大学图书馆、电子科技大学图书馆的主页均显示有超过20名学科馆员，按照馆员的专业与学院对口进行设置，服务内容主要涉及院系联络、学科资源建设、信息素养教育、学科情报分析、学科规划等。一些国内一流高校图书馆利用自身影响，也正在不断扩展学科服务范围、提升学科服务内涵，多以数据库平台或开放智库等形式提供信息服务。如北京大学图书馆建设了开放研究数据平台，提倡科研数据共享，该平台涉及北京社会经济发展调研信息、中国家庭追踪调查信息以及中国老年健康影响因素调查信息等。清华大学图书馆建立了中国经济社会数据研究中心等平台，为首都地区发展提供情报助力，带来社会效益。

近年来，我国高等教育机构的图书馆在提供学科特定服务方面已经取得了显著成就，服务的广度、深度和多样性均有了显著提升。无论是在理论探究还是实际操作上，这些服务都显示出其有效性，成为推动图书馆服务创新和支援高校学科发展的一大特色。

（二）国内学科服务存在的问题

1. 过分强调全面性

学科服务作为一个全面的概念，所包含的服务类型、内容、方式等灵活多变，并非所有高校都有实力全部囊括。现阶段，由于面临新时代背景下图书馆变革的巨大挑战，特别是高校图书馆为强化自身在高校的文献资源服务中心地位，过分追求学科服务的“大而全”，急于提升学科服务水平，以期满足所有用户需求，对于学科服务理论涉及的各种业务，不加甄别原样复制，对于其他图书馆的学科服务优秀案例也原样照搬。“大而全”的学科服务虽然能最大限度地满足用户需求，提升图书馆在高校的影响力，但是很多高校图书馆并无足够的人力、资金、软硬件设施来支撑全方位、多维度的学科服务，最终只能将设想停留在制度和理论上，某些服务无法真正落地，更无法提供全面优质的学科服务。

2. 盲目追求高水平

随着学科服务在各大高校的推广，各高校图书馆纷纷开展智慧型、深层次、主动性和研究型的高水平学科服务，如“嵌入式”学科服务模式在现阶段受到很多高校的追捧。但是如果要达到高水平嵌入式、个性化的学科服务层次，不仅对高校图书馆的复合型专业人才有较高要求，还需要一些信息化、智能化基础设施来提升用户体验。图书馆如果同时具备足够的人力和基础设施支持，就可以稳步推进高水平、深层次、个性化的学科服务。但是目前国内各类型图书馆的人力资源队伍和软硬件资源水平条件参差不齐，并非所有图书馆都拥有开展高水平学科服务的基础条件。如果没有足够数量合格的复合型学科服务馆员，且没有软硬件条件支持，就盲目追求高水平的学科服务，最终高水平学科服务只会成为没有内涵的纸上谈兵、空中楼阁。

3. 人才队伍匮乏

现代图书馆的发展受到各方面因素的制约，人力资源困境已经成为业界一大难题。由于高层次的专业学科服务人才匮乏、图书馆人员招聘受限等，很多学科馆员其实是身兼数职，既要承担部门日常的业务工作，还要进行学科服务、教学等工作。很多高校专业众多，但是学科馆员寥寥无几，无法满足“一个专业对应一个学科馆员”的学科服务模式，往往一个学科馆员需要面对数个学科，且这些学科也不一定全部是学科馆员所学专业。学科馆员对于自己所学的专业可以较好地开展工作，而对于兼任的其他专业很难做到高水平、深层次的学科服务。图书馆为提升学科服务的受众进行各种宣传，提出各种计划，但是一对多的学科馆员和多而不专的学科服务对象难以达到优质的服务效果，最终学科馆员投入了很多精力，但学科服务的收效并不如人意。

三、医学高校图书馆学科服务现状

医学高校图书馆为医学生、教师及附属医院的医护人员提供信息资源支撑。虽然国内高校图书馆学科服务已经趋向完善，考虑到医学这一专业领域所具有的独特性质，如其自然科学和社会科学的结合、实际操作与探索精神的融合，以及学科知识体系的系统性和个性化，加之医疗实践的风险和职业道德的要求，医学领域的学科服务需求与一般学术机构的服务有着本质的不同。因此，传统的学科服务模式、内容和经验可能并不完全契合医学院校图书馆的需求。在支持学科建设和人才培养的过程中，医学院校图书馆必须紧密关注这些基本特征和医学教育的特殊性，以发展出更具针对性和适应性的学科服务体系。尤其在当下数据信息飞速增长的时代，高校“双一流”建设和“健康中国”的背景下，为广大医学生和医学科技工作者提供多元化、多维度的学科服务，正是医学图书馆面临的机遇和挑战。

目前国内医学高校图书馆的学科服务，除了北京大学医学部、同济大学医学院、浙江大学医学院等综合性大学的医学院开展的学科服务有一定的成效外，其他独立建制医学院校图书馆在学科服务方面还有不少努力空间，而且在不同地区之间存在差距。主要表现：首先，很大一部分医学院校图书馆在其官网网页上设置的服务内容中并未列出“学科服务”项目，如天津医科大学图书馆、安徽医科大学图书馆、哈尔滨医科大学图书馆等，而即使设置了“学科服务”栏目的图书馆，其提供的信息量并不多，且学科馆员信息公开不够；其次，某些提供学科服务的医学院校图书馆并无专门的学科服务部，其学科服务团队属于挂靠型组织，专兼职的学科馆员分散于图书馆各个部门，如南方医科大学图书馆的学科馆员来自参考咨询部、文献采编部、综合业务部、知识产权信息服务部、决策信息部、流通阅览部、文献资源建设部等图书馆的各个部门；再次，学科服务受重视程度不高，大部分学科馆员很难得到用户的接受和认可，学科服务内容很难达到知识服务的深度，如南方医科大学学科服务内容包括推广图书馆服务与资源、听取师生的文献与服务需求、培训电子数据库的使用、支持师生科学研究信息获取、评估学科文献资源配置、解决利用图书馆过程中的问题等，所以学科服务的效果在大多数医学高校里不是很理想；最后，医学高校图书馆学科服务受众范围有限，除了本校师生和附属医院的医护人员，并没有发挥医学信息专业的优势，也没有对周边或社会起到良好的医药、卫生、健康信息带动作用。

与之相比，国外一些发达国家的医学高校图书馆的学科服务，覆盖范围更加广泛，服务内容更加深入，在提供健康信息宣传、建设医学卫生数据库以及获取纸质资源等方面，国外医学院校图书馆的做法为我们提供了有益的参考。特别是在健康信息的宣传上，美国、澳大利亚、新西兰等国家的医学院校图书馆针对普通大众开展了各种形式的健康促进活动，这包括利用移动应用程序和社交媒体平台提供公共福祉性质的临床决策支持、患者教育服务以及预防性医疗资讯。同时，在医学和卫生数据库的建设上，这些国家的图书馆充分利用了其学科馆员的专业知识背景。例如，英国医疗卫生图书馆学科馆员通过全面搜集和整理医疗卫生领域的各种信息资源，建立临床知识服务体系、医疗研究信息、卫生保健数据等，为本国医疗领域从业人员提供个性化知识推送服务；巴黎第五大学图书馆与国家卫生部门合作，向公共卫生数据库提供医学数据支持；美国德克萨斯大学Moody医学图书馆专门建立了生命健康信息支持中心，为本地区的医学信息资源共享做出贡献。在公众纸质资源获取服务上，美国、日本、英国、澳大利亚等国家的医学院校图书馆将本馆的医学、健康信息资源面向社会，提供各种形式的阅读与外借服务，如梅奥医学院、东京大学、杜克大学等医学图书馆向公众提供馆内专业书籍的阅览服务，剑桥大学医学图书馆为国家医疗服务系统与医疗研究院剑桥地区的医学工作人员提供精准的馆藏借阅服务。从以上服务内容可以看出，国外图书馆的学科服务与专业深度契合，能够最大化发挥学科馆员的专业价值，并对学校周边地区甚至国家范围内的相关工作人员与普通民众起到很好的健康、卫生、医疗信息传播作用。

高校图书馆作为高校文献资源建设中心，不仅为师生提供教学资源服务，还为高校学者开展科学研究提供文献资源服务。基于此，对于专业性较强的医学高校图书馆，其学科服务的群体、内容、方式等方面更具有挑战性。因此，有学者将医学院校图书馆学科服务定义为发挥学科馆员医学专业知识，利用现代化学科服务工具，融入院系、科研团队、教学团队，深度挖掘用户信息需求与行为，以提升用户医学信息素养为基点，不断为师生教学科研、临床实践、创新探索等主动提供个性化知识服务。

第二节　医学高校图书馆学科服务要素

依据医学图书馆学科服务的定义，其学科服务要素可以概括为学科馆员、学科服务对象、学科服务工具、学科服务方式、学科服务策略。这些要素相互关联，互为补充，相互作用，确保学科服务工作有序开展。

一、学科馆员

学科馆员是图书馆从事学科服务的专业人才。他们为用户提供所需求的学科信息和服务，主动地、有针对性地收集学科动态信息，为用户提供准确的、有价值的学科信息服务。学科馆员一般能有针对性地为教学、科研提供有力帮助。多数高校图书馆会设置专人与某一个院系或学科专业建立联系，在院系、学科专业与图书馆之间架起一座桥梁，学科馆员与师生相互沟通形成科研团队合力。

学科馆员既是学科服务工作的主要承担者，也是学科服务实践主体，同时还是图书馆资源的推广者。作为一名医学学科服务馆员不仅需要具备超强的信息获取能力，掌握服务相关专业的学术知识，还要满足基础医学、临床医学、药学、护理学等不同专业需求，只有这样才能成为一名优秀的学科馆员。医学图书馆学科馆员应具备较强的医学知识，这就要求医学图书馆加强人才队伍建设，一是引进具有医学专业背景的馆员；二是对没有医学背景的学科馆员进行医学专业知识的培训，不断提升人才队伍医学知识储备，丰富知识结构，建设一支具有较强医学文献检索能力、医学学科前沿捕捉能力、信息化工具应用能力的高素质医学学科馆员人才队伍。

二、学科服务对象

读者是图书馆服务的对象，是文献信息资源的使用者，通常也被称为“文献信息用户”。广义的读者是通过一定方式获得认证，具有使用图书馆资源权利的社会成员，因此，个人、单位和集体都可以成为图书馆学科服务的对象。学科服务对象（用户）是学科服务的核心，用户类型决定了学科服务的策略和内容，用户需求决定了学科服务的广度和深度。在学科服务中准确进行用户分析是开展学科服务的先决条件。

医学高校图书馆主要为医学院的师生和附属医院的医护人员教学和科研提供文献信息资源服务，以临床、教学、科研及管理人员为其主要用户群体，依据医学图书馆用户群体特点，可将其学科服务对象分为教师、学生、临床医生、管理者、社会读者等。用户需求因用户的身份类型特征而有所不同，针对不同的用户类型和需求，学科馆员需要提供差异化的学科服务。

三、学科服务工具

学科服务工具是指学科馆员为满足读者个性化的文献需要，所使用的各种文献信息搜索、加工、分析、展示工具。在数智时代，互联网的发展使得移动技术、数据挖掘技术以及社交网络技术不断渗透到人们的生活、学习和工作中。社交软件、新媒体、数据挖掘、人工智能等新技术也被应用到学科服务中，不断地丰富学科服务工具的种类。高校学科服务工具大致包括以下几类：

（一）资源平台

学科服务需要依托图书馆本身或外部的资源平台，学科资源平台如数据库、开放获取（OA）资源、图书馆馆藏资源、视频资源数据库、自建特色数据库等是学科信息的主要来源。学科馆员通过资源平台收集、筛选、整合各类学科信息提供给用户。因此，图书馆对资源平台的建设直接影响学科服务开展的深度和广度。医学图书馆开展学科服务，在知网、万方、维普等常用数据库外，更需要重点建设医学特色数据库，并广泛汲取 OA 资源，敏锐获取国内外医学前沿信息。

（二）学科服务平台

学科服务中的知识获取、整合过程虽然常常在虚拟空间开展，并借助互联网、计算机技术手段，但学科服务开展也需要依托图书馆的物理空间，形成馆员与用户之间的现实交流沟通，形成图书馆学科服务与空间服务的有机融合。图书馆可以根据空间功能设置学科服务面对面委托交流区、交流研讨区、自助查询区等，为用户提供现实的学科服务体验。

具体而言，学科服务平台可分为图书馆自建学科服务平台、商业化学科服务平台和学科增值服务平台等类型。

（三）统计分析软件

学科馆员运用 SPSS、CiteSpace、UCINET、Bicomb 等软件进行学科分析，为用户提供学科分析报告。

（四）新媒体和新技术

1. 基于新媒体技术来升级学科服务模式

学科馆员通过 QQ 群、微博、微信公众平台、邮箱等新媒体提供信息服务。

2. 学科服务的技术体系构成了服务的信息化基础

16 世纪以来，人类社会的发展经历了工业化、电气化、数字化等一次次技术飞跃，现代图书馆学科服务可以应用现代最前沿的科技理念，综合运用互联网、无线网、物联网、大数据、云计算等现代科学技术，以科技的智慧提升学科服务的准确性和智能化水平。

四、学科服务方式

图书馆学科服务方式是指为满足读者个性化的文献需求，而使用的各种文献信息服务方式和手段。高校图书馆学科服务方式通常包括教学支持服务和科研支持服务。

教学支持服务包括教学参考书保障、为专业教学提供数字化服务、开设文献检索课程、嵌入专业课程的讲座等。科研支持服务包括文献资源保障、学科信息推介、文献检索证明、科技查新报告、定题文献调研、文献计量分析、知识产权信息服务等。图书馆保障教师教学过程中需要的教材、教学参考书（以下简称“教参”），并提供数字化服务；为本校教师提供课程指定教材教参的电子教参服务，在版权允许范围内提供给开课教师和学生使用；学科馆员与专业课教师合作开展文献检索课程教学，或主动嵌入到专业课程并提供相关数据库的讲座。学科馆员根据学校的学科建设和科学研究的需要，主动联系相关院系，了解各院系的文献资源需求，及时反馈给图书馆文献资源建设部门，确保师生的文献资源需求得到满足。学科馆员及时推送和介绍图书馆与本专业相关的新资源和经典资源。学科馆员还可以为学校或课题组提供学科分析报告和论文统计数据，提供基于文献计量的决策信息支持和评价咨询服务；配合学校学科建设，提供重大科研项目的知识产权支撑服务；承担知识产权信息培训；开展知识产权信息素养教育等服务；培养医学信息素养，构建公共健康知识平台、开展知识服务宣传等。这些服务方式相互渗透、互为补充、共同发展。

五、学科服务策略

学科服务策略是指采用各种工具、手段、平台开展学科服务的方法，根据不同用户的需求，选择如查收查引、科技查新、用户培训、定题检索、ESI 情报分析、知识产权服务、课题跟踪等策略。具体实施过程中，不同的学科服务机构根据自身特点会采取不同的策略，目前比较流行的学科服务有嵌入式学科服务、主动式学科服务、平台自助式学科服务等。学科服务策略需要充分发挥图书馆馆藏资源的优势，并能联结学科馆员和学科用户，根据学科服务过程特点制定不同的学科服务模式，使图书馆学科服务更具有针对性和便捷性。

第三节　医学高校图书馆学科服务创新探索

1998 年，清华大学图书馆在国内率先创立学科馆员制度，此后，北京大学、南开大学、武汉大学等国内众多高校先后推出了学科服务，很多公共图书馆也陆续推出学科服务，以满足读者日益增长的知识信息需求。新时代背景下，图书馆职能不断深化和扩展，如今，学科服务已经成为图书馆提升服务水平、助力教学科研的一种重要服务模式，赢得了高校师生和社会读者的普遍支持，也在图书馆界得到普遍认同。社会发展和信息技术创新推动了学科服务的发展，涌现了各种学科服务模式，如专职兼职学科馆员服务模式、嵌入式学科服务模式、基于用户需求的学科服务模式、基于资源平台的学科服务模式等。随着大数据时代的来临，用户需求呈现多样化和个性化特征。医学领域日新月异的发展和各类突发公共卫生事件，也对医学学科服务提出了更严峻的挑战。当前，在复杂多变的学术大环境下，医学图书馆的学科服务也必须与时俱进、变革创新。

随着大数据、物联网、云计算、区块链和 5G 等信息技术的不断进步，学科服务的创新面临着更加广阔的发展空间、更加多样化的途径以及更加广泛的内容。掌握医学领域的特殊性，并利用自身的资源和服务优势，通过创新的服务模式来适应政策趋势和需求变化，为广泛的用户群体提供尖端、多样和多维的服务，构成了学科服务创新的基础。“健康中国”战略的推出，为医学图书馆在学科服务的深化与扩展、角色的转换与革新方面带来了新的机遇。这要求我们重新审视学科服务的内涵与外延，并从“外部合作”与“内部创新”的角度来深入探索学科服务的更多可能性。

一、图书馆的社会责任与外部合作

所谓的“对外”，涉及医学图书馆履行其社会责任。在目前校际合作、共享经济和图书馆联盟等合作模式不断演进的背景下，图书馆有责任向社会提供服务，进而创造更大的社会价值。

（一）建立图书馆学科服务的地域性联盟

地域性联盟是一种合作机制，其核心在于优势互补，以达到共同增值的目标。诸如南京医科大学、上海交通大学医学院和复旦大学医学院图书馆等联盟，它们都是以资源共享为基础，向医疗机构提供多样化的知识服务。这些联盟主要是在医学院校图书馆与附属医院之间构建资源共建共享的平台。而地域性联盟则意味着更广泛地利用现有资源，实现不同高校之间，甚至不同性质的机构之间的合作，例如，与同一地区内不同学科的高校，或者跨区域同一学科的高校图书馆进行资源互借和馆员协作，共同营造一个资源共享和学科服务互助的氛围。此外，还可以与区域内其他医学相关机构如卫生管理部门、社区卫生服务中心、养老院、私人诊所、疾病预防控制中心等建立合作关系，医学图书馆为这些机构提供专业的医学信息情报服务，而这些机构则为图书馆的学科服务提供反馈、帮助宣传，从而促进学科服务质量的提升和多渠道发展。

（二）推行“资源共享”模式的学科服务

在当代图书馆领域，共享馆藏资源已逐渐成为常态。然而，资源共享不应仅限于高校或图书馆联盟之间的互借互还。医学图书馆拥有丰富的纸质书籍、电子资源、服务资源及其社会职能，应当拓展资源共享的概念，确保这些资源能够从社会中获得并服务于社会。例如，可以制定合理的共享政策，明确社会读者对于馆内纸质资源的借阅权利和对数据信息平台的访问权限，以满足公众对医学信息的需求。此外，利用学科馆员的专业知识，定期为社区居民和私人诊所提供医学信息素养讲座和健康医疗专题培训，实现服务资源的对外开放和共享。这种“资源共享”模式的学科服务，不仅有助于促进高校资源的广泛分配、图书馆资源的优化利用，也是图书馆服务创新改革的一种体现。

（三）构建面向大众的健康知识服务系统

在大数据和移动互联网技术深刻影响各个行业的背景下，数据资源的爆炸性增长正推动着各领域的转型更新，同时也为学科服务的革新提供了新动力。医学图书馆作为生物医学信息的重要枢纽，尽管拥有大量的数据资源，但在数据研发和应用方面仍有较大的提升空间。为此，有必要利用医学图书馆的数据资源，强化公众健康知识的服务能力，打造一个综合性服务平台。在遵守相关法律法规的前提下，该平台将整合医药卫生信息，并将其转化为易于社会大众理解的健康保健知识、生活方式与疾病预防等内容，并设置主题管理、资源管理和互动交流等功能模块。通过这个平台，用户可以迅速检索到所需的信息，并获取相关的知识内容。同时，学科馆员可以通过该平台提供实时在线咨询服务。此外，考虑到社交网络的广泛使用，服务的触角还可以延伸至微信、微博等社交媒体平台，例如，设立微信公众号，将信息发布、在线咨询和健康教育等功能集成于微信公众号，使得学科服务可以更加便捷地融入用户的日常生活，让用户能够随时随地通过移动端获取所需信息。

（四）实施特定主题的信息服务

特定主题的信息服务旨在为具有合作关系或区域内的相关医学机构提供专业化、规范化、定制化及具有前瞻性的医学信息。通过网络，可以建立一个信息智库平台，向合作医院、社区医疗机构、医学协会等提供最新的健康数据、临床决策支持、循证医学信息和科研参考资料，并确保这些信息数据的持续更新。同时，应设立高效的咨询和反馈系统，以便在线上针对用户问题提供即时回答，并根据用户反馈调整信息服务内容。线下方面，利用医学情报学和医学信息学的理论知识和实践经验，定期为医学相关机构的工作人员举办专题讲座，涵盖医学文献检索、医学统计学或循证医学等领域，从而有效减少工作人员在日常工作或研究中可能出现的常见且可避免的错误，并提高他们的医学信息素养。

（五）塑造文化传承空间

图书馆承载着记录人类历史演进的图书资料，并肩负着搜集、处理、组织以及守护这些珍贵文献的传统使命。作为保护民族文化财富的要地，图书馆在文化传承方面扮演着关键角色。医学图书馆尤其是中医药图书馆，除了拥有丰富的书籍资源，很多都在积极打造富有特色的文化展览区。例如，安徽中医药大学图书馆的特藏部门设立了古籍修复室，提供从古籍印刷到线装书制作再到古籍修复的一系列体验活动，以此营造一个传统文化的传承空间。医学图书馆可以发挥其专业特长和独特资源，建设各种形式的文化展区，如画廊、墙报、学习园地等，吸引师生及社会各界人士前来探索和体验医学文化的独特魅力。此外，医学图书馆可以通过举办“世界读书日”等活动，倡导全民阅读，弘扬阅读文化，同时精心挑选和加工馆藏的纸质资源和电子资源，向读者提供富有启发性和价值的精神滋养。

二、学科服务内部创新策略

“对内”指的是医学高校图书馆向学校本身提供服务，这也是学科馆员的主要职责。为了实现服务的内部创新，可以从以下几个方面进行努力。

（一）强化“嵌入式”学科服务模式

尽管国内医学图书馆积极推广“嵌入式”学科服务，并且已经积累了一些积极参与科研团队的案例，但是这样的服务往往形式大于内容，缺乏多样性，用户信任度不高，导致学科馆员的重要性被忽视，从而影响了整体服务的效果和馆员的积极性。相比之下，国外的“嵌入式”服务在20世纪70至80年代就已成熟，学科馆员能够直接参与临床讨论，为解决临床问题提供丰富的信息支持，并获得更多的重视。要深化“嵌入式”学科服务，就必须打破以往的局限，实现质的飞跃。

首先，需要通过宣传校内的制度和政策来提升学科馆员的地位，让更多的师生认识到学科馆员的价值，确保学科馆员在服务中有足够的话语权，并增加用户对服务的接受度和认同感，真正做到将学科馆员视为科研团队的一部分。同时，学科馆员也应当满足一定的条件，不仅需要具备医学专业背景，还要熟悉信息学研究方法，紧跟相关研究的前沿动态，以确保“嵌入式”服务的高质量。此外，科研团队应有开放的心态，充分信任学科馆员，并在馆员加入团队之前签订书面协议，明确双方的权利和义务，以法律手段保障双方利益。科研成果的公布也应体现团队合作的理念，尊重和肯定学科馆员的贡献，以提高他们的积极性和参与度。最后，“嵌入式”服务应始终以满足需求为导向，要求学科馆员深入理解项目的本质，提供有价值的参考信息，根据团队成员的需求提供方法论指导，不断更新自身的知识和技能，以适应项目的进展。这些才是“嵌入式”学科服务的理想化状态。

（二）定制化服务与多层次支持体系

为了适应不同用户的需求，优秀的学科服务体系应当基于用户需求的多样性，提供个性化定制和分层次的服务。目前，我国医学图书馆在专业馆员资源方面相对不足，与国际水平相比在个性化服务和层次化服务上存在一定差距。随着服务团队的成熟和壮大，可以考虑逐步实施分层次服务。

1. 针对学生群体

例如，在本科生刚入学时，可以安排专业对口的学科馆员负责指导学生在校期间的信息查询和学科问题解答。通过组织数据库使用讲座、信息素养培训和阅读推广活动，帮助学生充分利用各类资源。对于研究生，由于其在学习和研究过程中需要撰写和发表论文，学科馆员可以为其提供论文投稿指导等专业辅导，建立研究生信息交流平台，定期按专业推送各个级别的期刊收录信息，提供官方投稿途径，推荐合适的期刊，并分享学术领域的最新动态。

2. 对于科研团队

学科馆员可以在项目的立项、执行和结题阶段提供支持，跟踪相关学科的研究课题，向科研团队提供研究领域的前沿和热点信息，参与科研项目的选题过程；在研究过程中，及时更新领域内的研究成果，帮助科研团队掌握学科发展趋势，调整研究方向；在项目结题阶段，协助科研人员进行文献管理和投稿建议。

3. 面向学校的科技处、人事处、发展规划处等行政部门

学科馆员可以利用医学和情报学的专业优势，进行学科影响力的分析和评估，帮助学校确定自身定位，识别优势学科和弱势学科，促进学科布局的优化和发展。同时，对科研人员的科研绩效进行评估，评价其科研贡献和学术潜力，辅助建立人才评价体系，为人事制度的改革提供参考。

4. 面向专家

针对学校的高级专家，主要提供个性化定制服务。这些专家通常拥有完善的学术体系和成熟的研究思路，能够准确把握专业领域的前沿发展。因此，他们需要的个性化学科服务支持往往类似于科研秘书的工作，包括学术文献整合、数据分析、撰写调研报告、对外联络等一系列高度专业化的定制服务。

（三）交互式的学科服务模式

基于共创价值的理念，学科服务应构建一个以服务手段为基础，以服务对象为主体，以学科馆员为辅助，以资源为中心的互动式服务框架。在这个框架中，资源作为核心，整合了包括传统馆藏的纸质资源和电子资源、学科馆员的智慧以及将服务对象视为可操作资源，他们的反馈、需求和满意度是驱动学科服务创造价值的重要因素。

在执行层面，通常以医学图书馆的信息和资源为基石，利用线上和线下多种渠道，依靠图书馆学科馆员团队的支持，构建一个全方位互联的“图书馆—学科

馆员—院系师生/附属医院/科研团队/项目组”共创价值型学科服务体系。这个体系的总体架构涵盖基础设施层（特色馆藏资源、医学情报信息）、基础支持层（学科服务团队）、应用服务层（学科情报分析、“嵌入式”学科服务、医学信息素养教育、培训、讲座等）和门户展现层（服务对象满意度及反馈）。

在初期阶段，面向学校院系和附属机构进行访问和需求调研，收集并整合院系师生、科研团队、项目组、学科领域专家等服务对象的需求，指派相关专业的学科馆员，根据需求的优先级和工作安排，通过发放宣传资料、新媒体推送、讲座培训、答疑咨询等线上线下结合的方式，多层次、多维度地提供学科服务，并定期收集用户意见和建议，开展满意度调查，根据用户的反馈不断调整服务方式，完善服务内容。在整个服务过程中，以用户的反馈为焦点，实现图书馆资源的优化配置，促进用户对学科服务的参与，以及提升馆员的个人价值。这一策略标志着高校图书馆学科服务从被动响应向主动创新转变，图书馆应当将自己定位为高校教学和科研服务的学术领导机构，在提供针对性学科服务的同时，突出用户的主体地位，联合资源、馆员、用户三方，共同实现学科服务的价值共创。

（四）培育医学生全方位人文素养

医学不仅蕴含着科学的深度，也承载着人文的温度。图书馆作为校园内文化交流的核心地带，以其独特丰富的资源和雅致宁静的环境，成为校园中最具艺术与人文氛围的场所。利用这些优势，图书馆可以提供多样化的服务，开展面向医学生的多维人文素养培养项目，从而助力医学生在道德、艺术和人文情感方面的全面成长。在此过程中，身为专业学科馆员的医学教育者，可以结合医学知识和人文视角，对学生产生更深远的影响。

具体活动可以采取线上与线下相结合的方式，例如，利用假期组织医学人文主题阅读打卡活动，设置特色红色文化阅读区，开展以“品经典之韵，寻阅读之乐”为主题的静阅读挑战赛、设计创新性医学主题书签大赛等，以此点燃学生的爱国心、爱党情、爱校意，并强化他们的文学艺术修养。通过这些活动，促进医学生铭记职业初心，坚守医者仁心的职业使命。此外，这也有助于学校培养德才兼备的医学人才，并加强图书馆在协同育人中的作用。

（五）优化学科服务质量评估体系

在目前的实践之中，具有完善的绩效评估和用户反馈机制的高等教育机构并不多见，特别是在医学院校中，此类体系的建立更为稀缺。一个精心设计的评价体系对于推动学科服务的创新与发展至关重要，能有效提升学科馆员的积极性和创新能力。

在评价体系的具体执行上，应当考虑结合各自机构的特点和规章制度，对学科馆员进行周期性的绩效考核。考核可以基于多个维度，包括学科服务的质量与范围、资料整理的及时性、工作量（例如，培训参与人数、拜访频次、举办的活动数量、任务的难度等）、查新服务的触点、用户的评价与反馈等。这些指标既包括量化数据也包括定性分析，从而全面衡量学科馆员的工作成效和服务的实际影响。同时，应实施奖励制度，对于那些难度较高、创新性强且获得高评价的学科服务项目，应给予额外的奖赏以激励馆员。

不容忽视的是，鉴于医学和信息情报学领域的快速发展特性，学科馆员需要不断学习和更新知识。因此，在进行绩效考核的同时，还应当强调对学科馆员持续教育和培训的重视，确保他们能够紧跟学科发展的步伐，不断提升专业服务水平。

三、医学图书馆学科馆员的职业重塑

被称作“学科馆员”的图书馆工作人员，基于医学这一特殊领域的需求，面对医学与信息技术飞速发展的现实，以及读者对信息日益精细化和个性化的需求，他们的工作正承受着更高的期望和更多挑战。传统的图书馆工作人员已不足以应对这些高级的专业信息服务任务。学科馆员需借助其医学知识背景的优势，并接受系统的文献信息管理专业训练，以便向医学领域的读者提供专业化、纵深化、定制化的信息检索和利用服务。在医学院校或医院中，无论是教学、临床还是科研，相关人员都需要投入大量时间和精力进行文献检索和研究，而学科馆员能够积极提供专业的、针对性的服务，极大地提升了教师和医生的工作效能，优化了工作成果。然而，从国内医学图书馆学科馆员的现状来看，许多图书馆面临人员不足、专业化程度不高、自我认同感不强、缺乏主动服务意识等问题。在美国，学科服务专员通常需要具备美国图书馆协会（ALA）认证的图书馆情报学硕士学位（ALA/MLS 或 MLIS）以及特定学科的专业知识和工作经验。按照这一标准，医学图书馆的学科馆员应接受医学和情报信息学的跨学科培训。但国内医学图书馆中具备这样专业背景的馆员十分稀缺，很多馆员不仅在专业知识的解读上遇到难题，而且在信息获取和处理上也面临挑战；即便是拥有跨学科背景的馆员，也需要在工作中不断地更新自己的医学、图书馆学、统计学、计算机科学等多领域的知识，并且在实际工作中不断学习和积累经验。因此，医学图书馆的学科馆员需明确自我职业定位，增强职业认同感和信念，并在以下方面重新构建自己的角色认知。

（一）学科馆员贯穿科研全流程

学科馆员需意识到自身在科研领域内的重要性，他们构成了科研人员与信息情报之间的桥梁。根据相关数据，科研活动中有高达 58%的时间被用于检索和阅读文献资料。从科研课题的确立、寻找解决难题的思路和方法，到撰写研究成果的报告，这些环节均依赖于信息情报学的支持。由于科研人员通常受限于时间和能力，在情报搜集方法、资源获取途径等方面面临着不小的挑战，因此，其处理文献信息变得尤为困难。这时，学科馆员应当作为最佳的协调者，通过参与科研项目的定题、执行、问题分析和结题等各个阶段，提供不同类型和形式的服务。例如，项目启动前的查新服务，执行过程中的最新资讯推送，问题解决时的方法论整合与文献指导，以及结题阶段的期刊建议、文献管理、成果鉴定和报奖查新等，为科研项目提供实质性的辅助，让科研人员深刻感受到学科馆员的重要性。

（二）学科馆员是科研质量的监督者

自改革开放以来，我国的科技规划和管理体系经历了持续的调整与优化，适应了不同阶段科技进步的需求，并凸显了各个时期的改革与发展重点。这些努力对经济、社会的发展和科学技术进步做出了显著贡献。尽管如此，目前国家的科技规划和项目管理仍面临提升效率和品质的挑战，亟需进一步改革深化。为了实现《国家中长期科学和技术发展规划纲要（2006—2020 年）》设定的目标与任务，科技部在相关文件中强调了科研项目评审应以质量为核心，重视项目的创新性和水平，关注论文引用率等指标以及对学科发展的贡献；并且提出建立科研诚信体系，重点关注研究机构、主要承担单位及科研人员的信用记录和评级。此外，中国科学技术协会、教育部、科技部等 7 个部门在 2015 年共同发布了有关发表学术论文规范的文件，中国科学院科研道德委员会也发布了相关的诚信提醒，这些都表明了国家对于保障科研质量的高度重视。具备医学和情报信息学综合能力的学科馆员，了解当前的学科发展趋势，熟悉科研成果的质量评估方法和标准，因此在科研活动中扮演着监督和保障科研品质的重要角色。

（三）学科馆员创造了一定的社会价值

学科馆员不仅对高等教育机构的科研、教育和学科成长具有重要影响，还应认识到自身在推动社会信息专业化和标准化进程中的重要价值。这一认识同样预示着医学图书馆功能的转变及价值的扩展。凭借其医学领域知识和信息管理技能，学科馆员能在健康教育推广、医学数据库构建和医学信息能力提升等领域为社会服务。他们可以面向公众进行健康知识的普及活动，通过移动应用和社交媒体提供医疗、患者教育以及预防医学信息，并解答公众咨询；可以通过搜集和整理医疗行业信息资源，搭建临床知识库、医学研究资料和卫生统计数据等公共平台，为医疗专业人员和机构提供定制化的知识服务和数据支持；可以利用其教育背景，定期举办培训和讲座来提高普通公众的医学信息素养，增进他们对医疗健康信息的获取渠道和评判能力，获得高质量和权威的信息资源。通过这些活动，学科馆员在社会信息发展中担当重要角色，有助于推动整个社会的医学与健康文化向前发展，增强相关产业的成长动力，并提高社会整体福祉，同时也实现学科馆员的自身社会价值。

（四）学科馆员是很好的信息素养教育者

信息素养涵盖了使用信息工具和主要信息源解决问题的能力，包含了敏感性、操作性和批判性三个核心要素，即意识到“何时需要信息”“如何获取信息”“如何评价和应用信息”。临床医生或科研人员或许在其专业领域内技能娴熟，但对信息来源的理解可能不够全面，有时在信息评估上也缺乏必要的客观性。对于医学生和普通群众而言，由于缺少专业知识，他们在获取和利用医学健康信息方面的能力尤为有限。此外，在当前个人信息易受侵犯、网络环境存在风险的背景下，以及面对网络上的不负责任的言论，具备良好的信息判断能力显得格外重要。因此，学科馆员针对不同的目标群体开展个性化的医学信息素养教育至关重要。对科研和临床人员来说，可以扩大其信息获取渠道，推荐文献信息评价标准；对学生则应从基础知识讲起，介绍常用的信息文献数据库及其使用方法，教授网络信息检索的技巧和评估准则；针对普通公众，则应总结和指出虚假网站和平台的特征，传授防范信息诈骗的方法，并推荐可靠的网站和平台。在进行信息素养教育的同时，尤其要重视提升公众的网络道德意识和信息伦理规范。学科馆员的努力能够提高大众的信息意识，强化信息伦理的内在要求，从而提升整个社会的信息素养水平。

（五）学科馆员是知识创新追随者

鉴于医学和信息科学领域的快速更新和发展，以及大数据、区块链、云计算等新兴信息技术的持续进步，学科馆员要保持服务活力和质量，必须不断强化自身的专业能力和整体素质，成为新知识的追随者。学科馆员需树立终身学习的观念，跟上时代发展的脚步，了解医学服务对个人能力的要求，并有针对性地积累相关知识和技巧。例如，提高外语水平、掌握计算机操作技能、熟悉统计学方法等。同时，应制订培训计划，定期参与医学信息专业的讨论会、研讨会或学术活动，重视专业技能的提升；还可以通过网络开放课程和公开讲座等资源，听取业界专家的最新讲解和课程内容，持续刷新自己的思想理念，获取提供学科服务所需的新知识和新技术，从而提高专业素质，增强特定领域的服务能力，并为服务对象构建一个可持续发展的知识体系。

第六章　信息素养教育

信息素养教育是图书馆参与高等教育人才培养的核心内容之一，同时也是图书馆服务体系中不可或缺的重要组成部分。根据国际图书馆协会联合会（IFLA）发布的《全球愿景》报告所述，图书馆应当持续不断地调整自身以适应时代的变迁，以促进数字时代下有意义的学习活动，并且应当进一步拓展服务、加强合作与实践，以满足用户不断变化的需求。

第一节　信息素养教育概述

一、信息素养的概念

信息素养是一个综合性的概念，它涉及个人获取、评估、使用和创造信息的能力。这个概念最早由保罗·泽考斯基（Paul Zurkowski）于 1974 年提出，随着时间的推移，其定义不断扩展和深化。信息素养不仅包括使用信息技术的技能，还包括信息意识和信息能力，即个人对信息的主动关注、鉴别和评价信息的能力，以及有效使用和传播信息的能力。在中国，学者们对信息素养有更广泛的理解，不仅看重信息技能，还强调信息道德的重要性。例如，钟志贤将信息素养分为使用信息工具、获取信息、处理信息、生成信息、创造信息、优化信息利用、进行信息合作和具备信息防护等 8 个方面。而孙建军则认为信息素养是人文素养的一部分，强调了信息素养在个人全面发展中的作用。总的来说，信息素养是一个多维度的概念，涵盖了技术、认知和道德等多个层面，对于个人在现代社会中有效利用信息资源至关重要。

二、信息素养的特点

信息素养是关于组织、处理及利用信息的一种创新能力，体现为将信息转换成有用知识的品质和能力。这表明，信息素养是一个复合且广泛的概念。它囊括了众多方面，既涵盖了使用信息的意识和道德伦理，也包括了信息技术的操作技能、对各类软件的应用技能、创新资源的利用与开发能力，以及评估信息的能力。这些特点共同说明，信息素养不仅仅是个人修养或信息技术的简单概念，而是一种包罗万象的能力。

对当代大学生来说，信息素养是适应社会发展所必需的一种生存和发展能力。它是个人创新能力与社会需求结合的重要表现，是推动社会进步和个人成长的关键。这种能力的形成和提高，必须通过学习和教育来实现。因此，信息素养教育应侧重于信息的处理和应用能力的培养，旨在提升个体的创新能力，实现从信息到知识、从知识到能力、从能力到技术的转变和飞跃。简而言之，信息素养的核心特征包括以下几个方面：

（一）知识性

知识是构成信息素养核心的一部分，它扮演着将无序信息转换为有用知识，并进一步转化为智慧以服务于人类社会的桥梁角色。一个人的信息素养水平，很大程度上取决于其知识的广度、深度以及运用这些知识的能力。知识的广度有助于提升个体对信息的敏感度，并在繁杂信息中建立联系。深厚的知识基础则增强了筛选和转换信息的能力，使个体能够从众多信息中识别并获取真正有价值的知识。此外，知识运用能力的提高，不仅加强了个人的信息保护和创新能力，而且保障了信息在转化为知识时产生更好的传播效果，更有助于促进个人的成长。

（二）普遍性

首先，信息素养是信息社会中每个人必备的基础素养，体现在个体在日常生活和工作中与各式信息系统的交互中，利用信息技术解决问题的能力。其次，信息素养并非固定不变，不存在绝对的权威。在一个充满变革和创新的信息环境中，个体可以通过自我教育获得所需的信息知识和技能。年轻人通常对新概念和新技术具有更加开放的态度，有着更强的学习和适应能力，因此他们有潜力成为该领域的专家。在当今信息广泛覆盖的环境中，我们需要着重培养正确的信息道德观念，以及学会有效地筛选和处理信息。除此之外，信息素养还应该包括对信息法律和安全的全面认知，确保我们的所有信息活动都在法律框架内合规进行。同时，我们也需要积极保护个人隐私和信息的安全，特别是对于那些属于敏感信息的内容，要保持必要的保密性。

（三）层次性

在当今信息时代，信息素养已成为人们适应社会发展的一项基础素养。然而，由于个体与信息技术的互动程度不同，导致了信息素养在不同层次上存在差异。一般而言，信息素养可分为三个主要层次：公民信息素养、应用信息素养和开发设计信息素养。这一分类反映了从基础到高级的学习和发展过程，每个人的信息素养水平随着其认知和能力的增长而提高。最初，人们可能对信息技术只有浅薄的了解，信息意识不强，对信息道德的理解也仅停留在理论层面。在这个阶段，进行信息素养教育的目的在于培养公民的信息意识、基本信息知识和技能，以及信息道德观念，这可以视为信息素养教育的起点。随后，有些人可能会因为个人兴趣或工作需要更频繁地接触信息技术。通过自学或接受专业培训，他们的信息技能和道德观念得到进一步发展，从而达到应用信息素养的水平。这些人能够更有效地筛选和处理信息，并在信息活动中遵守相关法律法规，同时重视个人隐私和信息安全，对敏感信息保持必要的保密性。这种信息素养的提升有助于他们更好地适应信息时代的发展。对于那些不满足于仅仅应用信息技术，决定将投身于信息产业的人来说，他们将继续深入研究和实践，最终达到开发设计信息素养的高级阶段。

（四）实践性

信息素养的关键并不在于掌握多少理论知识，而在于实际操作能力。理论知识若无法应用于实践中，其价值将大打折扣。实践检验后的理论才能彰显其真正的意义，这些经过验证的知识和技能是我们应当学习和掌握的。例如，如果一个人对信息系统的工作原理非常了解，但在遇到实际的信息技术问题时束手无策，那么他的信息素养只能说是有限的。相反，如果一个人能够熟练使用信息技术，有效地检索和利用信息资源，那么他就展现了相当程度的信息素养。因为信息素养的核心在于操作能力，通过实际操作信息系统，人们才能从具体操作中提炼出理论知识，从而深化对信息技术的理解和认识。同样，信息伦理道德问题也只有在实际应用信息技术过程中才能显现并寻找解决方案。正如判断一个人的道德品质不应仅看其言论更应看其行动一样，评估一个人的信息素养也应着眼于其实际操作和实践应用。

（五）开放性

信息素养是一个动态发展的概念，随着信息技术的进步而不断演变。随着科技的持续发展和信息技术的快速更新，信息素养要求个体不仅掌握当前的知识和技能，而且要不断学习新的信息技术，以适应信息社会的需求。伴随技术进步而出现的新的道德问题也要求信息素养包含对信息伦理道德的持续关注和理解。对于大学生而言，信息素养的内涵与信息环境的变化息息相关，而大学生信息素养的提高也是一个与时俱进、充满动态变化的过程。在信息化社会中，大学生的信息素养不仅要反映新时代的特征，还要真实地映射出他们的当前状态，以便教育者制定出更有效的教育策略，确保大学生能够在信息丰富的世界中有效地学习、工作和生活。

三、高校图书馆开展的信息素养教育

（一）读者培训工作

随着数字化时代的到来，针对读者的数字资源培训是引领读者熟悉并利用数字资源的重要途径，也是高校图书馆信息服务工作的重要组成部分。为了提高培训讲座的上座率，避免人力物力的浪费，图书馆必须根据读者的需求提供个性化、多模式的主题培训，将传统线下培训与新兴线上讲座有机结合起来，发挥大数据资源优势与平台优势，充分利用微媒体开展微培训、微讲座。针对读者较关注的某一个重点领域和知识点，充分利用课余零散时间，以读者喜爱的方式进行专题培训，从而提升信息素养教育效能。

1. 本科生：文检教学和开拓“第二课堂”

目前国内几乎所有医学高校都开设了医学文献检索等信息素养课程，只是在教学时间和具体教授内容上各有不同。对于医学本科生来说，专业课堂学习任务较重，且要兼顾科研及课余社团活动等，因此对医学文献检索等非专业课程的重视程度不够。但是信息素养课程在医学生进行临床和科研实践时会显现出尤为重要的作用。因此，开展课程实践时，授课教师应重点把握学生的专业脉络，将信息素养知识与学生的学科案例结合，使学生能够通过信息素养课程深化专业课程学习，有效打开医学生的信息素养视野，助推“第二课堂”建设。除此以外，图书馆定期开展的世界读书日、知识竞赛等文化活动也应当邀请一些知名数据商来馆，为学生提供他们感兴趣的、实用性强的讲座培训。总之，高校图书馆开设培训讲座可以成为医学生拓展知识的“第二课堂”和信息素养教育渠道。

2. 研究生和科研人员：预约讲座

高校科研人员及研究生具有一定的信息素养基础，在文献检索课程的学习过程中较本科生的积极性更高。然而他们在开展科研探索之初，仍然会遇到一些具体的检索问题，并希望学科馆员能够给予帮助。因此，图书馆有必要开展预约式培训服务，即读者根据自身信息需求通过QQ、微信等新媒体渠道向图书馆“定制”专题讲座，这种定制服务将读者培训与嵌入式学科服务有效地融合到了一起。与本科生的讲座培训相比，面向研究生的培训讲座规模更小，时间安排更灵活，对学科馆员的医学专业背景要求更高。馆员需要对研究生的课题有初步了解，在结合科研实际与本校馆藏资源实际的基础上及时制定出检索方案，并与研究生就该检索方案进行深入探讨和交流，为研究生提供建设性的指导意见，并在必要的情况下对课题研究内容全程做好保密工作。这种一对一的专题交流形式是图书馆员帮助研究生提升信息素养的有效方式。

附属医院是临床医学快速发展最直观最前沿的阵地，对于高校附属医院的科研人员来说他们作为医护人员，承担着繁重的日常工作，留给科研创新的时间较少。由于附属医院缺乏专门的图书馆，或虽有图书室但缺乏专业的学科服务团队，医学高校图书馆需要对医护人员深层次的信息需求进行挖掘和调研，一方面通过培训讲座拓展图书馆的学科服务内容；另一方面通过走访调研也有助于学科馆员了解医院最新的医学研究进展，从而加强自身专业素质和业务水平，发挥图书馆辅助教学科研的工作职能。

培训讲座是提升读者和用户信息素养的重要手段之一。基于大数据的高校图书馆信息素养教育应该充分发挥大数据的优势，结合图书馆的信息资源，对现有的讲座培训进行创新，优化讲座与培训形式，增加数据信息素养的培训，提升医学生的数据素养。

（二）新生入馆教育

安徽医科大学图书馆新生入馆教育活动已经开展了十多年，是图书馆发挥育人职能的重要体现，也为学生入校后能够充分利用图书馆资源，开展自主性学习打下基础。在十多年的新生入馆教育活动中，安徽医科大学图书馆不断完善入馆教育内容，改革入馆教育形式，获得了院系的大力支持，同时基于入馆教育不断进行创新思考，获得了一系列实践经验和成果。

安徽医科大学图书馆新生入馆教育活动的内容主体分为四个部分：一是图书馆规章制度解析，二是馆内资源分区与空间功能介绍，三是馆内电子设备体验，四是电子资源及服务内容概述。馆内资源分区与空间功能介绍在引导新生跟随参观的过程中完成，便于学生了解不同学科书籍的分布，并体会图书馆的空间布局与功能设计。馆内电子设备体验则让新生尝试操作馆藏查询机、自动借还机、电子期刊阅读机等设备。电子资源与服务内容介绍安排在流程最后，以概述的形式完成，具体内容制作成《新生入馆指南》，人手一份，方便学生后续查阅与了解。《新生入馆指南》作为新生入馆教育的重要纸质宣传资料，每年都会由学科馆员进行内容更新、设计并批量印制发放。在起初的入馆教育活动中，由于参与人数多，馆内不宜大声讲解加之不同带队教师讲解内容有偏差等原因，导致很多新生在接受入馆教育后仍存在对规章制度不清楚、对馆藏布局不明晰、遇到具体问题不知道联系哪位老师、入馆教育活动效果欠佳等问题，因此在 2014 年的入馆教育活动中，安徽医科大学图书馆首次印制了《新生入馆指南》。该指南以示意图形式详细标注了馆内布局、电子资源列表、各部门职责及部门负责人联系方式等，方便新生后续遇到任何问题都可以进行咨询。此后，该指南每年都会更新一次。自 2017 年开始，安徽医科大学图书馆官网开辟《新生入馆教育》栏目，帮助新生在线参与入馆教育，提升新生的信息意识。

第二节 泛在联盟下的信息素养教育

数字化和智能化引发社会各领域深刻变革，也为高校图书馆信息服务和信息素养教育带来了新的问题、挑战和机遇，推动信息素养教育向泛信息素养教育升级发展。泛信息素养教育以提升科研与创新能力为目标，提出要延伸、拓展和超越传统信息素养的框架，在更大的空间和视野中认识与把握信息素养教育的本质与需求，为信息素养教育理念、内容、方法与技术等方面创新发展提供广阔空间。而如何应对泛信息时代下不断变化的信息生态环境和教育环境，重新审视信息素养教育的模式与内容，反思信息素养教育的结构与实际效果，促进医学生树立终身学习的理念，提升其知识创新能力，具有重要的现实意义。

一、概述

（一）泛在信息社会

随着多媒体和互联网技术的飞速发展，信息社会逐步进入泛在信息社会（Ubiquitous Information Society），即任何人都可以随时随地通过终端设备与网络连接，获取个性化信息服务，这种“无所不在”“无所不能”的信息获取模式使用户打破时空与行业领域的限制，为人们的工作、学习及生活带来了全方位前所未有的变革。

（二）高校图书馆与泛在信息联盟

泛在信息环境对于高校这个知识聚集和人才培养的阵地来说，既是机遇也是挑战。一方面意味着师生获取信息的途径更加广泛，可能不再完全依赖图书馆，这种趋势使图书馆作为高校信息储备与服务中心面临巨大挑战。另一方面，泛在信息的出现也为经费不足的高校提供了更加广阔的信息收集渠道，如医学生的培养由在校期间的理论学习和在医院的实践学习两个部分构成，图书馆可以充分利用泛在信息环境，建立“图书馆一院系一医院泛在信息联盟”，打破高校图书馆、高校本部以及医院三者间的物理阻隔，实现资源共享，建立互惠互利的信息素养教育联合体。

二、高等教育信息素养框架

2015 年 2 月，美国大学与研究图书馆协会（ACRL）推出了《高等教育信息素养框架》（以下简称“《框架》”），为全球高等教育领域提供了一份创新的教学指导文件。《框架》对信息素养的定义进行了重新界定，超越了传统信息的界限，对其进行了拓展和深化，并引入了新的概念。《框架》的核心由 6 个基本概念组成，分别是“权威构建与特定情境”“信息创建的过程性”“信息的价值属性”“探究式研究”“对话式学术研究”和“战略探索式检索”，并以此为基础提出了学生应掌握的 45 项知识技能和 38 种行动模式。这一框架强调了 4 个关键理念：一是培养学生信息素养潜力需要基于更加广泛和深入的理念；二是图书馆员在扩展学生学习方面承担更重的责任，应与教师合作更紧密，共同开发有凝聚力的信息素养课程；三是将信息、科研和学术的多个概念融合在一起，突出信息素养与科研学术过程的紧密结合；四是引入元素养概念，作为培养其他素养的基石，指明了信息素养发展的新方向。《框架》以其开放和灵活的视角，列举了高等教育中应培养的人才特性，展现了对信息素养定义及内容的广泛理解，其一经发布便立刻在全球图书馆界引起了广泛的关注。

从已有的研究来看，虽然全球关于《框架》的研究数量总体上仍然偏少，也尚未形成图书馆界普遍执行的标准，但不少学者都认为不同学科领域的图书馆在应用《框架》时都应该重新解读《框架》内容，并制定适合本校的实施方案。目前国外基于《框架》的实践研究尽管方向各异，但都充分发挥图书馆与本校其他部门的协作优势，并在此合作的基础上对大学生信息素养教育的课程进行了初步改革。而国内利用《框架》指导医学信息素养教育的实证研究仍然处于探索阶段，因此《框架》仍是未来高校信息素养教育的重要研究方向之一。以医学图书馆为例，循证医学在医学界受到高度重视，复制证据的能力在医学发展中起着至关重要的作用，也是评估医学信息的中心框架之一，医学馆员需要挖掘《框架》的隐性知识，充分利用泛在信息环境，通过建立信息联盟发挥《框架》的潜能，并在此基础上进行创新实践。

三、基于《框架》的信息素养教育创新实践

（一）实践模型

高校图书馆可以在《框架》的指导下对信息素养教学进行多种创新实践，包括因“专”施教模式、三维教学模式以及“2＋2＋2”实践模式，以期为推动信息素养教育改革，促进高校“双一流”建设提供参考借鉴。

1. 因“专”施教模式

尽管《框架》对学生应当具备的知识技能和行为方式给出了描述，然而医学具有专业性强、知识量大、更新发展快、需要终身学习等特点，因此医学信息素养教育需要配合医学学科本身的特点进行。而不同学科专业的医学生对信息需求的深度与广度都不一样，因此有必要提出因“专”施教，不仅着眼于医学本身特点进行专业授课，还应根据医学大学科下各个专业特点进行个性化施教，以期促进医学高校信息素养课程发展，更好地提升医学专业学生的信息素养能力。

（1）注重案例更新与分析。医学学科是一门不断发展的学科，新发现、新研究层出不穷，因此医学信息素养教育在课程设计方面也需要不断完善授课内容，尤其要注重案例方面的更新，与国际最新定义、诊断标准、研究进展接轨，同时对获取到的资料与文献进行动态评价，在教学时需要重点讲授获取精准信息的途径与方法。此外，医学生对检索主题的内容理解不够深入，不能有效提取检索词，是他们不能有效利用专业数据库解决问题的主要原因之一，学科馆员在授课中应注重引导学生进行检索案例的分析、提取等练习，并进行各种检索方式与检索词的搭配等练习，直观演示检索手段与检索结果之间的关系，同时鼓励学生锻炼自己对医学信息的判断能力，使其具备独立寻找前沿性、系统性、科学性医学信息的技能。

（2）医学各专业信息素养施教对策。医学有许多二级学科分支，这些二级学科的发展方向有交叉也有差异，因此在教学过程中需结合学生的专业特色，制定

针对性的培养路线。比如，除常规的医学前沿、交叉学科研究热点、权威学术理论的检索与获取方式讲授外，对于临床医学生，应注重其临床实践的需求，着重介绍循证医学的相关资源及其检索技巧。对于基础医学、药学专业则更偏向于实验技能操作或与转化医学相关的科研实践。对于预防医学专业的学生，应重点培养其查新和关注热点的意识，尤其是系统地整合医学资源的能力，培养学生的宏观思维。可以推荐学生通过 MOOC 及其他公开课、公开资料借鉴其他院校的学科信息，多途径学习。对于中医学的学生来说，他们需要阅读大量的传统医学经典，学习前人的经验和智慧，因此可以向其推荐中医古籍、名家医典的获取途径，以及相关的数据平台、实用工具，让中医学学生利用现代手段获取传统中医内容，了解中医学的研究进展。

2. 三维教学模式

《框架》的核心思想之一是发掘和培养学生的信息素养潜能，需要更加丰富复杂的核心理念，因此图书馆也需要为此不断探索。霍尔三维结构理论由美国系统工程专家霍尔于 1969 年提出，其核心思想是将系统工程分解为知识维、时间维、逻辑维三个方面。这种划分有助于对多因素、多过程、多方向的复杂系统进行条理化和系统化的管理，从而提高工作效率。在医学信息素养教育领域，这种理论同样适用。高校图书馆在开展医学信息素养教学时，可以视其为一项复杂的系统工程，借鉴霍尔三维结构理论来构建教学框架。通过将教学内容中的多样主客观因素按照知识维、时间维、逻辑维进行组织，图书馆能够构建一个清晰、有序的三维教学模型。这样不仅有助于学生更系统地掌握医学信息知识，而且能够在信息素养教育中实现更高效的教学和学习效果。

（1）医学信息素养的三维构成与要求

① 知识维的构成和要求。开展医学信息素养教学是一个满足多方面要求的教学过程，旨在培养学生在医学领域内进行有效信息检索、分析和应用的能力。这个过程要求学生不仅要具备基本的检索技能，能够有效地利用各种数据库和信息资源找到所需的医学信息，还需要学生具有扎实的医学专业知识作为分析和理解这些信息的基础。此外，挖掘信息资源的能力也是不可或缺的，这不仅包括识别和利用传统的医学信息资源，还涉及利用现代信息技术挖掘和分析数据的能力。

在医学信息素养的教育过程中，协作能力的培养也是非常关键的一环。学生需要学会如何与小组成员有效沟通、协同工作，共同解决问题，这不仅能够培养他们的团队合作精神，还能帮助他们提高解决复杂医学问题的效率。此外，完成报告所需的写作能力也十分重要，这不仅要求学生能够准确、清晰地表达自己的思想和发现，还要求他们能够遵循学术写作的规范，有效地传递信息。

总之，只有当学生具备了充足的医学专业知识和过硬的检索技能，他们才能更加有效地分析和甄别检索到的信息，确保信息的准确性和可靠性。同时，只有通过激发小组成员解决问题的主动性和协作精神，才能在医学信息素养教育中实现高效的问题解决。这种全方位的教育方法有助于培养出能够适应未来医学领域挑战的高素质人才。

② 时间维的构成和要求。时间维度在信息素养教学中反映了从教学设计的初步阶段到教学活动的最终完成的整个时间流程。这个过程起始于根据不同专业的独特需求确定教学目标，以确保教学内容的针对性和有效性；接下来，考虑到学生个体的学习偏好，将他们分组为学习合作小组，力求通过优化小组成员配置来促进信息素养教学的有效进行；之后，教师会根据对学生学习状况的调查研究，制定具体的信息素养教学任务和要求。在接受了信息素养教学的指导后，学生们将进行小组分工和合作研究，通过集体讨论来编写研究报告；最终阶段，教师负责分析评估这些报告并向学生提供反馈，旨在指导学生的进一步学习。

③ 逻辑维的构成和要求。事物的发展确实遵循着一定的逻辑性，这在医学信息素养教学中尤为明显。教学过程从教师布置具体的检索题目开始，这一步骤要求学生将自己的专业知识与实际问题相结合，对题目进行初步的分析和理解。学生需要依据自己的医学专业背景对题目进行深入分析，理清研究的核心问题或关键点，这一过程是构建有效检索策略的基础。

在明确了研究的核心后，学生接下来需要运用各种检索方法和技巧，如使用数据库、学术搜索引擎等工具，来找到解决问题的最佳方案。这一步骤不仅考验学生的信息检索能力，也考察他们将理论知识应用于实际问题解决中的能力。在找到可能的信息资源后，学生必须进行精细的筛选，这包括评估信息的相关性、准确性和权威性，以确保所用数据的可靠性。

接着，学生将对检索到的信息进行整合和深度挖掘，这涉及对信息的再加工和分析，以形成对问题的全面理解。在这个阶段，学生需要展现出较强的批判性思维能力，通过比较、分析和综合不同的信息来源，提炼出有价值的数据，从而构建出符合研究目的的解决方案。

最后，评估环节是整个教学过程的收尾阶段。学生需要对自己的检索结果和分析过程进行自我反思和评价，考量解决方案的有效性和实际应用价值。教师在这个过程中扮演着引导和评估的角色，他们不仅提供反馈，帮助学生识别自己的不足，还激励学生对已学知识进行深入思考和应用。

总之，在医学信息素养教学中，从题目分析到信息检索，再到结果整合和评估的过程，充分体现了事物发展的逻辑性。这一连串精心设计的教学环节旨在培养学生的信息素养、批判性思维能力及问题解决能力，为他们将来在医学领域的学习和研究奠定坚实的基础。

（2）医学信息检索三维教学模式实践

以安徽医科大学图书馆开设的《医学信息检索与利用》课程为例，开展相关论证。本课程是实践性很强的课程，课程安排是先进行理论课讲解和数据库检索演示，紧接着通过教师编写的上机实习题，指导学生进行上机练习，理论课与上机课的比例为 1∶1；课程按照中文数据库、中文数据库上机练习、外文数据库、外文数据库上机练习的顺序进行，这种先讲解后练习、先中文再英文的授课顺序，更有利于学生尽快掌握每个数据库的检索方法和检索技巧。理论授课内容包括文献检索的基本知识，国内外主要医学文献检索工具的内容、结构及查找方法，主要的中外文医学相关书目数据库和全文数据库的检索方法，网络免费医学资源介绍及网络资源检索方法等。重点数据库包括中国生物医学文献数据库（SinoMed）、Pubmed、Web of Science（WOS）、Biosis Previews（BP）等文摘数据库；万方数据库、维普信息资源系统、中国知网和 ELSEVIER ScienceDirect（SDOS）、Nature、Springer Link、Interscience、EBSCO、SpringerProtocols、LWW 医学核心期刊数据库、牛津期刊等全文资源，以及超星数字图书馆、中国数字图书馆和书生之家数字图书馆等图书资源；同时也包括全文传递系统和多媒体资源的介绍。网络资源和文献的管理与利用也是近年来授课的重点内容之一。馆员可根据不同时间阶段、不同授课内容设计不同的教学执行目标，各目标之间呈现出承上启下、循序渐进的特点。例如，第一次课作为教学的初始阶段，执行目标即为学生从整体上了解本门课程的技能要求及其学习技巧。进入具体的检索技能学习阶段，授课教师需要结合专业要求设计医学检索案例，使之与学生的日常生活和专业学习相关联，鼓励学生开展小组式检索，由各小组组长汇报完成情况，教师在小组汇报时需要进行对比分析和信息点评，培养学生初步分析、甄别医学文献资源的能力。

文献检索课程的最终目标是使学生能够从所查阅的文献中提炼关键信息、汇总总结，并提出自己的创新性见解。这门课程涵盖了重要的知识领域，包括文献检索能力、文献管理工具、信息评估工具、文献分析技术、学术诚信以及医学综述撰写技巧等方面。课程设计要求学生以小组形式完成一篇文献综述，并且要求学生运用在课堂上学到的文献分析与可视化工具制作知识图谱，最后通过 PPT 形式在班级中进行分组展示。对于参与了该实验课程的医学专业大三学生，通过后期的跟踪评估发现，这些学生加入科研团队或者参与医院实习后，都表现出很强的信息素养。这一发现有效验证了课程设计中各阶段知识点的层次递进、相互依赖和推动的教学逻辑。

3.“2＋2＋2”实践模式

在因“专”施教模式和三维模式的基础上，医学图书馆还可以对《框架》进一步细化，结合地方医学院校的发展实际，开展嵌入式医学信息素养实践，并创立“2＋2＋2”实践模式。

《框架》整合了两种教学环境：图书馆教学和实践指导。通过与图书馆员、大学生创新创业训练项目指导教师及医院临床指导教师的深入交流和讨论发现，这些专业人员共同从提升学生的科研及临床决策能力出发，对《框架》的内容进行了详细的解读和实操指导。特别地，学科馆员作为教学或信息专家，被融入大学生的创新创业训练项目（简称“大创”）以及以问题为中心（Problem－based Learning，PBL）的临床教育模式（简称“PBL 教学”）中，为学生提供了直接的支持和指导。

（1）嵌入大创。在大学生创新创业训练项目中，大二年级学生经常担任项目的负责人角色，从撰写申请书、提交国家或省级项目申请，到开展研究工作，并以发表学术论文或获得专利等成果作为项目完成的依据，这个过程通常需要 2 年至 4 年时间。项目的完成标准十分严格，促使学生在此过程中进行深入的科研培训，并内驱性地追求知识和技能的提升。在项目的启动和执行阶段，图书馆员会依据学生的实际需求提供信息支持，包括参与课题组组会、进行面对面和在线交流（如通过 QQ、微信等），提供学科的发展趋势、研究热点、文献评价、实验结果的分析等；在项目完成的阶段，图书馆员主要负责指导学生的科研论文写作以及期刊投稿等。

（2）嵌入临床 PBL 教学。在完成基础医学课程之后，大四的临床医学生开始在医院进行进一步的理论和实践技能培训。当前，问题导向学习（PBL）方法已被广泛应用于临床教育中，将学习环境从传统的教室设置转移到基于真实患者案例的情境中，这些情境会随着病情发展和治疗措施的调整而不断更新。新接触循证医疗训练的学生特别需要接受以 PBL 案例为基础的信息教育，这有助于他们在面对不断变化的临床案例时，能够融合现有知识和最佳实践证据来做出明智的决策。在此类教育模式中，图书馆员通过安排一系列专题讲座来提供指导，并要求学生以小组形式对 PBL 案例中的临床证据进行系统的分析和总结。

四、教学实践反思

实施《框架》指导下的医学信息素养教学面临众多挑战，对图书馆员而言，这涉及掌握新概念和尝试新方法，这本身就是一种阈值概念的跨越。通过对实际操作的深入反思，可以揭示出图书馆员在哪些方面有待提高以及如何在未来做得更好，例如，加强与学院的合作和持续追踪医学及教育学最新进展等措施，对于向学生提供最新知识和见解至关重要。图书馆员的反思主要聚焦于两个核心领域：首先是学生对自身学习行为的自我反思与总结；其次是学生在接受阈值技能培训后所展现出的具体成果，比如撰写的论文或整理的临床证据资料。在评价学生的信息素养时，论文通常作为一个关键指标，图书馆员能够通过审阅摘要或结论部分来评估学生的观点是否得到了充分的证据支持，或是否仅仅是基于简单的事实叙述。此外，对临床证据的综合评价需图书馆员与临床教师共同参与完成。在指导过程中，还可以根据需要实时引入新的培训内容，例如，教授科研论文的写作格式和技巧、文献管理软件的使用，推荐最新的信息资源和投稿期刊，以及根据专业差异介绍不同的开放获取资源等。

综上所述，《框架》提出了一系列丰富且详细的指导原则，用于指导信息素养教学，这些原则转变了图书馆对信息素养教育实施和理解的方式。它强调了在缺乏系统化方法的情况下，仅仅依赖于传统的讲授法是难以提升教学效果的。医学生因专业需要与专业特点更应具备高水平的信息素养，在针对医学生的信息素养培养中，结合医学本身的发展特点和学生的专业特点，各医学图书馆可以在《框架》基础上，结合本馆的实际进行创新实践。由于《框架》倡导将信息素养教育延伸并嵌入学生各层次的学术能力培养中，因此图书馆应与教学岗的教师开展深度合作，参与教学的各个环节以及教学过程使用的各种资源中，提高医学生的科研意识和专业水平，助力高校的“双一流”建设。

第三节　健康信息素养教育

近年来，各种突发的公共卫生事件层出不穷，进入 21 世纪以来，人类历史上已经暴发过多次公共健康危机事件，如 2003 年的 SARS、2014 年的非洲埃博拉病毒，以及2020年初突如其来的新型冠状病毒感染。疫情不仅严重威胁到公众的健康，同时考验着公众的健康素养。2020年1月30日，世界卫生组织（World Health Organization，简称WHO）将新冠疫情列为国际关注的突发公共卫生事件。突发公共卫生事件具有紧迫性、突发性的特征，需要政府、医疗机构和公众迅速响应，对政府的治理能力、医疗机构的应急水平、公众的健康信息素养都提出了较高的要求。公众如果具有良好的健康信息素养，有助于全面了解疫情相关知识，保持积极心态，做好防护措施，对病情进行预判，做出正确的预防和诊疗决策。

一、健康信息素养概述

（一）健康信息素养涵义

美国医学图书馆协会（Medical Library Association，MLA）于2003年首次提出健康信息素养（Health Information Literacy，HIL）的概念，即意识到健康信息需求，确认可能的信息源并运用其检索有关信息，评价信息质量以及具体情境下的适用性，分析、理解并使用信息做出合理健康决策的一系列能力。健康信息素养是将健康素养（Health Literacy）和信息素养（Information Literacy）两个概念融合而成的。WHO将健康素养定义为决定公众获取、理解、使用信息以提高和保持良好的健康动机和能力的认知及社会技能。1971年，Paul. Zurkowski提出信息素养这一概念，意指通过各种信息获取工具和数据集合解决问题的能力。HIL是健康素养的核心，是信息素养的一个分支，是一个全新发展的学科领域。健康信息素养与健康素养既有交织的地方，也有不同，二者都强调了最基本的识读能力、明确信息需求的能力、对信息的理解能力以及根据信息进行决策的能力等，而HIL更强调个人发现和检索信息的能力与技巧。

（二）大学生健康信息素养国内外研究现状

目前，对于大学生的健康信息素养，国内外学者进行了相关研究和报道。国内的研究目前还处于起步及发展阶段。黄风仪等采用自行设计的调查问卷，对河北某高校600余名医学生健康信息素养及其影响因素进行抽样调查及分析，结果显示生源地、家庭经济状况、父母文化程度与学生的健康信息素养水平有关。郭文丽等采用在线调查法，以微信为媒介，收集了400余名大学生的健康信息素养能力相关数据，分析各构成要素之间的差异，结果显示，当前学生的健康信息素养状况不容乐观。国外学者对于健康信息素养的关注和研究起步较早，研究方式和形式也多种多样。Storey 等采用多维健康素养问卷（HLQ）对澳大利亚 2 所大学的 932 名学生的人口学特征、健康自测和健康素养之间的关系进行了研究，发现自我评定的健康状况与健康素养之间存在明显的关联。随着健康素养的提高，自我评定的健康水平也不断提高。KHademian Fatemeh 等采用 4 点 Likert 类型量表，对伊朗某医科大学的 300 余名大学生进行了问卷调查，调查显示，有 54.4%的受试者健康素养较低，参与者通常在生病后才关注疾病相关信息，而很少关注与整体健康相关的其他方面信息。Cecília Nunes 通过 Facebook 对 51 名大学生进行了问卷调查，了解他们对健康问题的看法，调查结果显示被调查大学生在健康信息获取和使用等方面存在明显不足。

2012 年我国首次将健康信息素养纳入中国居民健康素养监测体系中，2016 年“健康中国 2030”的提出，将大众健康事业上升到了国家战略层面，而健康信息素养的提升是促进全民健康的重要途径。医学生是健康信息方面的先行者以及未来健康信息的教育者、传播者和执行者。了解医学生的健康信息素养现状，加强健康信息素养教育，不仅有利于培养和提升医学生自身的健康素养，而且具有非常大的辐射作用，对于促进公众健康、降低健康风险和提高健康可及性具有重要现实意义。在突发公共卫生事件时，医学生可以利用自身掌握的健康知识来影响公众健康意识，指导公众快速获取权威的健康信息，抵御健康风险，促进公众健康素养提升。

笔者基于以上背景，采用文献调研及问卷调查的方式，探讨医学生的健康信息素养现状及存在的问题，力求找到医学院校学生健康信息素养的教育路径。

二、医学院校学生健康信息素养现状

医学院校的学生作为从事医疗行业的后备军，他们的健康信息素养关系着社会大众的身心健康。医学院校图书馆拥有丰富的健康信息资源，开设信息素养课程多年，具有开展健康信息素养教育的优势。在后疫情时代，开展健康信息素养教育实践，有利于全面提升学生的健康素养水平，提高他们自我健康的管理意识，也有利于医学院校图书馆的建设，为职能部门在管理和制定相关健康战略时提供保障和依据。医学生参加健康信息素养教育培训后，健康信息素养能力得到提升，应对突发重大公共卫生事件时，能够快速、及时地获取、检索健康信息，准确无误地理解、甄别真实信息，并合理有效地运用、决策健康信息，不仅能提高自我防护及自我救治能力，还能指导公众或患者提高健康信息素养能力。

（一）调查方法及说明

首先通过文献调研、专家咨询、现场或网络调查等方式，了解国内外学者对健康信息素养这一问题的研究方向和最新进展。通过对相关研究文献的收集整理，总结国内外健康信息素养方面的研究方法和内容，综合分析国内外各种健康信息素养测评表，自制符合医学生的健康信息素养问卷。

采用现场或网络调研的方式对安徽省医学院校的专科生、本科生、硕士生、博士生等主体的健康信息素养现状进行抽样问卷调查；在信息素养课程中嵌入健康信息素养教学实践，课程开始前后分别进行健康信息素养问卷调查。最后通过收集的问卷信息，了解当前学生健康信息素养所存在的问题，分析其中的原因并就医学院校如何开展健康信息素养教育提出建议和解决方案，构建多层次、专业化的基于岗位胜任力的健康信息素养教育模式。

（二）医学高校学生健康信息素养现状及影响因素分析

1. 基于安徽两所医学高校的调查

（1）问卷设计。本研究的问卷设计包含四个部分：第一部分为医学生的人口学特征，包括性别、年龄、学历、专业、家庭所在地和家庭年平均收入；第二部分为医学生健康信息素养现状，包括对自己的健康评价、健康困扰、健康信息需求、健康信息获取方式和途径、获取和查询健康信息时注重的因素、健康信息素养教育需求、是否希望图书馆开展健康信息素养教育以及图书馆开展健康信息素养教育方式等；第三部分为医学生健康信息素养影响因素量表，分为健康信息意识、健康信息获取、健康信息评价、健康信息应用和健康信息道德 5 个维度，该部分问卷采用李克特 5 级量表，通过“非常同意（5 分）”“同意（4 分）”“一般（3 分）”“不同意（2 分）”“非常不同意（1 分）”5 个选项进行健康信息素养各维度的测评；第四部分为突发公共卫生事件时医学生的健康信息素养量表，包含 16 个与突发公共卫生事件相关的健康信息素养题项。

（2）问卷信效度分析。通过预调查，采用 SPSS 24.0 对量表的信效度进行分析，量表的整体 Cronbach’sα 系数值为 0.965（大于 0.7），符合问卷的信度要求，也能很好地反映量表内部一致性，说明量表设计的题目可以用来测评医学生的健康信息素养。突发公共卫生事件下医学生的健康信息素养测评问卷效度检测中，*KMO*＝0.961（大于 0.9），说明整体效度符合标准，巴特利特球形度检验近似卡方为 24654.359，自由度为 120，且显著性为 0.000（＜0.001），说明量表结构良好，可以进行数据描述统计和变量分析。信效度检验数据说明该量表数据可信，结构良好，体系完整，可以通过问卷上的数据来分析突发公共卫生事件期间医学生的健康信息素养。

（3）问卷调查。选取安徽医学高等专科学校和安徽医科大学两所高校的学生，通过班级 QQ 群和微信群等方式群发网络问卷（问卷星链接），学生通过网络（问卷星）方式自填问卷。调查问卷全程匿名，相同的 IP 地址只允许答题 1 次，调查对象答题时长大于 100 秒且答题完整才视为有效问卷。问卷调查时间为 2021 年 10 月 16 日～2021 年 12 月 15 日，共收回调查问卷 1344 份，其中有效问卷 1196 份，有效率为 89.7%。对人口学特征和健康信息素养现状方面进行描述性统计分析，对于突发公共卫生事件下医学生健康信息素养影响因素量表，利用 SPSS24.0 软件进行独立样本 T 检验和单因素方差分析，以 $P<0.05$ 为差异有统计学意义。

（4）影响因素分析。分别对样本的性别、专业、学历、生源所在地、家庭经济状况等人口学特征进行描述性统计分析，根据问卷数据利用 SPSS24.0 就人口学特征变量对健康信息素养及各维度的影响进行分析，采用独立样本 T 检验来分析性别在健康信息素养方面的差异；采用单因素方差分析所学专业、学历、生源所在地和家庭年平均收入在健康信息素养方面的差异性。研究发现，性别对医学生的健康信息素养没有影响，学历、所学专业、学生生源地、家庭收入对健康信息素养有影响。健康信息素养的 5 个维度方面的影响不完全相同。健康信息意识与医学生的性别、学历和家庭收入均无关，与学生所学专业、生源地有关。健康信息认知得分从高到低排序分别为临床医学、公共卫生与预防医学、口腔医学、药学、基础医学和其他非医学专业，可见非医学专业的学生健康信息认知水平明显不如医学专业学生；来自城市的学生在健康信息意识方面高于来自县城和农村的学生。获取健康信息的能力主要受性别、所学专业、学生生源地和家庭收入的影响，与学历无关。男性的健康信息获取能力高于女性；基础医学专业的学生比其他专业学生获取健康信息的能力强，非医学专业的学生获取健康信息素养的能力最弱。城市生源、高收入家庭的学生有更强的健康信息获取能力。健康信息评价能力受性别、学历、专业、生源地和家庭收入的影响。男生的健康信息评价能力高于女生；基础医学专业的学生健康信息获取能力高于其他专业学生；博士生、来自城市、家庭经济状况好的医学生健康信息评价能力相对较好。健康信息应用能力主要受学历、专业、生源地和家庭收入的影响，与性别无关。健康信息应用能力与学历成正比，学历越高，健康信息应用能力越强。公共卫生与预防医学专业、生源地为城市、家庭收入高的医学生健康信息应用能力得分最高。健康信息道德水平与学历、专业、生源地和家庭收入有关，与性别和学历无关。博士生、公共卫生与预防医学专业、城市生源、家庭收入高的学生在健康信息素养道德层面得分最高。由相关性分析可知，提高医学生的健康信息素养，首先要提高医学生的健康信息意识，其次通过开设健康信息素养课程或培训，使学生获取健康信息的能力得到提升。经过医学专业知识的学习，评价健康信息能力会增强，同时健康信息道德水准也会相应提升，最终能正确应用健康信息，做出正确的健康决策。

2. 突发公共卫生事件期间医学生疫情方面的健康信息素养现状及需求分析

(1) 医学生的健康信息素养各条目得分情况及水平。此部分内容主要是针对疫情相关的健康信息设计的健康信息素养各维度量表，调查两所医学高校学生疫情相关健康信息条目得分情况，初步了解医学生疫情方面的健康信息素养。医学生健康信息素养各条目得分情况见表 6－1 所列。

表 6－1　医学生健康信息素养各条目得分情况

突发公共卫生事件下健康信息素养相关条目	得分范围	得分（'X±S）
健康信息意识方面	4～20	16.79±2.52
我认为疫情防控期间了解新冠疫情有关的健康信息很重要	1～5	4.44±0.66
我很清楚当突发卫生公共事件爆发时应该做什么	1～5	4.12±0.77
我会有意识搜集居住地、学校等地区的疫情信息状况	1～5	4.12±0.79
在疫情防控期间我会主动学习与新冠疫情有关的健康知识	1～5	4.11±0.749
健康信息获取方面	3～15	12.25±2.09
我知道在哪里寻求与新冠疫情有关的健康信息	1～5	4.15±0.769
我喜欢从各种来源获取与新冠疫情有关的健康信息	1～5	3.98±0.819
我会通过关于疫情信息的搜集，对新冠感染有比较全面的认识	1～5	4.12±0.76
健康信息评价方面	3～15	12.27±2.09
我会主动评估社交媒体上新冠疫情有关的健康信息哪些是正确的	1～5	4.00±0.80
我会主动核实健康信息来源的权威性	1～5	4.22±0.74
我会对我信任的健康信息渠道加以总结	1～5	4.05±0.82

（续表）

突发公共卫生事件下健康信息素养相关条目	得分范围	得分（'X±S)
健康信息应用方面	3～15	12.43±1.99
我会将有关新冠疫情有关的健康信息应用于我自己的生活或与我亲近的人分享	1～5	4.20±0.71
我会根据获得的疫情相关健康信息总结出在疫情防控期间如何自我保护和保护家人	1～5	4.20±0.71
我很清楚七步洗手法是哪几步	1～5	4.03±0.89
健康信息道德方面	3～15	13.10±2.02
我会重视健康信息的健康性、医学性，因此不会轻易转发未经核实的健康信息	1～5	4.34±0.68
我会保护自己的健康隐私	1～5	4.37±0.68
我会保护他人的健康隐私	1～5	4.39±0.66
健康信息素养	16～80	66.84±11.39

由表6-1可知，新冠疫情防控期间样本的健康信息素养总得分为66.84±11.39（总分80）。健康信息意识、健康信息获取、健康信息评价、健康信息应用、健康信息道德平均得分分别为4.20±0.63、4.08±0.70、4.09±0.70、4.14±0.66和4.37±0.68；5个维度中，得分最高的是健康信息道德，其次是健康信息意识，得分低的是健康信息获取和评价方面。16项条目中，得分最高的是健康信息意识维度中“我认为疫情防控期间了解新冠疫情有关的健康信息很重要”，排在第二的是健康信息道德方面的“我会保护他人的健康隐私”，说明疫情防控期间，医学生具有较好的健康信息意识和健康信息道德。得分排在后三位的条目分别是健康信息获取维度的“我喜欢从各种来源获取与新冠疫情有关的健康信息”、健康信息评价维度的“我会主动评估社交媒体上新冠疫情有关的健康信息哪些是正确的”、健康信息应用维度的“我很清楚七步洗手法是哪几步”，说明医学生获取、评价和应用疫情方面的健康信息能力有待提升。

（2）医学生的健康状况。前期文献调研发现，个人的健康信息素养水平直接影响个人的健康状况。医学生的健康状况评价及对健康信息素养的影响见表6-2所列。

表 6-2 医学生的健康状况评价及对健康信息素养的影响

健康状况	较差	差	一般	好	较好	F	P
人数（%）	33（3%）	37（3%）	600（50%）	358（30%）	168（14%）		
信息意识	15.85±3.28	16.30±2.58	16.48±2.45	17.11±2.37	17.51±2.66	8.747	0.000
信息获取	11.55±2.41	12.03±2.20	12.02±2.06	12.44±2.00	12.82±2.11	6.890	0.000
信息评价	11.51±2.54	11.89±2.22	12.04±2.03	12.50±2.00	12.82±2.17	7.300	0.000
信息应用	11.85±2.41	12.03±2.27	12.19±1.97	12.62±1.86	13.07±2.00	8.640	0.000
信息道德	4.12±0.96	4.19±0.74	4.27±0.66	4.42±0.64	4.48±0.69	5.830	0.000
信息素养	54.88±11.02	56.43±9.41	57.01±8.54	59.09±8.24	60.69±9.05	8.844	0.000

由表 6-2 可知，医学生总体对自己的健康评价一般，觉得自己目前健康状况一般的占 50%，只有 44%的医学生认为自己健康状况良好及以上，说明医学生目前的健康状况不容乐观，需要进行必要的健康素养教育。健康状况在疫情防控期间医学生的健康信息素养各维度中具有差异性（$P<0.05$），且呈正相关，健康状况自我评价越好，健康信息意识、评价、应用、道德及健康信息素养得分越高，即健康信息素养水平越高的学生，自我评价的健康状况越好。

（3）医学生健康信息获取方式和途径。健康信息的获取和评价能力是指掌握一定的信息检索能力和检索策略，并对健康信息源有一定的判别和筛选能力。健康信息获取能力也能体现个体的信息素养水平。

医学生获取健康信息的方式如图 6-1 所示，医学生获取健康信息最常用的方式是网络（86.62%），其次是医生或医学专业人士（51.25%），再次是同学、

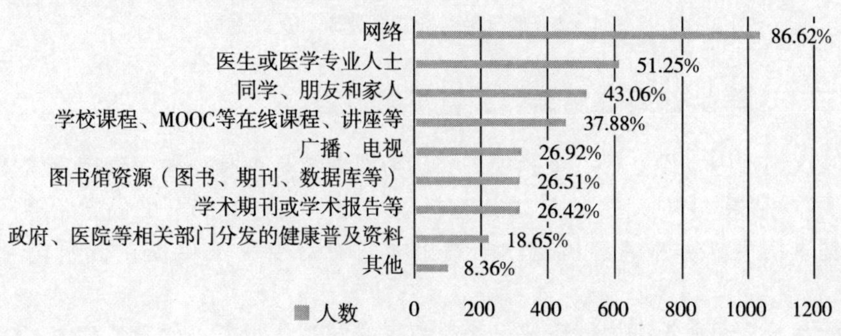

图 6-1 医学生获取健康信息的方式

朋友和家人（43.06%），利用学校课程、MOOC等在线课程、讲座的学生占比37.88%；利用图书馆资源（图书、期刊、数据库等）、学术期刊或学术报告以及政府、医院等相关部门分发的健康普及资料获取健康信息的学生占比均不足3成，说明医学生获取健康信息时注重快捷方便，对权威性和专业性方面考虑不够。

医学生网络获取健康信息的途径如图6-2所示，超过八成的医学生是利用百度、搜狗等搜索引擎来搜寻健康信息，近五成的医学生通过微博、微信、QQ等社交媒体和知乎、贴吧、百度医生等知识问答平台获取健康信息，还有39.72%的医学生是通过自媒体平台来获取健康信息。搜索引擎和社交媒体上的很多健康信息都是没有经过专业机构和专家的审核就发布在网上，有些自媒体为了流量发布一些未经核实的健康信息甚至谣言，如果医学生没有足够的医学知识和信息素养，很难保证获取的健康信息正确、全面和有效。

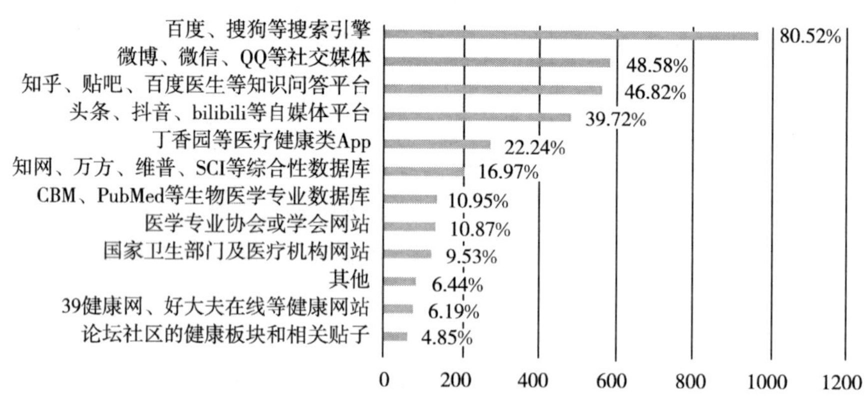

图6-2 医学生网络获取健康信息的途径

三、医学生健康信息素养教育需求方面

本次调查中，设立了一个题项“您认为图书馆是否有开展健康信息素养教育的必要”，结果1196人中有1132人选择了“是”，即94.65%的同学希望图书馆开展健康信息素养教育。可见，图书馆非常有必要为学生提供健康信息素养教育。

针对希望图书馆开展健康信息素养教育的同学，调查了“您希望图书馆开展哪种形式的健康信息素养教育”，健康信息素养教育途径如图6-3所示，五成以上的医学生希望图书馆在“新生入馆教育中嵌入健康信息”“医学信息检索课程中嵌入健康素养”和“健康信息阅读推广”；四成以上的同学希望图书馆“突发公共卫生事件时，图书馆主页、微信、微博及时推送相关健康信息”和“定期举办健康信息讲座”。可见，医学生对图书馆开展健康信息素养的方式也有着个性化的需求。

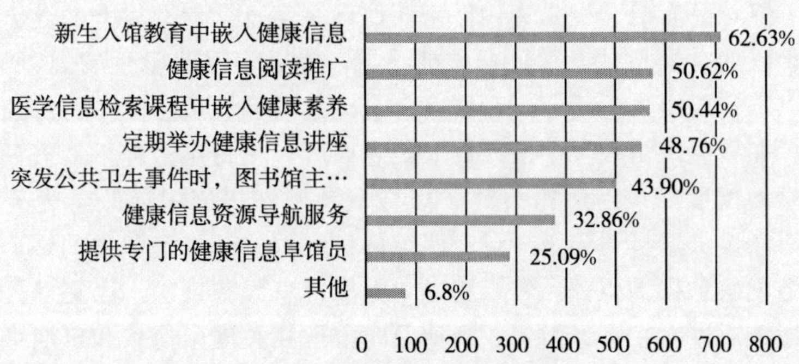

图 6－3　健康信息素养教育途径

调查结果显示，突发公共卫生事件期间，医学生的健康信息素养与所学专业和生源所在地有关；两所医学院校的学生对自身健康状况评价不高，健康信息认知不足；健康信息获取方式主要通过没有经过专业机构和专家审核过的搜索引擎和社交媒体，健康信息获取能力不强，健康素养水平和信息素养方面都有待提升。疫情方面的健康信息意识和健康信息道德较好，疫情方面的健康信息获取、评价和应用都有待提升。九成以上的同学希望图书馆通过各种途径开展健康信息素养教育。高校图书馆承担着教育和信息服务的功能，提供健康信息服务和健康信息素养教育是医学高校图书馆的职能之一。作为医学信息资源中心的医学高校图书馆，拥有丰富的健康信息资源，具备医学专业背景的图书馆馆员，有必要也有能力为医学生开展健康信息素养教育。面对突发公共卫生事件时，医学高校图书馆更应该主动承担起健康信息传播和信息素养教育的职责。

四、医学高校图书馆开展健康信息素养教育路径

医学高校可以针对不同年级、不同专业，增设不同的健康信息素养相关培训课程，指导医学生用正确的方法获取健康信息、系统学习和掌握健康教育方面的知识和技能，选取传播力强的渠道传播和分享健康信息，组织医学生参加健康信息获取和应用能力方面的课程及实践活动，提高医学生的健康信息获取、评价和

应用能力。

（一）通过多种途径传播健康信息，增强医学生的健康信息意识

首先要让医学生认识到健康信息对于提高个人健康水平的重要性。医学高校图书馆拥有丰富的健康信息资源，既有医学专业书籍和健康科普类期刊，也有医学相关专业数据库供医学生借阅和查询，但近年来，图书馆纸质图书期刊的借阅率一直在下降，更多的学生是通过网络获取健康信息，但网络上的健康信息良莠不齐，低年级的学生不易识别，容易被误导。为了满足医学生的健康信息需求，图书馆可以不定期提供生活方式和饮食、合理运动和锻炼、医学前沿知识的健康专题展览；在新生入馆教育中嵌入健康信息内容；在每年的世界读书日活动中增加健康信息阅读推广；创建相关健康信息专题网站等来引导医学生关注健康信息；健康信息馆员选择与年级专业相匹配的馆藏健康信息资源和网络资源，提供个性化的健康信息咨询服务，实现精准化健康信息服务推送。当突发公共卫生事件时，图书馆通过在主页、微信、微博及时推送相关健康信息和定期举办健康信息讲座等方式来普及健康信息，提高医学生的健康信息意识。

（二）开展健康信息素养教育，提高医学生的健康信息获取和评价能力

医学高校一般都开设有医学信息检索和利用课程来培养医学生的信息素养能力，图书馆可以在医学信息素养课程中嵌入健康素养的教学。安徽医科大学图书馆于 1985 年起一直致力于本校学生的信息素养教育和培训工作，开设的“医学信息检索”课程为全校本科生公共必修课，“医学信息检索与利用”课程为研究生的选修课，同时还为硕博士留学生开设个性化的医学信息素养教育。课程采用理论和实操的方式教授国内外相关医学数据库的检索方法和检索策略来培养医学生的信息素养。但从调查结果来看，两所医学院校的学生通过医学专业数据库、医学专业协会、国家卫生部门网站和专业健康网站获取健康信息的医学生占比均不超过四分之一，说明医学生的信息检索和信息获取能力还需要加强和提升。在信息素养课程设置中适当增加一些国内外权威的健康信息网站内容，并指导医学生利用这些网站来查询疾病症状、心理调适、健康饮食和合理运动等信息，解决学生日常生活中遇到的健康问题。常用健康信息网站如美国国家医学图书馆创建的 MedlinePlus 健康网站非常适合介绍给医学生。突发公共卫生事件时，邀请学校相关专业教授就公共卫生健康热点话题进行专题讲座和研讨，提高医学生对公共卫生事件的关注度，提升信息鉴别能力和突发公共卫生事件时的应急能力。

（三）构建健康信息数据库，提高医学生的健康信息应用能力

图书馆应在制度、人员和经费方面主动争取各级政府部门的支持，借助政府开放和共享数据，并与数据库商、出版商等商业机构合作，构建健康信息数据库，为医学院校图书馆开展健康信息素养教育提供文献保障。在图书馆网站嵌入健康信息资源导航模块，方便学生快速获取所需要的健康信息。另外，图书馆为了保证健康信息的权威性和可信性，除了保证信息的来源可靠，还需要邀请专业权威的健康专家来审核图书馆提供的健康信息内容，确保医学生掌握的健康信息准确、可靠且权威；图书馆利用自建的健康信息数据库，有针对性地将健康信息免费开放给医学生及社会公众，更好地帮助社会公众和医学生学习健康知识，降低突发公共卫生事件中的健康风险。

（四）加强与学校其他部门的合作，提升医学生的健康信息素养

图书馆在开展健康信息素养教育中应加强与学校其他部门的合作和交流，构建健康信息服务协同体系。图书馆与教务部门合作，由医学文献检索教研室组织健康专家、信息素养教师和临床医生开发以健康信息为主题的优质信息素养课程，提供在线课程学习服务；打造科普形式的医学慕课，如艾滋病的防治、新冠肺炎的常见问题、网络医学知识鉴别等，扩大医学生健康信息素养教育的覆盖面，提升宣传的有效性。图书馆邀请学校精神卫生与心理学专业老师一起参与图书馆开展的阅读疗法活动。突发公共卫生事件时，大学生被封校园或宿舍，长期进行线上课程学习，承受着巨大的心理压力，需要适当的排解和宣泄，除心理健康中心提供心理辅导外，图书馆健康信息馆员可以在心理学专家的指导下，通过聆听倾诉，分析医学生身心现状、了解心理需求、推荐有益于学生身心健康的针对性好书，以书为药，缓解师生心理压力，增强医学生的健康素养。与医疗机构合作，医学高校一般都有附属医院，图书馆的服务对象包含大量的医护人员，医护人员同时参与医学生的课程教学和带教工作，对医学生的专业知识和临床技能进行培训，在传授医学专业知识的同时，也会影响医学生的健康素养，图书馆参考咨询部门可以聘请附属医院的医护人员参与健康咨询服务，主要负责解答专业性较强的健康咨询，作为健康顾问，协助图书馆健康信息素养教育的开展。与学生处沟通，选择部分健康信息素养较高的学生作为健康信息传播大使，参与图书馆健康信息微信、微博的编写与发布，分享健康知识和健康信息。同时，图书馆在开展健康信息素养教育过程中，离不开学校网络中心提供的信息安全和网络保障服务，需要校医院提供健康知识指引和健康保障，以及学校宣传部门对健康信

息素养教育的大力宣传。

高校应采取院系部门协同，学科交叉融合来进行精准化、特色化、递进式的健康信息素养教育。图书馆应充分利用微博、微信、QQ等社交媒体，网课、慕课等途径创新健康信息服务模式，多途径开展健康信息素养教育，提升医学生的健康信息素养水平。突发重大公共卫生事件时，医学生能够迅速理解、甄别信息真假，快速检索并获取健康信息，合理运用健康信息，并做出正确有效的健康决策，不仅能提高医学生的自我防护能力，还能指导公众或患者提高健康信息素养能力。

综上所述，本项目按照计划如期开展研究，顺利完成了各项目标任务。为了更好地了解医学生的健康信息素养现状及影响因素，在自制《医学生健康信息素养问卷》中增加了医学生对自己的健康评价、健康困扰、健康信息需求、健康信息获取方式和途径、健康信息素养教育需求、是否希望图书馆开展健康信息素养教育以及图书馆开展健康信息素养教育方式等方面的调查，并对调查结果进行研究。这些内容为医学院校图书馆开展健康信息素养教育提供了理论依据和现实依据。

第七章　图书馆信息服务的质量评价

图书馆作为一个致力于提供文献信息服务的实体，必须对其所提供服务的质量进行评估。图书馆的信息服务水平直接影响到其整体的服务质量。服务质量指的是服务提供者在向服务接受者提供服务过程中的行为表现和质量。图书馆信息服务的评价不仅映射了图书馆各项服务内容与形式的优势与不足，也展示了图书馆的服务环境和整体工作效能。我国高校于 20 世纪 80 年代开始开展图书馆服务质量评价，但过往的图书馆评价主要集中在办馆条件、管理体制和馆藏资源建设等方面，尽管也触及服务水平的评价，但并非评价工作的核心内容。然而，随着时间推进至 20 世纪末，部分学者开始引入并借鉴西方的图书馆服务评价理论，从而增强了对图书馆服务评价研究的重视。

第一节　图书馆服务评价概述

图书馆服务评价过程是一种在特定价值观的指导下，通过采用特定技术和方法搜集有关图书馆服务系统、服务方式和服务产出的信息。这个过程涉及利用这些搜集到的数据，以既定的服务目标作为基准，对图书馆的服务流程和成效进行客观的量化和评估。这样的评价旨在为图书馆提供改进服务和制定决策的根据。

一、图书馆服务评价的目的、类型与功能

（一）图书馆服务评价目的

评价活动旨在提升工作品质，通过搜集关键数据解决具体问题，并为决策过程提供支持。评价的目标可划分为三个层级：首要层级是评估价值的存在与否及其程度；其次，评价的目标是确保评价对象为主体带来尽可能优化或令人满意的

价值，在对众多评价对象进行评估时这一目标尤为突出；最后，评价的宗旨在于促进更优质的决策，即向决策者提供决策依据和必要的决策管理流程。

图书馆服务评价的核心宗旨在于系统地搜集用户服务工作的各类数据和信息，并进行深入的价值分析和综合评判。在确认成绩的基础上，识别服务过程中的问题与不足之处，并提出改善建议和方案，帮助被评估的实体——图书馆的工作和服务人员明确建设和发展方向。同时，这也有助于政府及图书馆管理部门加强对图书馆的指导和监管，推动图书馆服务水平和品质的持续提升，实现“以评价促进改革，以评价促进建设，将评价与建设相结合”的目标。

（二）图书馆服务评价类型

图书馆服务评价根据不同的分类准则，可以划分为多种类型。例如，按照覆盖的范畴，可分为广泛性服务评价和特定性服务评价；依据所含内容量，可分为单元服务评价和全面服务评价；根据不同的目标，通常分为过程性评价和总结性评价；按照参与评价的人员，可分为内部评价和外部评价；从服务成效的角度，可分为职能效果评价、经济效果评价和社会效果评价；从涉及工作的角度来看，包括服务条件评价（本质上是办馆条件评估）、服务水平和质量评价以及服务效果评价等。

具体而言，图书馆服务的职能效果评价是指对图书馆提供的专项服务如借阅、阅读、咨询、文献搜索、科技信息检索等的服务质量和服务受众数量进行考察和评估，这类指标意在指导图书馆扩大和加深服务范围，以使有限的资源发挥更广的作用；经济效果评价则关注图书馆服务活动产生的效果与投入的劳动、物资、技术和资金之间的关系；社会效果评价着眼于图书馆的服务活动对用户需求的满足程度，这些需求可能包括学习、科研和文化娱乐等多个层面。

图书馆服务条件的评价涉及对图书馆所有服务资源的质量和数量进行评估，这包括建筑设施、藏书资源、人力资源、设备资源和服务环境等；服务质量的评价则针对图书馆提供的服务数量进行量化分析，包含用户总数及各分项服务的用户数；而服务水平的评价则专注于图书馆在提供文献信息服务过程中的表现，尤其是用户对图书馆服务的满意度。

（三）图书馆服务评价的功能

图书馆信息服务质量评估的功能主要体现在以下方面。

1. 诊断作用

图书馆信息服务质量评估可以帮助我们分析和判断服务过程中出现的问题，

持续发现并改善用户服务中的不足之处，同时通过评估手段激励馆员进行自我提升和优化。

2. 反馈作用

图书馆信息服务质量评估让图书馆和用户服务部门能通过评估结果实时掌握服务活动的实际情况，获取指导工作的客观数据，了解服务实践与目标之间的差异，并找出差异原因，以便使服务实践更接近既定目标。

3. 激励作用

服务评估是对馆员工作效率和成果的评定，基于此可以对表现优异的馆员给予奖励，以提高图书馆员的工作积极性。

4. 调控管理作用

利用图书馆信息服务质量评估对服务过程进行控制和调整，包括修改服务计划、分配服务资源、设备、预算和人员等方面，以实现服务的最优化。

二、图书馆服务评价的标准

在社会体系中，图书馆扮演着重要角色，其服务不仅具有社会性，而且必须面向公众。随着时间的推移，图书馆服务评价的焦点已从传统的以办馆条件为主转变为更加关注读者的满意度。由于图书馆的服务多是无形的，涉及的因素复杂多样，因此评价方法也应当既包括定性分析也包括定量分析。如果以读者需求的满足程度为关键评价依据，主要可从以下四个方面进行考量。

（一）读者满意度

读者带着期望使用图书馆服务，并根据这些期望评估服务的表现。图书馆的资源和服务对读者需求的满足程度，将直接影响读者的满意程度。随着信息时代的到来，图书馆需要不断创新服务模式，提供数字化、多元化的服务，以适应读者的各种新需求。

（二）读者吸引率

读者吸引率指的是图书馆实际服务人数与潜在服务人群的比例。图书馆应当提供一个充满学术和文化气息的环境，并通过改善设施、增加特色服务来吸引更多的读者。在信息技术快速发展的背景下，图书馆需要创新服务方式，提高利用率。

（三）服务效率

图书馆服务应注重效率，主动地为读者提供服务，如阅读推广、信息咨询服务等。图书馆应积极有效地利用网络和自动化设备提高服务效率，节省读者时间，并使图书馆工作更具现代化。

（四）馆员的主动服务率

图书馆的服务质量与馆员的努力密切相关。馆员需树立“读者第一”的服务理念，主动了解读者需求，关心读者所需服务，重视读者意见，并发挥主观能动性，为读者提供优质服务。

三、图书馆服务评价的基本步骤

图书馆服务评价是一项涉及高度专业性和技术性的工作任务。为了确保评价的高质量和实现预定目标，必须依照科学的流程来组织实施评价。

（一）评价筹备阶段

在评价的筹备阶段，核心任务是明确评价的目标、对象、主要执行者以及评价指标体系和标准，并制定出详细的评价计划。同时，还需要设立一个专门的评价组织机构，这一阶段的工作至关重要，将影响整个评价的过程及结果。在具体实施过程中，图书馆服务评价主要集中在图书馆提供的文献信息服务的质量与水平，及其服务数量。更具体地说，评价的对象还应包括图书馆为用户提供服务的各个方面，如服务的范围、内容、层次和形式，服务的效率和质量，自我调整和改善的能力，满足用户信息需求的程度，以及图书馆工作人员的专业能力、奉献精神、业务水平和发展潜力等。

图书馆服务评价的主体应该是图书馆服务的直接受益者——用户。图书馆作为一个服务体系，其硬件设施和工作人员的表现是保障服务质量的基础，但用户的满意度才是衡量图书馆服务水平的关键。没有用户的评价，评估结果将无法全面反映图书馆的服务质量。用户对图书馆服务的满意度是衡量图书馆服务质量和水平的重要指标。外部专家作为评价主体的一部分，可以从不同的角度进行分析和判断，提供宝贵的意见和建议，以提高图书馆的服务效益。同时，图书馆工作人员在整个评价过程中扮演着至关重要且独特的角色：他们不仅要接受用户和专家的评价，而且要承担起改进工作的责任。因此，激发和利用图书馆工作人员的积极性是至关重要的，他们的日常自我评价也应被视为整体服务评价的重要组成部分。

（二）评价执行阶段

实施评价阶段包括沟通互动、数据收集以及对信息的处理和分析等关键步骤。这个阶段对于整个评价过程的成效至关重要。为了确保图书馆服务评价的质量和可信度，推荐在全面评价正式启动前进行一次小规模的试点评价，选择部分用户对某个特定服务或部门进行评估，以此获取宝贵的实践经验，并据此对评价方案进行调整和完善。

正式的评价流程可以细分为以下四个步骤：首先，搜集评价所需的信息；其次，对搜集到的信息进行整理；接着，对整理后的信息进行分析；最后，根据分析结果做出全面的评价。搜集评价信息是实施图书馆服务评价的基础环节，它为科学判断提供了必要的事实基础。在整理评价信息时，需要反复验证信息的完整性、准确性、适用性以及收集方法的可靠性，并对所有信息进行检查、分类和存储，以便后续开展分析工作。分析评价信息意味着使用定性和定量的分析方法，将评价对象在各个指标上的表现转化为具体的评价结果。最终的全面评估则是基于相关理论和方法，将各个分项评价的结果综合起来，形成一个全局的评价结论。

（三）评价分析与决策制定阶段

这个阶段涵盖了得出评价结果、分享评价信息（包括对成果和评价流程质量的分析），以及基于这些信息制定新的策略或决策。评价分析不仅是对被评价对象存在问题的深入探讨，也包括对评价活动本身质量的反思与审视。能否根据评价结果来指导未来的政策制定，在很大程度上取决于评价活动的质量是否得到充分保证。同时，对评价过程的深度分析也为检查评价筹备和执行阶段的质量提供了重要保障。因此，评价活动的三个阶段：筹备、执行和分析是紧密相连、不可分割的连续体。

第二节 图书馆服务评价内容

一、图书馆的基本服务

图书馆的基本服务主要涉及以下几个关键指标：对外开放时间、注册用户总数以及传统藏书的借阅量。

（一）图书馆的开放时间

图书馆的开放时间长度是确保用户能够接受服务的基础。如果开放时间太短，难以满足用户利用图书馆资源的需求。开放时间的合理性直接影响用户访问图书馆的便利性。大多数用户倾向于在业余时间访问图书馆进行自我提升，如果图书馆的开放时间无法满足这部分用户，将直接影响图书馆的利用率。因此，开放时间是衡量图书馆服务质量的一个关键指标，开放时间越长，通常意味着藏书的流通率和读者阅读率会相应增加。

（二）用户统计分析

用户统计分析是对图书馆服务使用情况的全面衡量，它由以下几个子指标构成：

1. 注册读者总数

这指的是持有图书馆读者证的总人数。注册读者群体构成了图书馆服务的主要对象，但并不涵盖所有利用图书馆资源的人。在当代图书馆运营中，随着服务开放性的增强，很多公众即使没有读者证，也可以通过合法身份证明或与图书馆的临时协议来享受大部分服务。因此，注册读者数量是衡量图书馆服务状况的一个参考指标。

2. 年度读者接待量

这一指标反映了一定时期内图书馆的服务量。如果接待的读者数量较多，通常表明图书馆的服务状况较好。然而，这个数据并不能完整展示图书馆服务质量的内部结构。年度读者接待量可以进一步细分为流通读者年接待量、阅览读者年接待量，以及电子阅览室和视听媒体阅览室的年接待量。

3. 到馆率

这是衡量图书馆服务覆盖广度的一个重要指标。年度读者接待量仅能提供接待读者的绝对数量，而不能反映图书馆在提升服务质量方面的努力。到馆率则能更有效地展现这方面的情况。到馆率的计算方式是将全年接待的读者总人次除以图书馆服务范围内实际与潜在读者总数的比例。作为一个公益性的社会文化机构，图书馆服务的社会效益主要体现在读者通过使用图书馆服务所创造的价值和读者素质的提升上。图书馆的服务效益与到馆率有直接关系，到馆率越高，说明图书馆服务的范围越广，其服务效益也越好。

（三）传统藏书流通状况

该指标主要包括以下几个方面：

1. 年度图书借出总数及每位读者的平均借书数量

前者展现了图书馆整体的传统图书借阅规模，而后者则揭示了每位读者的借阅行为，它们都是评价图书馆传统藏书质量的关键指数。

2. 图书馆的年文献复制总量，通常以复印页数计量

此外，还有藏书的馆际互借以及文献传递的数量。这些指标显示了文献信息资源的共享程度、藏书结构的合理性以及藏书缺失的状况，而且随着图书馆事业的发展，这些指标的重要性日益凸显。

（四）图书馆藏书计算机化管理比例

在当前环境下，图书馆用户更倾向于通过计算机检索和利用藏书资源，这种方式提升了借阅效率，使得用户逐渐放弃了传统的卡片目录检索方式。因此，采用计算机管理的藏书占总藏书量的比例，已成为衡量图书馆自动化服务水平的一项重要指标。

（五）开架率

开架率是指图书馆实行开放式访问的藏书数量与图书馆总藏书量的比例。开放访问是提供传统藏书服务的一种方式，尽管通过图书馆接待的读者数量和外借文献的数量可以间接显示开放访问在提升图书馆服务方面的一些积极影响，但这些指标仍不足以全面描述读者阅读和使用文献的具体情况。开架率能够更全面地反映图书馆馆藏在服务中的可访问性程度。

（六）文献推广活动

文献推广的效果可以通过书展举办次数、书评发表数量以及在线信息发布三个维度进行评估。在线信息的发布也可以被视为网络文献信息服务效果的一项指标。文献推广体现了图书馆在提升藏书使用率方面的积极姿态，通过外部主动发布、展示和评价文献信息的工作成效，这与图书馆的公众形象、行业内地位以及经济效益有着直接的关联。

二、网络文献信息服务评价

近年来，国内外图书馆已将图书馆服务评价作为提高图书馆管理效能的重要工具。随着数字图书馆的兴起和不断发展，对其服务质量进行评价显得尤为关键。数字图书馆为用户提供了丰富的信息服务，这是构建数字图书馆的核心目标。数字图书馆服务评价涉及收集相关数据，对这些数据进行分析和处理，并采用科学方法进行综合评估。因此，从信息服务的角度出发，数字图书馆服务评价主要关注服务质量和用户使用情况。

用户满意度评价对于指导数字图书馆的科学管理具有重要意义，它为数字图

书馆进一步开发信息市场、制定竞争策略、持续优化网络信息资源及服务提供了依据。用户满意度评价指标体系是一套反映用户对信息服务需求和评价要素的指标集合。根据体系的全面性、代表性、独立性、可操作性原则，以下几方面被纳入评估范围。

（一）信息检索质量

作为数字图书馆的核心服务项目，其评估指标包括查全率、查准率、响应时间、检索帮助、检索结果的可调整性。

（二）响应速度

衡量数字图书馆是否拥有稳定的在线知识库，并提供 7 * 24 小时服务，以及链接和信息传输的速度与可靠性。

（三）个性化服务状况

指数字图书馆为用户提供的个人空间定制能力，包括界面个性化、信息推送服务、跟踪检索服务等。

（四）页面设计

在人机交互层面，页面设计反映了数字图书馆功能与服务的展示效果。要求页面美观、用户友好，并具备导航功能。主页简洁直观，提供充足的链接介绍和文档使用提示，通过网站地图和导航工具整合资源，引导用户高效检索信息。

（五）网页浏览量

许多用户习惯于通过图书馆网页获取服务或了解相关信息，因此网页浏览量成为衡量图书馆网络化文献信息服务的一个重要指标。

（六）数字文献下载量

无论是自建数据库还是商业数据库，除了在线查阅外，下载服务也是一项重要功能。数字文献下载总量和人均下载量都是衡量网络文献信息服务的关键指标。

（七）咨询服务和用户培训

咨询服务的评价包括一般咨询（年咨询人次）、专题定题服务（年服务数量）、信息编译报道（年编译篇数或次数）、科技查新（年项目数量及国内外查新比例）。用户培训指标则评估图书馆在指导用户快速准确获取资料方面的工作效果，包括日常指导、接待非现场用户参观、举办利用图书馆的知识讲座，以及在学校开设文献检索和网络资源利用辅导课等活动。

第三节　图书馆信息服务模式实施路径和评价

一、图书馆信息服务模式的实施路径

图书馆服务模式实施需要遵循一定的路径，并且需要通过目标解读，确定方案重点与难点。在信息服务这一复杂过程中，重点是要确定主要服务内容。将服务内容进行细化，制定各大学科信息服务领域包括的子服务内容。在现阶段，根据医学图书馆信息服务的实际情况，信息服务实施的重点应该是多维度医学人文素养培养、区域医学信息联盟构建和公共健康知识平台构建。信息服务实施的难点是如何统一协调各信息服务内容的比例，如何统一各服务内容的联系，使各服务内容能达到协同服务的效果。此外，医学图书馆信息化基础不统一、人才队伍建设滞后也是信息服务的难点。

按照信息服务特点与一般方案实施的基本步骤，确定信息服务实施中的关键节点，将医学图书馆学科信息服务模式实施路径分为五大阶段。

第一阶段：明确服务目标。在信息服务实施过程中，明确目标才能找准方向，明确目标才能抓住实施服务的关键。医学图书馆信息服务应始终以服务医学领域目标为导向，明确目标所指向的各个任务，才能确保信息服务实施过程中不会偏离预定的轨迹，确保信息反馈结果符合预期目标。

第二阶段：分解实施任务。完整的信息服务过程包含众多子任务，只有将每种类型的任务进行科学的分解，确定任务界限，才能让信息服务的总体实施有章可依，有序进行。分析案例中各子任务的优先级，对子任务之间的逻辑关系进行分析，确定各子任务实施策略，并明确各子任务的目标、边界和资源投入计划。制定各子任务的时间计划表，将任务责任落实到具体的部门和人员。制定有效的具体实施策略，确保任务的持续推进。

第三阶段：组织各种资源。信息服务的顺利实施是以各种资源为基础与支撑的。进行信息服务前，需要按照各种资源的分类，将学科馆员、信息、空间、技术等资源进行配置，制定资源组织计划，为信息服务的持续开展奠定基础。

第四阶段：实施过程管理。根据信息服务实施的范围和资源制定相应项目组织和项目计划。按照信息服务模式涉及的关键时间点、资源组织计划等，制定详细的服务制度。严格按照实施策略所包含的各种策略和工作规程对信息服务进行

管理。

第五阶段：模式改进提升。在信息服务过程中，对模式运用的具体情况进行实时的监测与反馈，根据实际情况进行调整与改进，并根据实施过程中出现的问题调整相应的服务策略，促进信息服务模式不断完善，适应医学图书馆发展目标。

二、推进信息服务模式应用的建议

当前各高校图书馆都在积极探索具有本校自身特色的信息服务模式，也在不断探索信息服务模式的创新。虽然信息服务模式创新有很多成功案例，但各类型图书馆自身条件的差异使很多经验无法复制。医学图书馆由于其学科的偏重性，使其信息服务的特色不可避免需要向医学领域倾斜，在进行信息服务模式应用时也需要更多考虑如何服务一线教师、医学生及医学从业人员。因此，针对医学图书馆信息服务模式应用，提出如下几点建议：

（一）持续开展信息资源建设

随着新时代的推进，对高等教育和科研机构的期望不断提升。国家的“双一流”计划映射出对高等教育质量和水平的新期望与标准。在此背景下，高校图书馆被赋予了深化其在科研、教育和学习服务方面的责任，并朝着提供更深入、专业化和嵌入式信息服务的方向发展。特别是在当前医疗行业和公共卫生领域的复杂局势中，医学图书馆必须紧跟时代发展，关注医学领域内专业化和跨学科的趋势，以此为指导建设具有特色的医学资源。这包括平衡发展纸质和电子医学藏书资源，引入支持先进医学研究的学术数据库，以及创建特定于医学子专业的科研资源数据库。此外，医学图书馆应当以成为医学情报中心为目标，积极整合医学领域的最新研究动态，收集医学情报，从而扩大其信息服务范围，为用户群体提供更多接触新知识和激发创新思维的机会。

（二）加强专业人才队伍建设

在医学领域快速发展、服务环境不断变化以及服务对象愈发多样化的当下，提供高质量的信息服务更加依赖于具有综合技能的学科馆员团队。目前，众多医学高等院校图书馆的信息服务已经超越物理空间的局限，向教师、研究人员和学生提供个性化、主动式的服务。这些服务的场所已从传统的图书馆扩展至实验室、教室、医院等环境。专业信息服务人员所提供的帮助极大地提升了用户的科研、教学和学习效率，并因此获得了业界的广泛认可。尽管如此，许多图书馆目前仍面临一系列挑战，包括信息服务馆员的数量不足、人员的专业素质和服务技能有待提高以及培训机会有限等，这些问题限制了专业和复合型信息服务团队的发展。因此，积极引进具备医学和图书馆学专业背景的人才成为推动信息服务模式创新的关键。此外，还应当努力提升现有馆员的综合素养，通过信息服务带动图书馆的整体服务质量，增强图书馆在高校或区域内的影响力。

（三）完善信息服务制度建设

构建完善的信息服务管理体系是确保服务效率和公正性的关键所在。建立一套科学的评估和奖惩系统不仅可以规范服务标准、提高服务质量，还能有效鼓励馆员不断优化服务方法。例如，可以实施定期的服务汇报和考核制度，由专家、图书馆领导和用户代表组成的评审团队对服务进行评估，对于发现的问题提供积极的反馈和改进建议，并对表现优异的个人或团队给予物质奖赏及精神上的表扬。同时，应定期总结并分享信息服务的优秀实践，并将这些经验整理作为推进信息服务创新的实证基础。

（四）加强用户联系，重视反馈

作为图书馆服务不可或缺的一部分，信息服务同其他读者服务一样，须坚守以用户为中心的原则，切实地贴近用户，并与之建立互利共赢的伙伴关系。学科馆员应主动挖掘和分析用户的潜在需求，贯穿用户的科研与学习全过程。举例来说，可以通过社交媒体平台如微信创建信息服务渠道，融入用户的线上生活；直接进入学院和医疗机构开展研讨会和宣传活动，深入用户的工作环境；组建信息服务专业团队提供定制化服务。此外，建立用户反馈机制、拓宽用户参与信息服务资源建设的通道，并完善意见反馈路径也同等重要。比如，设置专门的用户反馈平台，定期举办用户与馆员的交流会议等。通过与用户的密切互动，能够有效跟踪和掌握用户需求，从而为信息服务模式的创新提供确凿而有效的数据支撑。

（五）面向用户推动服务联盟

学科信息服务的核心是主动或被动地提供知识信息，满足用户需求，为用户提供有参考价值的学科信息，有效服务于高校或团队组织的教学科研事业。信息服务的价值仍旧体现为用户的满意度和反馈的有效性，现代信息服务要求在传统信息服务的系统资源再组织基础上，集成个人知识管理、团队科研协作服务、信息服务工具、在线参考咨询管理，打造以用户为核心的全新的信息服务模式。因此，面向用户的信息服务模式应成为信息服务模式应用的关注点。

学科信息服务模式应用中突出面向用户有多种途径，不同类型的图书馆可以根据自身特点进行学科信息服务馆员与用户的联系。如在高校图书馆中，可以把学科信息服务馆员从院系延伸到科研团队，将用户群体进行细分，对重点科研团队进行专题服务，支持学术资源向科研团队的准确推送；针对个人用户，集成个人知识管理、一对一科研协作服务，把信息服务系统变为科研教学活动的主要活动场所之一；提供“在线咨询”的绿色通道，方便个人或团体用户咨询，实现信息服务对科研、教学的过程嵌入，将咨询结果自动沉淀为学术资源；针对医学临床科研人员时间紧、任务重的特点，可以利用虚拟团队科研协作系统，在为科研团队提供科研协同服务的同时，把团队内部积累的资源认作内部学术资源，图书馆搭建平台，科研人员填充医学科研信息，实现特色医学学术资源的自动正向增长；为学科信息服务馆员和用户提供高效信息服务工具，挖掘更多有价值的资源平台，完善馆藏资源结构，提高用户对信息服务的信任度；支持馆员对信息服务工作的统计分析，实现从“粗放管理”向“精细管理”的转型，把学科管理人员列为服务对象，提供学科竞争情报，为多样化、多层次信息服务提供有力保障。

三、图书馆信息服务模式的评价

（一）信息服务模式评价的意义

信息服务的开展是一项复杂、长期、动态的系统工程，在持续的服务过程中会发生服务模式的调整、完善、转变等，通过科学合理的规划指导才能更顺利地进行学科信息服务。信息服务评价的目的是对现有的模式进行客观审查，运用数学分析工具，判别信息服务模式的综合水平，以便在多种模式中选择最佳方案，为决策者和信息服务实施者提供决策的科学依据。因此，从哪些方面进行评价，从什么角度进行分析，都直接关系到评价结果的科学性和准确性。为了综合衡量各种模式的优劣，信息服务评价需要采用规范化的评价方法，从系统思想出发，筛选现有的可用评价方法，制定学科服务模式评价的原则、标准并构建评价指标进行分析，建立适应自身图书馆特征的信息服务评价模型，为信息服务模式的评估、选择、完善提供参考。

（二）图书馆信息服务模式评价的原则

为了科学、客观、全面地进行信息服务模式评价，必须选取科学合理的评价指标，应遵循以下原则：

1．系统性原则

评价指标要形成系统结构，应包括与信息服务模式有关的主体、客体、技术、资源、平台、策略等。构建的指标体系应该具有层次性，指标体系的构建可以从整体到局部，也可从宏观到微观。评价方法与被评价的系统能形成一个和谐的整体，评价必须建立在真实、合理和系统的基础数据之上，被评价的系统应该能够提供所需的系统化数据和资料。

2. 相对独立性原则

在科学的评价体系中，评价指标应该相互关联，但又需要具有相对独立性。评价指标必须具备典型的代表性，以确保其能够精确地映射出特定方面的综合特性。虽然信息服务的评价体系构成了一个层次清晰、各要素紧密相连的系统整体，但在这个体系中，不同属性的评价指标应保持必要的独立性。这样，每个指标才能够单独揭示信息服务模式在某一方面的性质与状况，并确保其具有足够的典型性。在挑选评价指标时，应当规避那些含义相似且表述雷同的高相关性指标，以保证评价的多元性和准确性。

3. 简洁性原则

对信息服务模式进行评价，评价指标的选择应该精简，且涵盖核心内容，避免冗余和过于简单。指标冗余会使评价系统过于繁琐，相互重叠；指标过少及过于简单容易出现指标信息遗漏、错误、不真实的现象。

4. 客观性原则

评价指标的选择要符合现实，尽可能避免主观干扰。评价是决策的前提，评价的核心任务是“度量”，而决策的核心任务是“选择”，评价结果的质量直接影响着决策的水平。为此，评价体系必须客观、公正地反映学科服务事实。

5. 可操作性原则

评价中选择的学科服务模式指标应该具有可比性和可测性。指标选择的计算度量和计算方法必须一致，各指标尽量简单明了、微观性强、便于收集，各指标要具有很强的现实可操作性和可比性。

（三）图书馆信息服务模式评价的方法

对于一个复杂的信息服务模式来说，“最优”这个词的含义并不十分明确，而评价是否为“最优”的尺度也是随着时间和实际情况变化的。因此，图书馆信息服务作为一种服务模式，也具有其他服务模式的共性，通过合适的评价方法可以全面评定服务模式的价值，以推进图书馆信息服务模式不断完善。综合现有评价方法的适用性和可操作性，图书馆信息服务评价可借鉴图书馆服务质量评价模型（LibQUAL＋TM)、平衡计分卡法、模糊综合评价法、层次分析法、360 度反馈评价法、数据包络分析法这 6 种服务质量评价方法进行评价。

1. 图书馆服务质量评价模型（LibQUAL＋TM）

1999 年，美国研究图书馆协会（ARL）与得克萨斯高校图书馆共同发起了“LibQUAL＋TM 研究计划”。此计划基于 SERVQUAL 评价模型，通过广泛征集用户反馈并不断调整指标，开发了专门针对图书馆服务质量的评估工具——LibQUAL＋TM。该模型涵盖了图书馆环境、用户导引等要素，并包含了 8 个主要性能指标和 41 个具体评价标准，弥补了 SERVQUAL 模型的不足，全面覆盖了影响图书馆服务质量的因素。随着不断的改进，LibQUAL＋TM 在 2004 年发展为包含 22 个关键指标及 5 个可定制指标，以适应不同图书馆的特性，形成了一套稳固的核心评价体系。这一改进使得评价模型更加符合各类图书馆的实际情况，显著提升了评估结果的可信度。LibQUAL＋TM 能够规范服务提供者的行为和态度，提升其服务品质，并确立以用户需求为中心的服务观念。然而，LibQUAL＋TM 问卷的设计是为了满足所有用户群体的通用需求，因此在处理用户差异性方面存在局限，实际应用时需进一步细化和体现问卷的差异性。

2. 平衡计分卡法

1992 年，卡普兰和诺顿合作在《哈佛商业评论》上发表了一篇开创性论文，首次提出了平衡计分卡（Balanced Score Card，BSC）的理念。随着时间的推移，平衡计分卡已经发生演变，如今它不仅仅是一种业绩评估工具，而是成了一个用于实施战略的新型绩效管理框架。平衡计分卡的研究和应用都取得了显著进展。这一方法以公司的战略目标为核心，综合运用财务、顾客、内部流程以及学习与成长四个维度的相关绩效指标，来全面监控和管理企业的整体业绩表现。它不仅反映了企业的愿景和战略方向，还充当了绩效评价系统的角色，是一个高效的战略管理工具。

平衡计分卡中的每一项指标都是一系列因果关系中的一环，既是结果又是驱动因素，通过这些环环相扣的因素，可以将信息服务的目标与过程联系在一起。在实际使用中，可以将信息服务各相关因素进行联系评价。信息服务技术和服务管理决定信息服务的质量和结果有效性，服务质量和结果有效性决定用户满意度和评价，用户满意度和评价、服务质量等决定信息服务使用率及普及度。为提高图书馆信息服务的使用率和普及度，必须提高服务质量及结果有效性，赢得用户的信赖；要使用户信赖，必须提供用户满意的服务结果，为此不断优化信息服务流程；不断优化信息服务流程，必须不断提升学科馆员综合素质，并创新学科信息服务手段。平衡计分卡能有效解决制定目标和实施战略脱节的问题，推进“战略中心型组织”，是加强学科信息服务执行力的有效的战略管理工具。

3. 模糊综合评价法

模糊综合评价法是建立在模糊数学原理上的评估技术。1965 年，美国控制论专家查德（Zadeh）教授首次提出了模糊集合理论，旨在处理现实中的不明确性。模糊综合评价法利用模糊数学中的隶属度原则，将主观的定性判断量化，从而对受众多因素影响的实体或现象进行整体评估。这种基于模糊集合的评价方法通过多个评价指标来全面审视对象所属的等级。它能够细分被评估实体的变化范围，一方面考虑到对象的层级结构，反映评价准则和影响因素的不确定性；另一方面，它允许评价过程中充分利用个人经验，确保评估结果的客观性和现实吻合度。模糊综合评价法以其清晰的结果和强大的系统性而著称，能有效处理那些含糊不清、难以量化的议题，非常适合解决各种不确定性问题。

4. 层次分析法

层次分析法（Analytic Hierarchy Process，AHP）由著名的运筹学专家萨蒂在 20 世纪 70 年代提出。该决策方法允许决策者将复杂的系统决策过程转化为一个结构化和量化的框架，并以其实用性、系统性和简洁性等优势广受欢迎。它反映了人类思维的分解、评判和综合过程。层次分析法的核心在于通过目标、子目标、限制条件和部门等具有层级关系的因素来评估不同方案。首先，使用成对比较的方式确立判断矩阵，然后从矩阵中提取最大特征值和相应的特征向量分量作为系数，最终计算出各因素的权重或优先级。作为一种结合了定性分析和定量分析的工具，层次分析法已在众多领域得到应用，包括项目规划、教育策划、工业规划、成本决策、资源分配以及冲突解析等。将层次分析法运用于信息服务模式评价的基本过程：①分析信息服务模式，提炼出其中涉及的主要因素；②分析信息服务模式各要素之间的隶属关系、关联程度，构建层次结构模型；③对同一层次的各因素对上一层该准则的相对重要性进行两两比较，构造判断矩阵；④由判断矩阵计算被比较因素对上一层该准则的相对权重，并进行一致性检验；⑤运用统计学工具，计算各层次对于信息服务总目标的权重，进行层次单排序、层次总排序，由此得出信息服务模式中影响总目标的重要因素。

5. 360 度反馈评价法

360 度反馈评价法，又称全方位评价或多元反馈评价，是一种与传统上级单一评价体系不同的绩效评估方法。在这种方法中，除了直接上司，其他与被评估者工作密切相关的人员如同事、下属及客户等，都会匿名地对被评估者进行多角度的评价。同时，被评估者也将进行自我反思和自评。这种评价方法尤其适用于对学科馆员在信息服务模式下的表现评估，通过收集各方的反馈并与自我评价相对照，向被评估者提供全面的反馈信息。通过这一过程，被评估者能够了解自身在提供信息服务中的长处和短板，进而提升个人能力和整体素养，促进信息服务模式的有效实施。360 度反馈评价法通常采用问卷调查的方式进行，问卷设计可以是定量的等级量表（如 5 分制或 7 分制），也可以是定性的开放式问题，或者两者的结合。问卷内容涉及的问题既可以是与工作情境紧密相关的行为表现，也可以是更为普遍性的行为特征，或者是两者的结合体。对于软性服务领域，360 度反馈评价法尤其适用，因为它能增强服务评价的可信度、公正性和接受度。

6. 数据包络分析法

数据包络分析法（Data Envelopment Analysis，DEA）及其相关模型是由美国著名运筹学家 Charnes 和 Cooper 在 1978 年提出的。这种评估技术是基于多个输入指标和输出指标，运用线性规划手段对相似类型的决策单元进行效率评价的量化方法。自诞生之日起，DEA 就被广泛应用于各个行业和部门，特别在处理多输入和多输出问题时显示出其独特的优势。在信息服务领域，DEA 可以用来评估服务效率，它通过细致地考量多种资源投入和服务产出，比较提供类似服务的多个单元之间的相对效率。采用 DEA 可以对比不同的学科服务团队，识别出那些相对效率不高的团队，衡量其低效的程度，并通过分析高效与低效团队之间的差异，找出提升图书馆信息服务效率的潜在途径。

上述方法都有各自的优势，可以对图书馆信息服务质量进行不同角度的评价。但是这些评价方法也有各自的缺陷，评价方法的角度问题会使评价结果出现偏差，例如，有的模型是以用户视角审视服务质量，而用户感知的服务质量并不完全等同于图书馆信息服务质量，因此，在评价方法的选择上需要仔细研究、考量被评价的信息服务中的各个影响因素，对尚待完善的模型有针对性地进行改进，增加相关的影响因素或选择更加适宜的信息服务质量评价方法。

第八章　医学高校图书馆信息服务趋势与展望

第一节　智慧图书馆背景下的信息服务展望

一、智慧图书馆建设

（一）智慧图书馆建设背景

信息时代伴随着现代科技的高速发展，也让知识服务产生了巨大变革。物联网、云计算、大数据、无线移动通信等关键技术的兴起，使人类构建起了一个强大的信息化环境，在这种时代背景下，各类图书馆纷纷着手智慧图书馆的建设工作。尤其是一些高校图书馆，它们依托于丰富的高校信息资源和智慧校园的基础，积极探讨智慧图书馆的构建模式。然而，目前智慧图书馆建设尚未形成统一的规范和概念共识，缺乏系统的指导和全面规划可能会导致建设的无序。

2003 年，奥卢大学图书馆的艾托拉首次提出“智慧图书馆”，该概念在 IBM 公司 2008 年提出“智慧地球”后受到广泛认同，随后“智慧城市”“智慧校园”“智慧图书馆”等均成为研究的热点。许多学者就智慧图书馆的含义、定义及构建等进行了研究和界定。中国从 2000 年开始关注此领域，研究集中在建筑、技术层面，如图书馆系统实施、RFID 应用、一站式搜索、移动服务、数据挖掘等技术。

尽管智慧图书馆的研究总体尚处于初级阶段，且对于其概念尚未形成统一共识。但图书馆作为文献信息中心和情报中心，将智慧理念融入图书馆建设，对于促进全民阅读、构建书香社会、支持科研教学、服务社会发展具有深远的影响。因此，我们应当进一步深化对综合性智慧图书馆构建的研究，确保智慧图书馆建设有序进行，为图书馆的未来发展提供清晰的指导。

（二）智慧图书馆建设存在的问题

1. 缺乏系统规划

在国内图书馆界及相关行业，尚未建立起一个共通的智慧图书馆框架体系。当前，不同类型的智慧图书馆建设活动通常是基于各自的实际情况独立进行，缺乏全面的系统性规划。由于不同功能和地区的图书馆对于智慧图书馆概念的理解和认知存在差异，它们在智慧化建设方面的重点也通常各不相同。这种缺乏统一战略的局面容易引发相当程度的无序性，可能导致智慧图书馆项目急于求成或因项目不切实际而夭折，从而浪费资源。因此，仅仅通过追随智慧图书馆的理念和建设趋势来推进其发展，并不足以有效激发建设过程中的积极性和创造力。这种做法可能导致各类智慧图书馆的建设工作缺乏持久的动力和可持续发展的能力。为了确保智慧图书馆建设的质量和效益，必须对智慧图书馆的发展进行深思熟虑的规划，并采取长远的视角，以确保项目的连续性和有效性。

2. 经费与技术支撑力度不够

智慧图书馆的构建需要庞大的资金和技术支持，然而，许多图书馆面临的经费紧张问题，以及现有信息化设施和技术的局限性，导致了智慧图书馆发展的不均衡现象。此外，随着对知识产权、隐私信息和个人信息保护需求的日益增长，相应的技术保护措施却难以同步跟进。当前，我国智慧图书馆的建设基础和水平存在差异，信息孤岛问题严重。如果不同类型的图书馆之间，图书馆与数据提供商之间以及各个数据库之间不能实现广泛的资源共享、数据交换和业务合作，那么智慧图书馆将无法形成普遍的信息服务网络，也就无法有效地向广大公众提供全面的智慧服务。为了克服这些障碍，必须采取切实有效的措施，加强资源整合，推动跨部门、跨领域的合作，以确保智慧图书馆能够为更多人带来便利和福祉。

3. 智慧馆员培育滞后

智慧图书馆建设正处于快速发展阶段，通常是在现有的信息化基础上进行升级改造，并依赖于外部运营商和数据提供商来实现。目前，这一领域缺乏成熟的、具备多项技能的专业馆员，而是由大多数馆员在自己擅长的领域内分别承担智慧图书馆建设的不同任务。在现行的馆员培训体系中，也很少有针对性的智慧图书馆复合型人才的培养计划。因此，为了智慧图书馆建设的长远发展，未来必须更加重视培养专业化的智慧图书馆复合型人才，以确保智慧图书馆能够有效地适应不断变化的技术和服务需求。

4. 缺乏与传统图书馆模式的融合

当前，许多智慧图书馆的发展往往在高度数字化和电子化的背景下，简单地取代了传统图书馆的模式。这种转型方式对信息技术的依赖过于强烈，错误地将“智慧”与“智能”等同起来，过分强调技术上的进步。在此过程中，传统的纸质图书被无策略地替换，电子资源迅猛增加，移动设备上的碎片化阅读和快速阅读日益普及。同时，缺乏对读者的阅读指导和价值引导，这可能导致图书馆的核心价值发生偏离，使得图书馆的基础建设不牢固，进而削弱图书馆在文化传播和人文精神培养方面的关键功能，对社会的人文精神培养产生不利影响，并可能成为社会文化发展的障碍。

二、智慧图书馆与信息服务的融合重构

大数据带来了跨时代的技术变革，同时引发了图书馆服务理念、态度及其思想的深刻革命。虽然随着信息技术与图书馆的日益融合，智慧图书馆的建设成效显著，但是提升智慧图书馆建设水平仍旧任重道远。智慧图书馆背景下的智慧信息服务需要从信息视角出发，整合信息资源、优化信息服务平台结构、加强学科信息挖掘力度、重视信息安全维护等。融合智慧化的学科信息服务需要稳步依托基础条件，基于用户的学科信息服务需求与学科信息服务平台的功能需求，从大数据与人工智能双驱动的视角构建包括数据资源层、技术处理层、信息管理层和智慧服务层的智慧学科信息服务平台总体框架，推动图书馆学科信息服务创新，为读者提供专业的情报信息，助力图书馆为管理者提供数据分析与决策参考。以智慧图书馆为基础，未来学科信息服务可以由个性化智慧服务、智慧学科馆员、多维信息资源协作、大数据平台组成智慧化学科信息服务体系，从而推动图书馆智慧学科信息服务的转型与升级。

三、智慧图书馆信息共享空间搭建

信息服务需要依托实体图书馆的大环境，而信息服务创新同样离不开图书馆其他服务创新的共同支撑，以形成相互助力的服务创新模式。信息服务需要依托图书馆的物理空间，因此需要以用户视角探寻信息服务空间的切入点——信息共享，挖掘以服务知识为目标的“空间再造”设计点，布局信息共享空间的文化性设计、空间人本性设计、空间开放性设计、空间智慧化设计四大板块，使信息服务的信息共享空间从细节处体现图书馆信息服务创新的步伐，并不断自查、创

新、完善，螺旋式推动图书馆整体阅读空间服务创新步伐。

（一）学科信息共享

学科信息是构成图书馆信息服务竞争力的核心，反映了图书馆在学术领域的软实力。通过利用学科信息的独特性来引导信息共享空间的发展，不仅能够提高阅读空间的服务品质，还能够加深阅读服务的学科特性。借助于图书馆特有的馆藏资源和医学领域的专业特色，可以营造一种充满“场所精神”的信息服务环境，这不仅有助于激发用户对图书馆资源的学习兴趣和阅读热情，还能丰富他们的精神世界，培养用户的文化素养。例如，创建一个具有特色的医学文化展览区，在图书馆内设立实体宣传栏目介绍国内外著名医学人物、医学生誓言等，展示代表现代医学发展水平的案例和最新信息，这样就能将文化教育的理念和谐地融入信息共享空间。

（二）关注用户体验

一个高品质的信息共享环境应当成为促使信息服务用户选择亲临图书馆体验现场服务的关键动力。以用户需求为核心，图书馆的服务理念应从传统的“以书为中心”转变为“以人为本”。在构建阅读环境时，图书馆需深入考虑用户的具体需求，更新服务观念，向着更为细致和专业化的空间服务演进。在实际操作中，不仅要注重图书馆整体空间的规划，更要细心打造各个局部空间，以便读者在享受学科信息服务的同时，也能感受到图书馆全方位服务的贴心与关怀。例如，可以设置独立的阅读隔间，提升阅读场所的私密性和休闲氛围，为读者打造一个安静且相对私密的阅读和减压空间。改善阅读区的照明效果，通过在书架上安装 LED 灯带加强局部照明，或在阅读桌上配备台灯，甚至在阅读隔间内设置落地灯，营造类似家庭书房的温馨与舒适。巧妙地运用色彩心理学原理来布置阅读区，以白色、蓝色等冷色调为主，帮助读者保持冷静和放松。此外，设立水吧等休息区域，提供茶、咖啡和其他饮料，使读者能享受到更全面的功能服务。只有不断紧跟读者需求的步伐，不断创新和完善阅读空间服务，才能真正有效地传达出阅读空间的人文关怀精神。

（三）促进信息沟通

当代图书馆应当注重增强用户的参与感，推崇图书馆开放和共享的文化理念。图书馆需整合现有空间资源，以提升用户的阅读体验和互动交流机会。吸取国内外图书馆在共享开放空间设计和运营方面的宝贵经验，最大化利用物理空间的效能。依托图书馆现有的建筑布局，合理规划藏书区、阅览区和服务功能区，打造一个融合学习、讨论、创新、交流和休闲的综合环境。例如，规划设立面对面的参考咨询区域、研讨室、考研专用区、创客空间以及多媒体活动室等，鼓励用户积极使用图书馆的空间资源进行学术讨论、创意制作、社交互动和文艺竞赛等活动，将图书馆塑造成一个支持用户创新和终身学习的综合性场所。

（四）智能服务体验提升

随着“智慧图书馆”概念的普及，对阅读空间进行智能化改造已成为图书馆发展的趋势。通过将科技元素与传统的图书馆空间相结合，利用先进的信息技术来增强用户的智能服务体验。考虑到不同图书馆的预算和场地条件，可以逐步实施智慧型信息共享空间的建设，包括引入智能书架、电子阅读器、朗读亭、座位预订系统、自助信息服务台、智能导航机器人等设备。通过建立这样的智能服务空间，可以实现图书馆信息服务的信息化、自动化、开放性和共享性。

这四种信息共享空间服务模式可以为图书馆的阅读空间服务创新提供一些启示。然而，阅读空间服务创新是一个永无止境的过程，在实践中也需要不断学习借鉴国内外高校图书馆的空间服务创新经验，并将图书馆的独特性与校园文化相结合，进行探索和尝试。

将图书馆的信息服务与阅读空间服务相结合的创新是一项持续的工作，它要求我们不断提炼设计理念，保持与时俱进，关注读者需求、未来趋势和创新方向，围绕知识服务、人文关怀、开放共享和智能化用户体验等方面不断创新阅读空间服务。在不断完善的信息共享空间中，为读者构建一个融合学科与艺术、技术与人文的现代化图书馆，这不仅符合生活美学和学习阅读的功能，也是图书馆环境的一种提升。阅读空间的创新还需要全馆的协同努力，鼓励各个业务部门提出新颖的空间服务创意，共同打造全面的阅读空间。通过阅读空间服务的创新，图书馆将获得新的活力和能量，有效提升其综合实力，更好地履行文献科研服务机构的职责，并承担起现代社会赋予图书馆的重要使命。

第二节　医学高校图书馆交互式信息服务探索

图书馆学科信息服务工作是图书馆为用户提供服务以及利用图书馆资源与服务的过程，这不仅有服务主体图书馆参与，还有接受服务的读者参与其中。学科服务中的图书馆和读者之间的关系类似于企业和消费者之间相互合作、共同受益的关系。基于此，图书馆在开展学科服务时，要引入价值共创理论，在读者与图书馆之间建立平等、互助、合作、服务共享、知识与价值共创的双赢关系。同时，由于互联网时代的不断深入发展以及5G时代的到来，各图书馆之间应加强资源与服务的深度合作，建立以知识服务为主体的联盟，从而突破地域、空间、时间限制，更好地为读者提供切实有效的服务。

一、联盟价值共创下的交互式信息服务

图书馆学科信息服务旨在为读者提供有价值的知识服务，实现价值共创。交互式学科信息服务的整个过程可以视为图书馆与读者互动互助的交互式过程，就是图书馆组织学科馆员为相关学科用户提供对口服务的一种工作机制。并且在学科信息服务的不同阶段二者所扮演的角色不同。在学科信息服务的初级阶段，图书馆是信息的接受者而读者是提出相关信息的需求者。随后图书馆向读者提供其所需的知识服务，同时二者进行了角色的转化。学科信息服务工作在图书馆与读者的角色交互式转化中得以推动与发展。

交互式学科信息服务是一种全新的学科馆员服务模式，更注重读者的体验。它面对特定学科领域，基于学科需求，以交互式的服务流程为平台，以个性化、知识化、泛在化服务为手段，以提升用户信息获取与应用能力为目标，通过图书馆信息资源搭建用户与学科之间的桥梁，为科学研究提供全方位信息保障的个性化信息服务。同时，交互式学科馆员服务以知识服务为主要方式，是建立在知识基础上的知识组织、集成、分析、重组和再创造。它为用户提供的不是知识碎片，而是知识化的解决方案。随着交互式学科馆员服务过程的知识化和服务产品的知识化，它将以知识服务为主要方式，从资源垄断性竞争力转变为知识服务竞争力。

交互式学科馆员通过“咨询一解答一反馈”的流程进行服务，双方在针对用户的问题进行解决的过程中，注重双向的沟通与交流。面对用户的学科服务需求，学科馆员不仅仅需要独立解决问题，还应该与用户保持有效沟通，获取更深入的用户需求。学科馆员在针对用户咨询的有关问题寻求答案的过程中，可以从用户那里得到求证，同时，用户可以就学科馆员的咨询解答给予反馈和评价。馆员可以通过与用户之间的交互平台，进一步了解其个性化需求并不断提升信息服务质量。

二、交互式信息服务内容

图书馆和读者在需求和感知等各方面契合的前提下，图书馆提供创新的知识服务如文献获取、课题查新、信息素养培养等各类互动，帮助读者获取创新知识。同时通过信息资源共享，满足读者获取更多创新源泉的需求，通过人际互动提升双方合作，达到双方价值利益最大化，从而实现价值共创。图书馆的学科信息服务特别是知识性服务不仅能让读者获取所需的知识，提高其完成相关工作的效率，还能够提高图书馆的社会影响力与地位。

价值共创的交互式学科信息服务需要开展更深层次的学科咨询，构建专业化、个性化、集成化的学科服务机制。信息技术和网络环境的不断发展使得学科信息服务的手段更加智能化与便捷化，学科信息服务不仅可以进行面对面信息咨询，还可以通过多种线上手段进行。例如，目前的互动学科信息服务手段包括：①到馆咨询；②电话咨询；③学科服务专题网站；④线上咨询；⑤智能机器人咨询。这些全方位的学科信息服务方式，有助于随时方便地解答用户咨询的问题。

交互式学科信息服务还包括解决用户的科研需求。这就需要学科馆员与用户进行多次、深入的交流探讨，包括以下手段：①为用户提供查新服务与课题方向建议；②开题与项目申报信息服务；③课题研究中的学科服务；④专利申请、市场竞争力分析、科研评价等。通过深层次的学科信息服务，用户也可以成为学科资源建设的参谋，促进图书馆资源建设和服务，推动图书馆知识库的建立。

三、信息服务与读者价值共创互动建议与对策

（一）走出校园，深化价值共创共赢的理念

在国家大力鼓励共创共赢的背景下，不管是高校还是公共图书馆，都应建立服务联盟，努力承担起应有的社会责任。图书馆学科信息服务不应只面对高级知识分子，更应该将服务对象的范围扩展到所有的社会读者，同时应以读者的角度去发现并思考深层次问题，为不同特点、需求的读者提供适宜的知识服务。而读者应该接纳并信任图书馆所提供的知识服务，以开放合作的态度积极与图书馆开展相关合作，让图书馆充分了解读者需求进而提供有效适宜的知识服务。

（二）信息服务多元化，提高价值共创质量

在实施学科信息服务时，我们的目标是最大化地促进读者与高校之间共同创造价值，扩展和丰富高校的知识服务方式，同时提升学科馆员在知识服务方面的

质量，并增强馆员与读者间的互动效应。知识服务的传递需要借助于某些媒介，而这些媒介的多元化也进一步推动了互动方式的多样化。当前，图书馆提供的知识服务主要包括科研实践、管理培训、规划设计等基本范式。为了更有效地与读者实现价值共创，高校图书馆在提供知识服务前应明确具体需求，并进行精确定位。

（三）提高知识创新能力，形成知识优势

知识创新是推动科技发展和经济增长的关键动力，同时也是孕育新技术和新发明的源泉。通过知识创新，可以提高图书馆工作人员与用户之间在知识交流和共享方面的效率。这不仅促进了双方在信息和知识传递与共享方面的活动，还有助于个人知识的生成和创新。因此，在知识服务过程中，图书馆工作人员和用户应致力于不断提高学习和创新能力，促进彼此之间的知识交流和分享，加快知识流通速度。学科信息馆员尤其需要确保其服务中的知识存量和流量，为用户提供充足的知识创新资源，从而在学科服务中形成知识优势。

（四）建立长效的高校知识服务体系

系统效能及其可持续性的维系，关键在于其运行机制的构建。类似地，高校知识服务系统要实现有效运作，也需依靠一个健全的机制支撑。学科服务体系的建设一般涵盖开发设计、实施流程和反馈调整三个关键阶段。在实施过程中，必须考虑到分工合作、管理组织、风险分担和利益分配等重要机制问题；而在反馈调整阶段，则需专注于定期的性能评估及项目完成后的总结评价机制。为此，需要制订一系列完备的规章制度和行为准则来确保这些机制得以贯彻实行，明确各方的职责与权利，坚持互利共赢的原则，以促进图书馆与用户保持持续的合作伙伴关系，确保学科服务的平稳高效运行。

第三节　基于医学信息热点的信息服务

医学专业本身具有科学性与社会人文性的综合特点，并且专业性强、研究方向广泛，同时伴随着社会发展与信息技术的进步，在过去几年，“大数据”“人工智能”“远程医疗”等产业兴起与发展，使医学的多学科融合性与前沿更新性有所增强，这也为医学图书馆学科馆员的业务能力与专业素质带来了越来越多的挑战。不仅如此，在2020年新冠疫情突如其来的关键时期，高校教师和医务工作

者对于专题科研信息的需求，学生在“停课不停学”状态下对于医学信息素养教育的需求，社会对于疫情发展的信息获取需求等，提示了医学信息服务在面临应急需求与关注信息敏感性方面的问题，在紧抓趋势前提下提供多维按需服务是医学图书馆需要思考的方向。本节基于安徽医科大学图书馆在特殊时期的信息服务与教育实践工作，为学科馆员未来业务能力发展提供思考。

一、突发公共卫生事件时期信息服务实践

2020 年，初突如其来的新冠疫情打乱了人们正常的生活、工作节奏，高校延迟开学并开展线上教学，为图书馆工作的创新开展带来了不少机遇与挑战。首先，这一时期正是国家自然科学基金项目、国家社会科学基金项目以及省部级等科研项目申报时期，尤其与新冠疫情相关的课题项目，受到学校教师和附属医院医护人员的关注，急需相关项目前期查新和文献支持等信息服务，因此，在已购数据资源访问不便的情况下，安徽医科大学图书馆学科馆员综合利用 NCBI、BMJ Open、Medscape、DOAJ、ZLibrary 等开放资源获取相关信息，进行信息传递与文献支持。其次，医学文献检索教研室承担学校各专业“医学文献信息检索与利用”课程的授课任务，在特殊时期以录制教学视频结合线上直播的形式进行授课，而新冠疫情的发生、发展与医学专业息息相关，正是信息素养教育的最佳时期，从新冠病毒传播、新冠感染病程发展、国家诊疗指南、传染病预警机制等方面，面向基础医学、临床医学、药学、公共卫生与护理学等各专业医学生进行相关信息获取与评价、文献检索、前沿信息挖掘等讲授，让学生对所学专业与文献检索课程有了更直观、更切实的领悟。再次，特殊时期需要保证培训、讲座计划的顺利完成，学科馆员充分利用线上手段，通过钉钉、腾讯会议等平台，在第 25 个“世界读书日”活动期间，为广大师生量身定制了科研助战“疫”系列讲座，来自校图书馆的 7 位学科馆员云端开讲，从实用工具分享到数据库资源介绍，从科研热点剖析到检索技能培训，内容充实，干货满满，受到广大师生的广泛关注和一致好评。

二、基于医学信息热点的信息服务内容

医学信息价值的敏感度，即对医学领域重大事件的信息捕捉能力和筛选能力。通过突发公共卫生事件期间安徽医科大学图书馆信息服务实践的工作成效与用户反馈来看，未来的学科信息服务需要基于医学信息热点事件与前沿发展开展多维度学科信息服务支持，提升学科馆员自身对信息的敏锐洞察力和判断力，体

现学科信息服务价值与可持续发展潜力。

（一）科研服务

对相关医学热点事件的及时关注与追踪，决定了科研服务的质量与用户认可度。学科馆员对于医学信息与医学重大事件的敏感程度越高，就越能捕捉到信息中所隐含的内部信息和内部特征，从而为学科信息服务发展提供基础信息保障和前沿热点支持，提高科研建议的采用价值。并且在面对医学信息热点问题时，学科馆员需要利用专业优势，具备足够的信息评判能力和对内部信息的深入挖掘能力，为科研团队或专家提供他们尚未关注到的热点，或是他们想要了解但尚未找到获取途径的信息。同时，对前沿热点信息进行科学、专业的整合和筛选，能够提升用户信任度，从而促进学科信息服务的有序良性发展。

（二）资源建设

馆藏纸质及电子资源建设，尤其在各馆的特色资源建设中，融入对医学热点事件的考虑，也能体现馆藏建设的个性化。例如，基于“远程医疗”和“互联网医院”的兴起，与相关院系合作参与健康信息服务平台建设，提供数据和技术支持；基于突发公共卫生事件，采购相关书籍，并推荐相关 OA 资源信息平台链接，同时延伸到疾病预防控制中心或公共卫生领域等公共平台推荐；基于国家的中医药发展战略，同时配合医学院校学生的中医药教学需求，开辟专门的中医药书籍、期刊阅览与借阅区，丰富中医药馆藏储备。以上资源建设在前期论证阶段，需要在调研需求的同时尽可能融入专业热点，体现专业关注，才能更好地提升用户体验。

（三）培训教育

医学高校图书馆的培训教育包括两个方面：一方面是针对本校学生的医学信息素养教育；另一方面是各种培训讲座，可以面向院系教师、附属医院及相关单位的工作人员，还可以选择性地向社会免费开放。虽然培训对象有差异，但培训内容必然和医学信息文献获取与评价相关，因此对热点的提及与关注关系到培训者的专业素养与培训教育效果。不论是医学生、医学工作者还是社会人士，在特殊时期都会提高对关系到自身专业领域与自身生命健康的医学大事件的关注度与兴趣。而在培训教育过程中融入热点前沿信息，尤其是经过图书馆学科馆员整合与分析后的热点信息，在提升公众信息素养教育成效与用户满意度方面大有裨益。

（四）文化宣传

图书馆本身肩负着文化推广与文化宣传的使命，尤其是在“全民阅读”的时代，阅读文化更深入人心。在文化宣传工作中与社会热点事件融合，更能够促进阅读推广工作落到实处。例如，安徽医科大学图书馆为深入贯彻习近平总书记系列重要讲话精神和党中央治国理政战略方针政策，为党的二十大胜利召开营造良好氛围，在阅览室开展了“喜迎二十大”主题图书展阅活动，推出了优秀图书千余册。主要内容包括习近平新时代中国特色社会主义思想、马克思主义经典著作、马克思主义中国化研究、中国共产党史、新中国史、改革开放史、社会主义发展史、党的建设等，其中包含《习近平谈治国理政》《习近平用典》《论坚持推动构建人类命运共同体》《共产党宣言》《马克思恩格斯文集》《资本论》《中国改革开放 40 年》《党的建设论稿》等图书。这些图书的展阅，为迎接党的二十大的胜利召开营造了良好的思想理论氛围与主流舆论环境。充分发挥文化传播与教育功能，将图书馆打造成为新时代传播先进思想理论、传播先进科学文化知识和传播中华优秀传统文化的阵地。再如，新冠疫情防控期间配合《鼠疫》《霍乱时期的爱情》《病毒来袭》等文学作品的阅读推荐，整合传染病健康教育等相关信息并利用图书馆官网、微信公众号发布，让读者在突发公共卫生事件时能深入思考，并提升健康文化素养。

第四节　医学高校图书馆的健康信息服务

全球范围内的“大健康”产业迅速发展，国民的健康问题与国家的发展、社会和谐息息相关。自 2016 年“健康中国”战略推出以来，社会对健康信息服务的关注度显著提升。医学图书馆在这一背景下担负起了重大职责，积极满足国家发展需求，并在提供健康信息服务方面进行了深入的思考和探讨。许多行业专家参考国际经验，讨论了医学图书馆向公众提供健康信息服务的重要性和可行性，并从理论角度构建了评估图书馆健康信息服务影响力的框架，为将来的实践提供了指导思路。同时，有研究人员通过案例分析，对比研究了美国与我国图书馆在健康信息服务方面的现状，揭示了我国健康知识服务平台存在的诸多问题，并提出开发面向公众的健康知识服务平台的构想，建议实施针对性的专题信息服务。在此背景下，得益于“全民大健康”的有利政策环境，医学图书馆作为医学信息的集散地、传播中心、交流平台和科研核心，应当主动适应时代的发展要求，利用其资源特点和服务优势，更新服务理念，创新服务方式，积极“向外拓展”，顺应用户需求的持续演变，推进医学信息服务转化为社会价值，促进卫生领域的全面、协调和可持续发展，为建设“健康中国”贡献力量，并挖掘医学图书馆更深层次的潜力与价值。

一、图书馆健康信息服务

（一）健康信息概述

健康信息包含人们的生理、心理状态和健康技能相关资料，主要来自医学研究，包含医疗诊治、预防、护理和信息服务评估等内容。借助网络技术、通信技术和大众媒介，健康信息服务整合并分发健康资源以满足各种健康信息需求。

现在人们获取健康信息的途径多种多样，包含线上新媒体及线下节目、教育光盘、图书报纸等。随着在线医疗市场增长，诸如寻医问药、好大夫在线等颇具影响力的平台兴起，为公众提供广泛的健康咨询与服务。但网络健康服务质量参差不齐，大量信息未经严格筛选，难以确保总是高品质。使用在线健康平台通常需要特定设备、搜索技巧及甄别信息能力，对于未受专业培训的用户而言可能挑战较大。

（二）图书馆健康信息服务国内外研究现状

国际上，图书馆在健康信息服务的研究和实操上起步早，并取得成效。国外公共图书馆广泛整合健康信息服务，比如健康教育、灾害响应、疾病预防等，并通过培训与合作促进社区健康信息传播。美国公共图书馆早期顾及不同群体，提供儿童健康、青少年性教育和婴儿护理资源，同时提升用户信息素养。它们还与健康机构合作，共享健康信息资源。

在中国，学界对图书馆的健康信息服务开展了研究，关注健康服务的必要性、合理性与实施策略，也对用户满意度和服务提升策略进行了探讨。研究多从理论角度讨论服务必要性和现状，但提供权威健康知识的研究还不多。

二、高校图书馆开展健康信息服务的必要性

（一）助力健康中国战略的实施

最近几年来，全球健康政策的重心明显转移，更多地聚焦于以增进人们健康为核心目标，我们正式迈进了一个强调“社会对健康的关注和健康在社会生活中

的普及”的新纪元。特别是在“健康中国 2030”计划的推动下，中国特别强调强健国民健康与提升整体健康意识的重要性。在这一健康战略的关键实施阶段，高校图书馆作为教育系统中的关键组成部分，对于培育健康意识、提供可靠健康信息以及促进学生和教职员工健康素养的提高有着不可替代的作用。

高校图书馆肩负着为大学社区（包括学生、教职工和研究人员）提供全面、准确和最新的健康信息资源的责任，进而支持健康教育、研究和决策制定。在构建“健康中国”的道路上，图书馆需要不断拓展其健康信息服务领域，并为此提供创新性解决方案，引领个体和社群走向更健康的生活方式。

在新冠疫情这样一场全球性的健康危机中，对健康信息的需求和重视程度达到了历史新高。高校师生对于如何获取、识别和应用与健康相关的信息表现出更加迫切的需求，这正是高校图书馆可以发挥其专业优势的领域。图书馆需要继续改进和优化其健康信息服务的提供，比如，通过扩充健康相关的图书、期刊和数据库资源，提供定制化的信息检索培训，举办健康主题的讲座和研讨会，甚至与校内外健康专家合作推动健康教育等活动。这不仅仅要求图书馆在资源丰富度上做出努力，更需要在服务方式上进行创新。

最终目标是让用户（师生）能够轻松获取高质量的健康信息，并通过图书馆的资助与支持提升其健康信息素养，使他们能更加有效地利用这些信息，做出有益于个人和社会的健康决策。随着健康信息服务不断发展和完善，高校图书馆的作用将越来越明显，对促进形成更健康与信息化程度更高的社会具有深远的影响。

（二）满足师生的健康信息需求

当 2020 年初新冠疫情如一场突如其来的风暴席卷全球时，整个世界都面临着极端的不确定性和紧张状态。公众对于准确、权威的防疫指南和实时疫情信息的需求空前迫切，以便能够适当地保护自己和家人，防止病毒的进一步传播。

在这种前所未有的紧急状况下，高校图书馆作为信息服务和社会教育的重要支持平台，对于引导师生获取、理解和运用这些关键信息承担起了至关重要的职责。面对公共健康事件的不断发展和更新，图书馆应迅速响应并采取有效措施，确保信息资源的即时性、准确性和可靠性。

高校图书馆可以通过多种途径向师生推广公共卫生知识和专业信息。例如，建立专门的疫情信息服务平台，收集来自世界卫生组织（WHO）、国家卫生健康委员会以及其他权威机构发布的官方数据和指南；定期更新有关疫情的图书、文章和研究报告，以及提供访问相关电子资源的链接和服务；组织线上或线下的健康知识讲座和研讨会，邀请医疗卫生专家分享最新的防疫措施、疫苗研究进展以及健康保护策略；提供信息素养培训，引导师生掌握识别和过滤不准确或误导性健康信息的思路、方法等。

此外，图书馆可以与大学的公共卫生学院、医学院等相关院系合作，形成跨学科的合作网络，联手开发适合师生需求的信息服务，确保信息的专业性和教育性相结合。高校图书馆通过这些行动，不仅满足了师生对权威官方疫情信息的紧迫需求，而且帮助培养了社会更广泛的公共卫生意识和健康生活方式，有效提升了整体社区的公共卫生信息素养。在未来遇到类似的公共卫生事件时，这些为防疫工作做出的贡献将显得尤为宝贵。

（三）适应时代发展的需求

在图书馆学的五大定律中，确立了图书馆应当作为一个生长和发展的有机体的理念。这个原则如今显得尤为重要，因为图书馆面临着快速发展的技术革新的挑战，特别是人工智能（AI）、第五代移动通信技术（5G）、大数据分析这些前沿技术，正被整合进图书馆的长远发展规划之中。为了顺应时代变迁并有效满足用户需求，高校图书馆需主动寻求改革和发展。

“健康中国 2030”战略的实施为图书馆服务带来了新的机遇和挑战，特别是在加强国民健康意识、提高健康水平的背景下，高校图书馆被赋予了更广泛的职责。图书馆有必要紧跟时代发展的步伐，加速服务模式的转型和创新，以便探索在健康服务领域内的新业务和增长点。

为了适应新时期的发展需求，高校图书馆可以探索多种方式与技术手段的融合，用以提高服务效率和用户体验。例如，运用人工智能技术，图书馆可以开发智能图书推荐系统和虚拟助理，以提供个性化的咨询和导航服务；利用 5G 技术实现更快速的信息检索和下载，同时依托大数据分析来了解用户的健康信息需求，预测未来趋势，并据此调整资源配置和服务方案。

在健康信息服务方面，高校图书馆可以创建与健康相关的信息资源数据库，提供最新的健康和医疗研究成果，同时开发以健康为主题的教育工具和课程，如健康信息素养研讨会或健康主题的公开课程，以帮助学生和教师提高他们的健康知识水平和自我保护能力。

通过与校内外的卫生健康部门、专业学会及科研机构合作，图书馆能够建立起一个信息共享和资源整合的平台，既满足了师生对实时、准确健康信息的需求，也有助于健全和完善国民整体的健康信息素养。在此进程中，高校图书馆不仅仅是信息的仓库，更是教育和协作的中心，为构建知识、健康相结合的新型服务模式起到引领作用。

三、高校图书馆健康信息服务的特点

（一）健康信息的科学性

如今，健康的含义已经不仅仅是没有疾病，越来越多的教师和学生开始意识到健康的重要性，并主动寻求健康信息。然而，许多人在获取信息时途径有限，常常依赖于百度、微信公众号文章以及短视频平台，这些渠道提供的信息往往是碎片化的，缺乏严格的质量控制和科学性验证。当人们使用这些信息进行疾病预防和医疗决策时，对信息的科学性有更高的要求。相比之下，高校图书馆提供的健康信息是基于图书馆的数据库和丰富的藏书资源整理而成，这不仅确保了信息的一致性和稳定性，而且为师生提供了有效的健康信息资源。

（二）健康信息的可靠性

面对众多复杂的信息资源，信息的可靠性显得尤为重要。为了确保健康信息的准确性和可信度，高校图书馆可以开展调研，了解用户对健康信息的具体需求，然后根据这些需求提供定制化的信息资源服务。图书馆作为信息的枢纽，能够保证健康信息的传播和交流渠道畅通无阻，满足用户对健康信息的需求。此外，图书馆还配备了专业馆员，他们能够处理各种情况下的问题，并提供针对性的服务，这大大增强了用户获得的知识的可靠性。

四、图书馆健康信息服务模式

（一）健康信息管理功能

这一模块是连接用户界面与健康档案数据库的枢纽，执行健康数据的搜集、分析、评价及干预。流程涉及基础资料搜集、健康状况评估和体系化监测；提供个性化服务计划；最终将数据融合至信息平台，便于用户查看和数据共享。

（二）健康知识咨询服务

此服务通过分析用户的健康档案和电子记录，为用户提供定制化的健康信息。用户可以通过社交媒体表达需求，平台处理数据后传至医疗机构，这些机构提供个性化方案，通过线上一对一或线下面对面的方式解答用户的疑问。

（三）健康资源导航门户

门户利用本体知识建模，实现健康信息的集合、分类及主题化搜索。挑选权威健康信息源，进行标签化和关联网络构建，打造健康数据管理和智能推荐的内容中心。

（四）健康知识服务定制

针对现有推送服务准确度不足的问题，采用 Bookmark 以及智能 Agent 技术等实现精准的健康信息自动推送。运用“健康词汇宝塔”模型构建词表体系，收集问题，并形成解决方案自动推送给用户。

（五）公众健康素养教育

分为个性化和普适性健康教育两种，合作开发平台使内容覆盖日常健康常识。图书馆结合人工智能技术为用户提供实用的健康教育服务，分析用户偏好并向其推送相应健康课程或方案，同时，在社交媒体平台上定期发布健康教育信息。

参考文献

[1] 姜纯，李晓芳．论网络环境下高校图书馆为教学和科研服务的功能［J］．现代情报，2003，(10)：190-191+168.

[2] 常青．数字环境下高校图书馆服务创新的思考［J］．图书与情报，2009，(04)：130-133.

[3] 裴嫣珺．高校图书馆智慧信息服务模式初探［D］．华东师范大学，2011.

[4] 朱丽珍．高校图书馆如何履行教育职能［J］．科技情报开发与经济，2008，(28)：50-52.

[5] 张晖，徐红琴，等．高校图书馆信息服务创新研究［M］．北京：清华大学出版社，2016.

[6] 李月霞，卢杰．浅议高校图书馆的专业及政治思想教育职能［J］．邯郸医学高等专科学校学报，2001，(03)：204.

[7] 宋鸽．数字档案馆知识服务模式研究［D］．山西大学，2011.

[8] 阮选敏．学术图书被引外部影响因素及被引预测研究［D］．南京大学，2020.

[9] 曹静．大数据时代高校图书馆嵌入式服务创新研究［J］．渭南师范学院学报，2018，33（16）：79-84+97.

[10] 刘芳．大数据时代高校图书馆信息服务创新研究［M］．北京：光明日报出版社，2016.

[11] 汤珊红．信息服务创新发展研究［J］．情报学进展，2008，7（00）：307-332.

[12] 刘昆．基于语义 Web 的知识服务研究［D］．吉林大学，2007.

[13] 王福彦．医学文献信息的检索与利用［M］．北京：人民军医出版社，2009.

[14] 金秋萍，农燕．基于用户需求的高校图书馆知识服务模式创新研究[J]．情报探索，2019，(09)：33-37.

[15] 戎军涛．图书馆信息服务新走向——知识服务[J]．情报资料工作，2006，(05)：88-90.

[16] 陈利涛，赵国忠．图书馆知识服务的特点及模式分析[J]．图书馆学刊，2010，32 (09)：11-14.

[17] 丁凤玲．刍议我国高校传统图书馆信息服务的变革与图书馆网络服务的发展[J]．平顶山工学院学报，2005，(04)：87-89.

[18] 王晓硕．医学院校图书馆学科服务现状分析及发展策略[J]．医学信息学杂志，2020，41 (06)：79-82.

[19] 尹燕．CAJD与ASP全文期刊数据库比较研究[J]．河南图书馆学刊，2018，38 (11)：73-75.

[20] 肖自力．关于文献检索课的缘起[J]．大学图书馆学报，2022，40 (05)：101-103.

[21] 张甲，孙景琛，陈锐．高校医学图书馆的职能使命与发展方向——“2019医学图书馆建设馆长论坛”访谈录[J]．中华医学图书情报杂志，2020，29 (01)：1-11.

[22] 贾东琴，牛佳宁，柯平．中国图书馆事业法制史编年[J]．图书情报研究，2019，12 (1)：33-40+14.

[23] 凃寓，王志彦．浅谈资源发现系统在图书馆服务中的现状与趋势[J]．图书情报论坛，2014 (5)：55-58.

[24] 李敏．基于CNKI的学术数据库分析及知识服务建议研究[D]．暨南大学，2022.

[25] 陈玲．高校智慧图书馆信息资源体系构建[J]．中华医学图书情报杂志，2017，26 (07)：47-50.

[26] 许晶晶，富新梅．我国学术数据库平台反垄断问题及化解路径[J]．伊犁师范大学学报，2023，41 (04)：29-35.

[27] 何冰，刘兴太．医学信息检索与利用[M]．北京：人民军医出版社，2011.

[28] 秦将华．医学图书馆数字资源长期保存技术应用框架研究[D]．中国人民解放军军事医学科学院，2011.

[29] 吴东敏．查新检索结论的原则及表述[J]．情报资料工作，2004，

(S1)：351-352.

[30] 张仁琼．科技查新工作的理论与实践［M］．合肥：合肥工业出版社，2014.

[31] 吴东，马慧，吴曙霞．医药卫生科技查新咨询理论与实践［M］．北京：军事医学科学出版社，2012.

[32] 肖沪卫．科技查新：研究与实践［M］．上海：上海科学技术文献出版社，2008.

[33] 谢新州，滕跃．科技查新手册［M］．北京：科学技术文献出版社，2004.

[34] 夏冬，王超，任波．标准查新项目与一般查新项目的比较研究——基于查新项目的实证研究［J］．标准科学，2020，(02)：34-38+54.

[35] 袁玉红，於维樱，陈永英．基于SWOT分析法的后疫情时代CASHL文献传递和馆际互借发展研究［J］．图书馆研究与工作，2022，(03)：74-78+85.

[36] 陈彩红，谢剑敏．中外教育数字图书馆的建设模式——以中国教育数字图书馆“3C”工程与英国电子图书馆计划eLib为例［J］．图书馆学刊，2012，34 (07)：49-51.

[37] 孙金艳．原文传递助力高校图书馆信息服务——以北京服装学院图书馆为例［J］．科技情报开发与经济，2011，21 (01)：64-66.

[38] 胡磊．基于用户需求的文献传递服务流程再造［J］．图书馆理论与实践，2013，(02)：12-13.

[39] 张钦恒．数字时代河北省高校图书馆数字资源服务现状及优化策略研究［D］．河北大学，2022.

[40] 胡明一，宣圣义．科技查新的学术原理探究［J］．图书馆，2009，(04)：27-28+38.

[41] 王敏．卫生部医药卫生科技查新咨询单位发展现状及改革策略研究［D］．山东大学，2012.

[42] 赵海荣．医药卫生项目科技查新中的新颖性判断［J］．大学图书情报学刊，2022，40 (05)：122-125.

[43] 李海燕，孟凡红，杨坤杰，等．中医药科技查新技术规范［J］．中国中医药图书情报杂志，2023，47 (03)：1-10.

[44] 张仁琼，王芸凤．试述科技查新与专利查新“新颖性”判断异同［J］．

大学图书情报学刊，2010，28（02）：72－74＋55.

[45] 唐淑香，付晓梅．学科服务发展简述［J］．山东图书馆学刊，2015，(06)：14－18.

[46] 吕茜倩，张沁兰，易雪媛．“健康中国”战略下医学院校图书馆辐射作用研究［J］．医学信息学杂志，2020，41（02）：76－80.

[47] 吕茜倩，冉黎，张沁兰，等．“双一流”背景下医学院校学科馆员角色重构与服务创新［J］．大学教育，2023，(03)：11－14.

[48] 曹冉．价值共创视角下的高校图书馆学科服务模式探究［J］．经济研究导刊，2020，(23)：147－149.

[49] 张艳英，刘昆，朱婕．基于《高等教育信息素养框架》的信息素养教育创新实践［J］．情报科学，2018，36（09）：62－67.

[50] 杜朋东，袁永翠．美国高校嵌入式信息素养教育课程地图建设研究［J］．图书馆建设，2021，(04)：61－67＋76.

[51] 黄如花，冯婕，黄雨婷，等．公众信息素养教育：全球进展及我国的对策［J］．中国图书馆学报，2020，46（03）：50－72.

[52] 张现龙．大学图书馆信息服务与信息素养教育理论与实践研究［M］．南京：河海大学出版社，2021.

[53] 金新建，邹聪，张学敏，等．医学高校图书馆开展健康信息素养教育路径研究［J］．大学图书情报学刊，2023，41（03）：18－24＋43.

[54] 金新建，张学敏，王艳，等．医学生健康信息素养现状及影响因素分析——基于安徽两所医学高校的调查［J］．江苏科技信息，2022，39（35）：55－59.

[55] 刘宏晨．高校图书馆参与大学生健康信息素养教育探析——以上海市13所“双一流”高校为例［J］．大学图书情报学刊，2024，42（02）：90－98.

[56] 魏来，姬玉．面向社会公众的健康信息素养教育内容框架构建［J］．数字图书馆论坛，2020，(05)：23－29.

[57] 张容，冉黎．医学生信息素养的三维教学模式探析［J］．中华医学图书情报杂志，2019，28（01）：76－80.

[58] 陈梅子，朱卫华．浅谈图书馆服务评价的实施［J］．科学大众（科学教育），2018，(09)：156.

[59] 王居平．基于群评价方法的数字图书馆读者满意度指数的测评［J］．农业图书情报学刊，2009，21（07）：17－19.

[60] 郭顺利，张向先，李中梅．高校图书馆微信公众平台传播影响力评价体系研究［J］．图书情报工作，2016，60（04）：29－36＋43.

[61] 张沁兰，易雪媛．基于霍尔三维结构的高校智慧图书馆构建［J］．中华医学图书情报杂志，2017，26（08）：50－53.

[62] 张容．联盟价值共创的高校医学图书馆学科服务实践与创新［M］．成都：四川大学出版社，2021.

[63] 徐佳．价值共创视角下高校知识服务与企业互动机理研究［D］．湖南师范大学，2019.

[64] 袁红军，袁一帆．学科馆员数据智慧研究［J］．图书馆理论与实践，2021，（01）：20－26.

[65] 张海燕．图书馆健康信息服务研究［J］．医学信息学杂志，2021，42（09）：81－84.